RAUMKUNST

Neue deutsche Innenarchitektur

IMPRESSUM

Die Deutsche Bibliothek verzeichnet diese Publikation in der Deutschen Nationalbibliografie; detaillierte bibliografische Daten sind im Internet über http://dnb.ddb.de abrufbar.

ISBN 10: 3-938780-05-3

ISBN 13: 978-3-938780-05-3

2. aktualisierte Auflage

Texte: Markus Hattstein (S. 10, 14, 18, 22, 26, 30, 34, 38, 42, 142, 146, 150, 154, 158, 162, 198, 202, 206, 210, 214, 218, 254, 258, 262, 266, 270, 274, 324, 328)
Cornelia Dörries (alle übrigen)

Redaktion: Franziska Nauck

Übersetzung: Amanda Crain, Meredith Dale, Nina Hausmann, Fremdspracheninstitut Dresden

Grafik-Design: Michaela Prinz

Satz und Reproduktion: tiff.any GmbH, Berlin

RAUMKUNST

Neue deutsche Innenarchitektur

Mit Texten von Cornelia Dörries und Markus Hattstein

Verlagshaus Braun

Arbeitswelten | Offices and Studios

Hotels & Gastronomie | Hotels, Bars, Restaurants

C O R N E L I A   D Ö R R I E S

Neue deutsche Innenarchitektur

New German Interior Design

Innenarchitektur. Ein unglückliches Kompositum, das sich, zumindest im Deutschen, dem sofortigen Begreifen auf eigentümliche Weise verschließt. Das Wort beschreibt eine eigenständige Disziplin, die sich im landläufigen Verständnis mit dem Herrichten und Gestalten von Räumen beschäftigt. So kommt der Innenarchitektur nur eine nachgeordnete Funktion zu, die sich mit den unverrückbaren Realitäten eines fertigen Gebäudes arrangieren muss und mit dem Häuserbauen an sich, der Architektur also, nichts mehr zu tun hat. Diese trennscharfe Differenzierung zwischen dem Entwerfen und Errichten eines Bauwerks einerseits, und der Ausgestaltung seiner Innenräume andererseits kommt fast jener Rollenzuweisung gleich, die das Verhältnis der Geschlechter prägt. Dem handfesten, männlichen Geschäft des Baus solider, fixer Strukturen nach einem rationalen Plan und der Arbeit der gröberen Gewerke folgt die sinnliche, weibliche Beschäftigung mit Formen, Farben und Materialien, die das rohe Innen eines Hauses beleben sollen und den vorab definierten Raumfolgen und ihren Funktionen etwas verleihen, das man gemeinhin gern als Aufenthaltsqualität bezeichnet. In dieser Dichothomie von Architektur und Inneneinrichtung sind die Aufgaben klar verteilt. Doch im kritischen Sinn bleibt sie blind für deren reziprokes Verhältnis. Denn die baukünstlerische Qualität eines Gebäudes beruht auf der gelungenen Verknüpfung von Außen und Innen, dem Zusammenhang zwischen der Rolle eines Hauses in seinem

Interior design. A nebulous term that somehow eluces immediate comprehension. For the discipline it describes is more often than not still associated with an amateurish kind of interior decoration. If you think of it in terms of buying furniture and choosing wallpaper, interior work does indeed fulfil a subordinate function. It has to find its way around the immovable facts of a finished building whose construction is the business of the apparently superior discipline of architecture. This sharp distinction between designing and constructing a building on the one hand and furnishing its interior spaces on the other could be said to reflect the roles society traditionally assigns to the sexes. The robust, male business of erecting solid edifices on the basis of a rational plan and through the work of the rough trades is followed by the sensual, feminine occupation with forms, colours and materials intended to breathe life into the bare shell and endow the already-defined spatial sequences and their functions with what is often fondly referred to as »ambience«. In this dichotomy of architecture and interior decoration, it is clear who is the boss. But in a critical sense this division is blind to the reciprocal relationship between the two disciplines. Architectural excellence lies in the harmony of exterior and interior, the unity of a building's role in the urban context and its duties towards the people using its interior spaces. It is the marriage of outward appearance and inner qualities, the dialogue of façade and internal structure that provide the essential stadträumlichen Kontext und den Ansprüchen seiner Nutzer an das Innere. So schafft erst die Durchdringung von äußerer Erscheinung und inneren Eigenschaften, die Dialektik von Fassade und interner Ordnung die ideellen Voraussetzungen guter Architektur. In dieser Perspektive scheint die strenge Trennung zwischen klassischem Hochbau und Innenarchitektur obsolet. Von dieser Idee ist auch das vorliegende Buch inspiriert. Die vorgestellten Projekte zeigen, dass der Architekt beim Entwurf für ein Wohnhaus, ein Bürogebäude oder ein Museum gleichzeitig immer auch Innenarchitekt ist. Er muss den zweidimensionalen Plan als Raumvolumen denken und die Funktionen der einzelnen Bereiche im Inneren so zusammenfügen, dass neben der optimalen Nutzung der zu Gebote stehenden Fläche auch die Wünsche, Erwartungen und Bedürfnisse der Bewohner, Gäste oder Klienten gewahrt bleiben. Gewiss unterliegen die disponiblen innenarchitektonischen Details wie Farben, Materialien oder Möbel viel eher wechselnden Moden und Trends als die schwerfälligeren Strukturen des Hochbaus. Die Innenarchitektur in ihrer sinnlich erfahrbaren Nähe und tagtäglichen Gegenwart im Leben ihrer Nutzer spiegelt deren gesellschaftlich und kulturell geprägte, wandelbare Ansprüche an ihre Umgebung und geht auf diese Weise auch in neue architektonische Konzepte ein. Diesen Zusammenhang verdeutlichen etliche der hier präsentierten Beispiele. Sie bieten in ihrer Auswahl einen Blick hinter die Fassaden. Und sie zeigen einmal mehr, dass Innenarchitektur die konzeptionellen Defizite oder baulichen Unzulänglichkeiten eines Gebäudes nicht korrigieren kann. Doch gute Innenarchitektur kann Qualitäten entdecken und herauslocken und mit Licht, Form und Haptik in Szene setzen. Dann darf von Raumkunst die Rede sein.

preconditions for good architecture. From this perspective the strict segregation of traditional construction and interior design appears outdated. The book you are now holding in your hands was inspired by this insight. The projects presented here show that architects – when working on a private home, an office block or a museum – are always also interior designers. Architects have to image the two-dimensional plan as a spatial volume and arrange the functions of internal spaces in such a way as to use the available floor space to best advantage and meet the desires, expectations and needs of inhabitants, guests or clients. Naturally, the ingredients of interior design – colours, materials, furniture – are subject to more rapidly changing fashions and trends than the less wieldy products of construction. Interior design speaks directly to the senses and becomes a familiar presence in the everyday lives of its users, whose fluid ideas of a perfect living environment, formed by culture and society, thus also flow into new architectural concepts. Many of the examples presented here illustrate this process. They have been chosen to offer a view behind the façades. They prove that although interior design cannot correct deficits in the concept or construction of a building, good interior design can discover and reveal hidden qualities and give them the light, form and texture they need. Interior design is not just a discipline; it's an art.

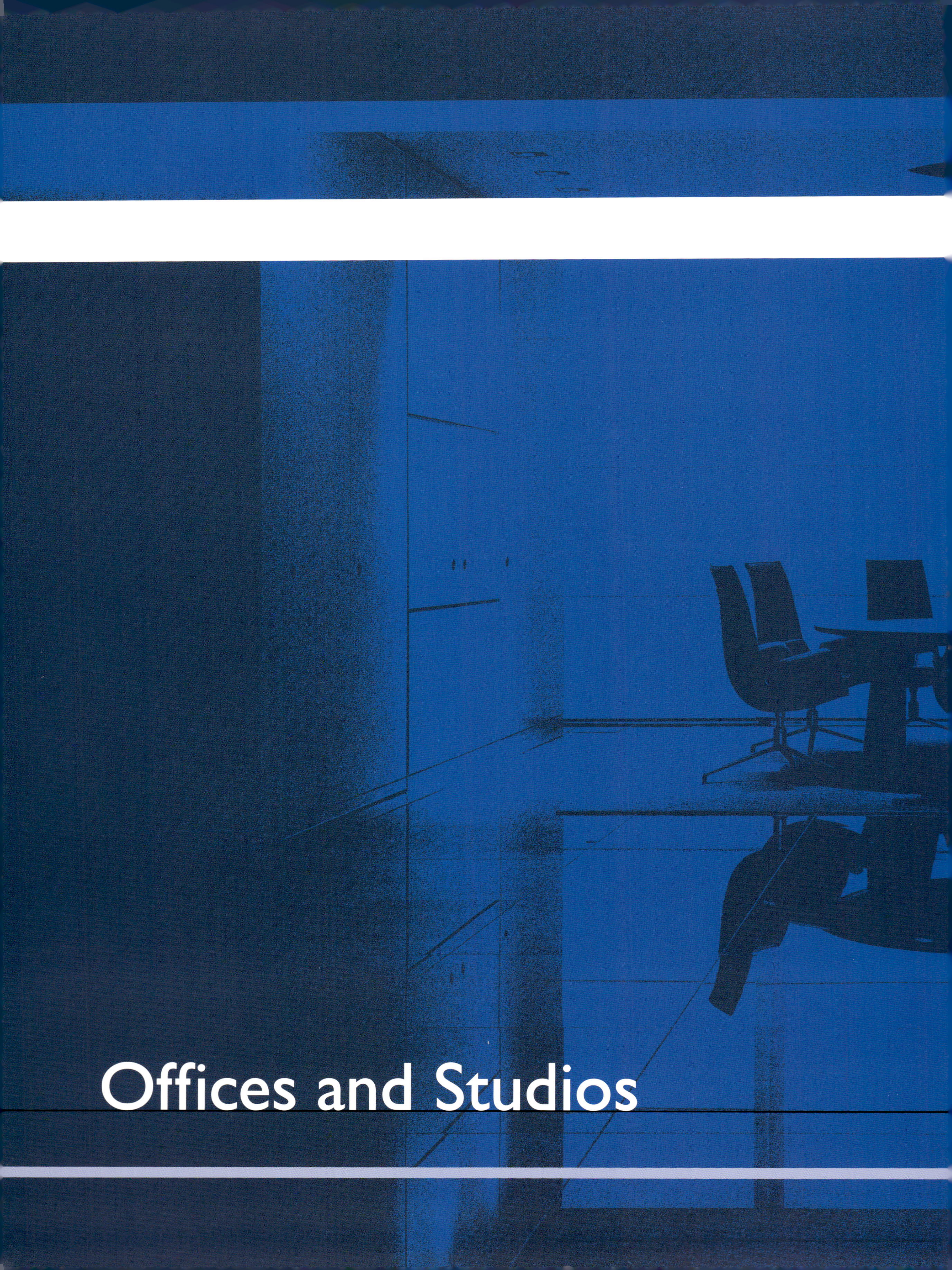

Offices and Studios

Arbeitswelten

Bei der Modernisierung der Räume wurden vor allem Licht und Glas als gestalterische Medien genutzt. Ein reduziertes Interieur nahm das bisherige Corporate Design auf und lässt ein zurückhaltendes Lichtgrau dominieren. Der Empfangsbereich im Flur ist durch Glaswände mit den übrigen Räumen verbunden, wobei die Glaswand zum Wartebereich gesandstrahlt wurde, um Diskretion zu wahren. Im Rücken des Kurzwartebereichs befindet sich außerdem eine hinterleuchtete und gesandstrahlte Glaswand, die den Raum als Lichtbox gestaltet. Die Empfangstheke aus Glaskeramik mit dimmbarem Innenlicht – auf der Frontseite aus einem einzigen Stück gefertigt – wirkt aus der Ferne wie ein Eisblock und beim Näherkommen wie gecrushtes Eis. Das Interieur arbeitet bewusst mit Korrespondenzen und Kontrasten. So heben sich gerade Linien von organischen Jacobsen-Stühlen ab und der anthrazitfarbene Teppichboden von reinweißen Wänden und lichtgrauen Türen, wobei das softe Grau mit dem „No colour"-Design korrespondiert. Das Konzept der Reduktion auf das Wesentliche wird auch durch den Verzicht auf jede Beschilderung aufgenommen. Einzig durch grafische Lichtmuster auf den Wänden sind die langen Flure strukturiert.

Anwaltskanzlei in Dortmund

Law Firm in Dortmund

Links: Licht als wirkungsvolle und einzige Dekoration
Rechts: Subtile Farben und Transparenz erzeugen eine angenehme Atmosphäre.

Left: Light as an effective and unique decoration
Right: Subtle colours and transparency create a pleasing atmosphere.

Fotografin/photographer: Karin Hessmann

The modernisation of the rooms was predominantly carried out using light and glass as design media. A reduced interior incorporated the present corporate design and allows a low-key light grey to dominate. The reception zone in the corridor is connected with glass walls to the remaining area, in doing so the glass wall to the waiting area was sandblasted to ensure discretion. At the back of the short wait area, there is another backlit, sandblasted glass wall, which lends itself as a light box to the area. The reception counter made from glass ceramic with dimmable internal light, made from a single piece on the front, looks like an ice-block from a distance and like crushed ice as you approach it. The interior works consciously with correspondences and contrasts. This contrasts straight lines with organic Jacobsen chairs and the charcoal grey carpet with pure white walls and light grey doors, which correspond the soft grey with the "no colour" design. The concept of reducing down to the essentials is also incorporated through the avoidance of any sort of signage. The long corridors are only structured through graphical light patterns on the walls.

Links: Glas und Licht in perfekter Symbiose verleihen den Räumen Charakter. Rechts: Diskretion im Wartebereich

Left: Glass and light in perfect symbiosis bestow character on the room. Right: Discretion in the waiting area

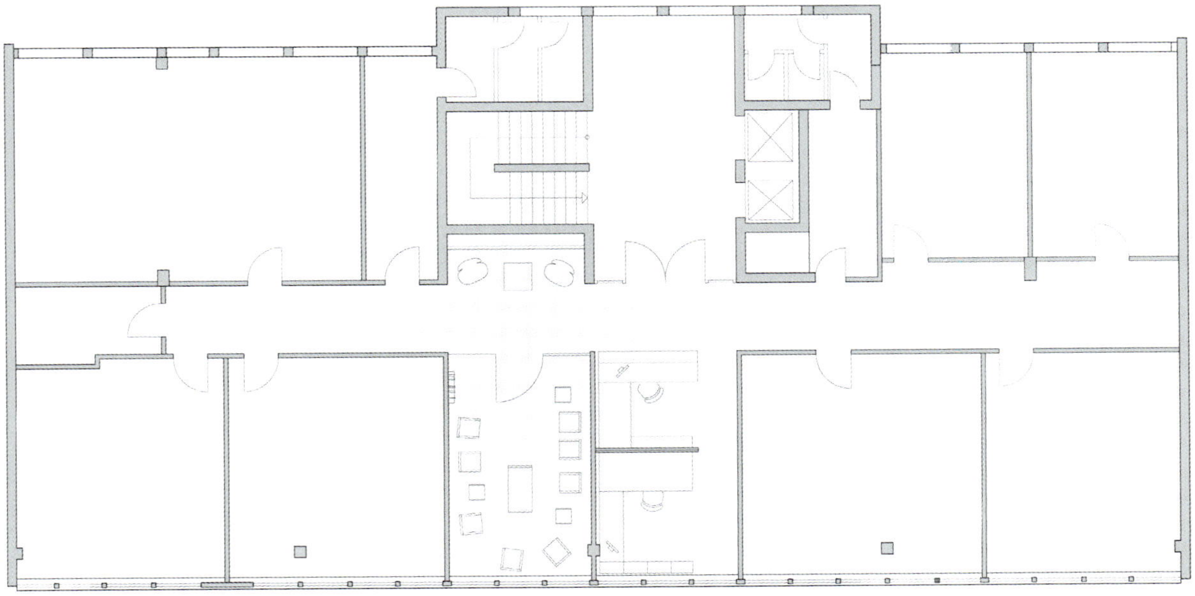

Es galt die denkmalgeschützte, 3000 m² große Fertigungshalle aus den 1920er Jahren in der Ludwigsburger Weststadt zu revitalisieren. Dabei wurde vor allem Wert auf den Erhalt der Zollinger Holzdachkonstruktion gelegt und die Halle für eine zeitgemäße Büronutzung umgebaut. Der gesamte Innenraum wurde in drei Bereiche für die Werbeagentur H2e sowie Büroräume der Firmen Eisfink und Merca aufgeteilt. Das sich über 300 m² der Hallenfläche erstreckende Büro der Firma Eisfink bringt die ursprüngliche Raumwirkung der Halle am besten zur Geltung, da darauf verzichtet wurde, eine Galerieebene einzuziehen. Stattdessen wurde ein markantes und hohes weißes Volumen eingestellt, das die Service- sowie die Besprechungsräume beherbergt und sich als Kubus von dem spiegelnd grauen Epoxidharzboden wie von einer Bühne abhebt. Das Büro betritt man durch Seecontainer, die das Gebäude quer durchdringen und den Niveauunterschied von Straße und Büroräumen thematisieren. Eine transparente, luftgefüllte Membranwand trennt das Büro von seinen Nachbarnutzungen, belässt aber die Raumwirkung der 130 m langen Halle mit ihrer durchlaufenden Holzdachkonstruktion.

Büroräume in Ludwigsburg

Office Spaces in Ludwigsburg

Wie eine Skulptur steht der weiße Körper im Raum.

The white body stands in the room like a sculpture.

Fotograf/photographer: David Franck

The objective was to revitalise the 1920s 3000 square metre listed production hall in Ludwigsburg's Weststadt. In doing this, main value was laid on maintaining the Zollinger wooden arched roof construction and converting the hall for contemporary office use. The entire interior was divided into three areas for the advertising agency H2e and office space for the companies Eisfink and Merca. The Eisfink office, stretching over 300 square metres of the hall's surface, best accentuates the original spatial effect of the hall, as no gallery level was put in. Instead, a striking and high white volume was positioned, which accommodates both service and meeting areas and sets itself apart as a cube from the dazzling grey epoxy resin floor, like a stage. You enter the office through a sea container, which penetrates diagonally across the building, making the different in level between the street and office space a talking point. A transparent, air-filled membrane wall separates the office from its neighbouring uses, but preserves the spatial effect of the 130 m long hall with its continuous wooden ceiling construction.

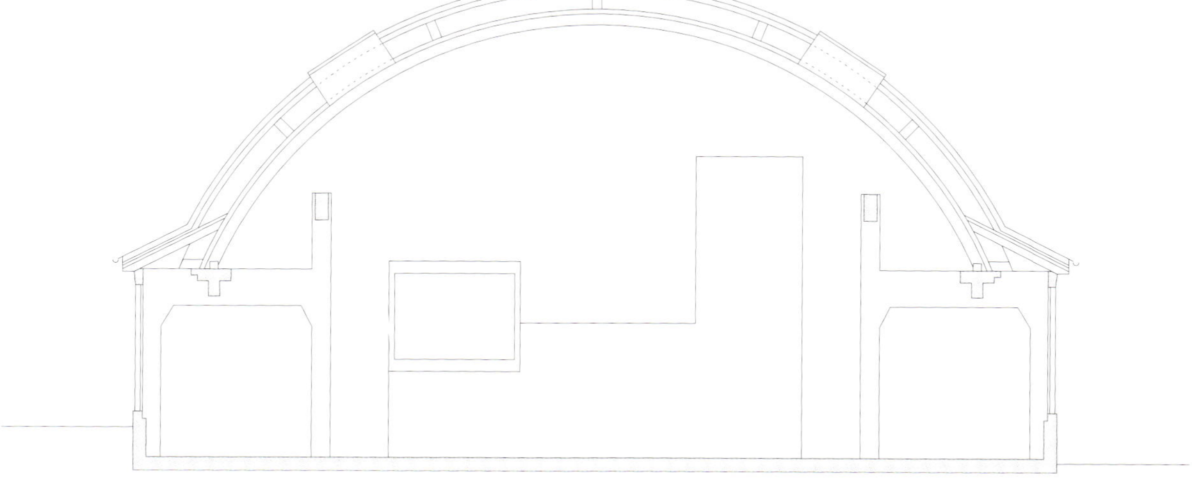

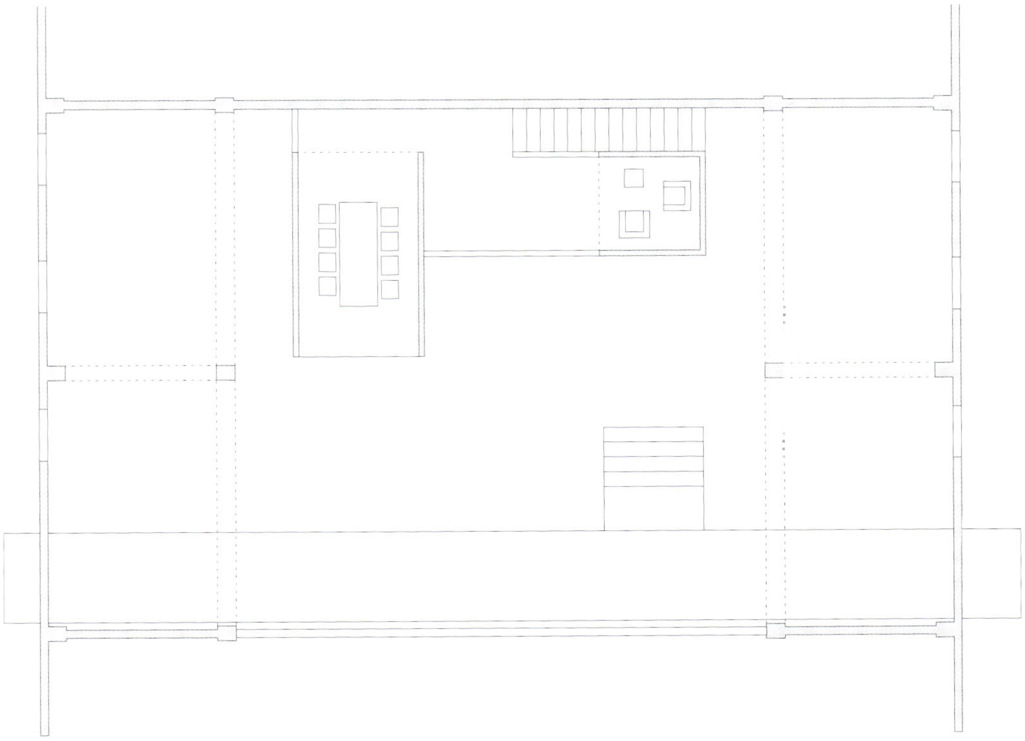

Über Seecontainer betritt man vom erhöhten Straßenraum aus die Büroräume.

You enter the office space from the raised street using sea containers.

Darf es in einem modernen Büro aussehen wie in einer Sushibar? Die Architekten bejahten diese Frage und bauten die über 100 Jahre alten, weitläufigen und hohen Räume der ehemaligen Fabrik in origineller Weise zu einem hochtechnisierten, loftähnlichen Arbeitsbereich auf zwei Büroetagen mit Cafeteria um. Drucker, Kopierer und die Haustechnik wurden in Einbauten jeweils in der Raummitte installiert, die sich als strukturierendes Band durch die Räume ziehen. Durch loungeähnliche Aufenthalts- und Besprechungsbereiche mit bequemen Ledersesseln und Cocktailtischen konnte gemäß dem innovativen Konzept von „New Work" die klassische Einteilung von Großraum-, Kombi- und Zellenbüros aufgegeben werden, doch gibt es auch geschlossene „Cockpits" für konzentrierte Einzelarbeit. Die Lampen hinter matten Barrisol-Folien erzeugen die Illusion von echtem Tageslicht. Die alten Gebäudeteile erhielten eine schallabsorbierende rauhe Oberfläche in Grau, die freistehenden Elemente wie Tischgruppen und Lounge glatte Oberflächen in gebrochenem Weiß. Orange Filz- und grüne Pflanzenflächen kontrastieren mit dieser zurückhaltenden Farbgebung. Der Boden des gesamten Arbeitsbereichs besteht aus massiven Eichendielen.

Ehemalige Fabrik in Rehau

Former Factory in Rehau

Links: Die Kernzone mit temporären Arbeitsplätzen und ad-hoc Besprechungsbereichen. Rechts: Der Großraum unter dem renovierten Dachstuhl der alten Porzellanfabrik

Left: The centre with temporary workspaces and ad-hoc meeting areas. Right: The large open-plan area under the renovated roof of the old porcelain factory

Fotografen/photographers: Michael Weber und Klaus Würschinger

Is it ok for a modern office to look like a sushi bar? The architects said yes to this question and converted the extensive and high rooms of the former factory, which is over 100 years old, very originally into a high-tech, loft-like work area on two office floors with a cafeteria. Printer, copier and HVACR services were installed in fixtures in each of the rooms' centres, which wound through the rooms as a structuring band. The lounge-like rest and meeting areas with comfortable leather seats and cocktail tables, following the innovative concept of "New Work", meant that the classic arrangement of open-plan offices, combi-offices and cell offices could be avoided. However, there are also closed "cockpits" for concentrated individual work. The lamps behind matt Barrisol fabric create the illusion of real daylight. The old part of the building was fitted with a sound-absorbent coarse grey surface; the freestanding elements such as the table groups and lounge have smooth surfaces in off-white. Orange felt surfaces and green-planted areas contrast with this subdued colour scheme. The floor of the entire work area is made of solid oak floorboards

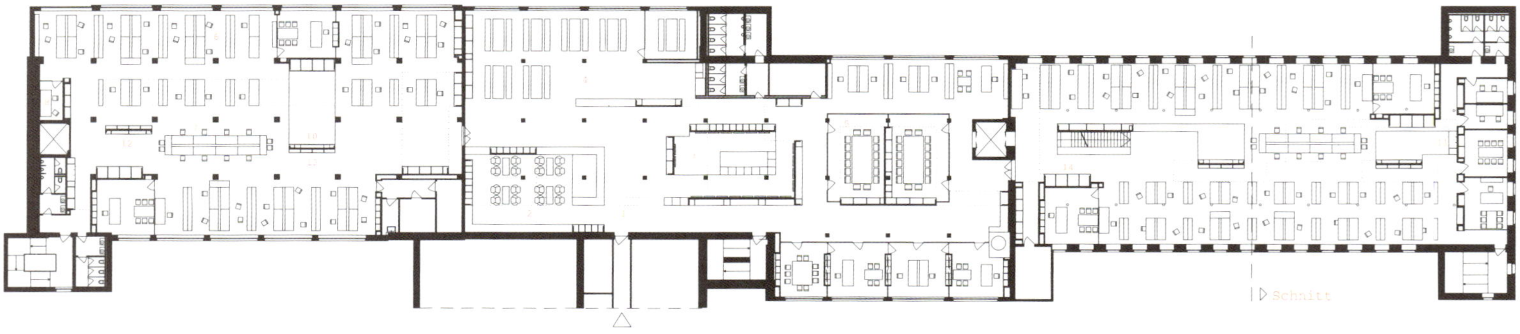

Grundriss 2.OG

Gebäude 10.2

Gebäude 11.2

Gebäude 12.2

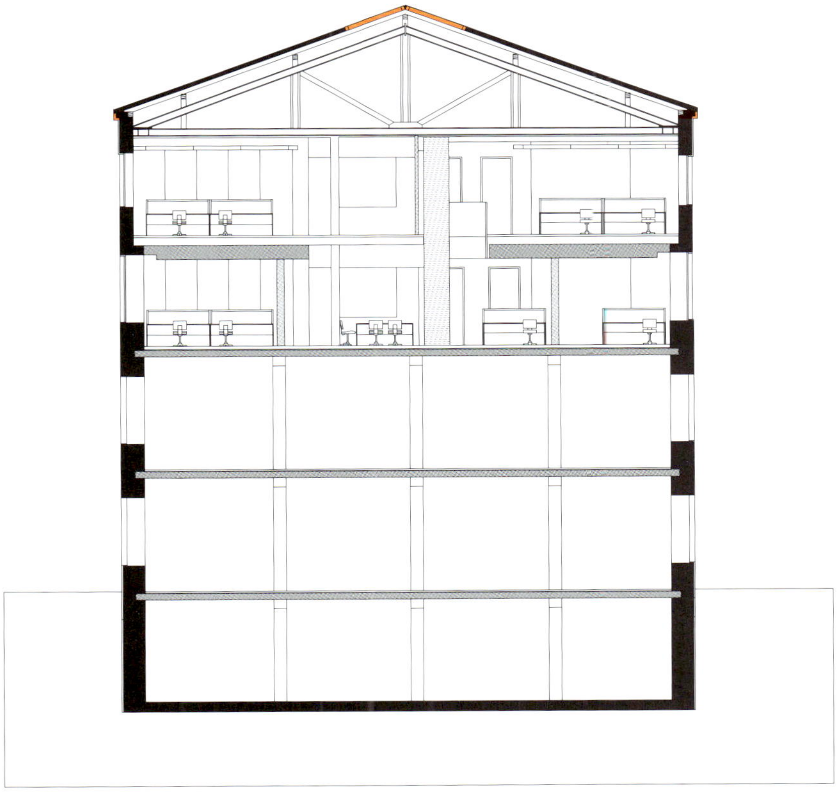

Links: Die Lichtwiese
Rechts: Die Anbindung an das Dachgeschoss

Left: The meadow of light
Right: Connecting to the top floor

Umsetzung des Corporate Design in den räumlichen Kontext

Bereits von weitem durch die Hallengänge sichtbar, präsentierte sich der Stand der Firma Hafi Beschläge aus Elchingen auf der Eisenwarenmesse im März 2006 in Köln als unkonventioneller und deutlich akzentuierter Lichtkörper. Er bewies damit, dass ein Messestand seine Aufgaben auch dann erfüllen kann, wenn er die gewöhnlichen Standards hinter sich lässt. Die Grundkonstruktion besteht aus Steckregalen, die nach außen hin durch farbige, transluzente und mit Neonröhren hinterleuchtete Gaze-Bespannungen auf Rahmen als Träger eines Corporate Design inszeniert wurden. Dadurch konnten die Informationsträger als leuchtende Wandelemente fungieren und das Firmenlogo in Form eines Reliefs auf der Thekenfront wiederholt werden.

Auf der inneren, dem Besucher abgewandten Seite erfüllten die Wände den Bedarf des Standpersonals an Stauraum und Ablagefläche. Die Bodenkonstruktion wurde mit schwarzen, segmentierten MDF-Platten realisiert, die sich einfach variieren lassen. Rascher Auf- und Abbau sowie Lagerung, Transport und Veränderung dieser Messestand-Konstruktion, die eine gelungene Kombination von Architektur und visueller Kommunikation bietet, bedürfen eines nur geringen Aufwandes.

Messeauftritt in Köln

Exhibition in Cologne

Conversion of the corporate design into the spatial context

Already visible from far through the hall passageways, the Elchingen-based company Hafi Beschläge's stand was at the Eisenwarenmesse in March 2006 in Cologne as an unconventional and clearly accentuated body of light. It proved that an exhibition stand can fulfil its tasks, even if it leaves conventional standards behind it. The basic construction consists of plug-in shelves, which were stage-managed to the outside as the bearer of the corporate design by coloured, translucent neon backlit gossamer covers on the edges. On the inner side facing away from the visitors, the walls fulfilled the requirements of the stand's personnel as a storage room and work surface. The floor was constructed with black, segmented MDF plates, which can be easily varied. Rapid construction and disassembly, as well as storage, transport and modification of this exhibition stand construction, which offer a successful combination of architecture and visual communication, require only the slightest of effort.

Fotograf/photographer: Oliver Jung Fotografie

HAFI

HAFI
HAFI

HAFI
HAFI

Hafi Messeauftritt auf der Practical World 2005 in Köln

Hafi exhibition stand at the Practical World 2005 in Cologne

N E T H E R B L U

Die Sparkasse Bremen wollte die bauliche Umsetzung eines Konzepts, das Zukunftskompetenz zeigt und auf den beschleunigten technischen Wandel flexibel und offen in der Kundenbetreuung reagiert. So wurde die Bank als transparenter „Lichtraum" und vierte, eigenständige Raumfigur den drei bestehenden Kundenhallen hinzugefügt. Auf die Integration von Architektur (Haslob, Kruse und Partner), Lichtgestaltung (Peter Andres) und Ausstattung wurde besondere Sorgfalt verwendet. Die Innenarchitektur folgt dabei den Raumfunktionen und wurde zu einem gewissermaßen sich selbst erklärenden räumlichen Leitsystem. Das Licht als wesentliches Gestaltungsmittel markiert Raumzonen und Kommunikationspunkte, ist aber auch Transportmedium für die zu vermittelnden Inhalte auf Bildschirmen und Projektionsflächen. Zu diesem lichten, „virtuellen" Raum kontrastieren bewusst „reale" Materialien wie Naturstein, Holz und Pflanzengrün. Als Farben dominieren Rot- und Orangetöne. Besonders dort, wo der Kunde Dinge anfasst oder sich aufhält, wurden warme Materialien und Farben eingesetzt; man entschied sich, alle Tische mit Holzplatten und die Aufenthaltsbereiche mit Holz- oder warmfarbigen Teppichböden auszustatten sowie die Sitze mit Leder oder Wollstoffen zu beziehen.

Bank in Bremen

Bank in Bremen

Warme Materialien sowie Rot- und Orangetöne herrschen überall dort vor, wo der Kunde Dinge anfasst oder sich aufhält.

Warm materials as well as red and orange tones are predominant everywhere where customers touch things or wait.

Fotograf/photographer: Jörg Hempel

The Sparkasse Bremen wanted a structural conversion of a concept, which shows future competence and reacts flexibly and openly to the accelerated technical change in customer care. Thus, the bank was added to the three existing customer halls as a transparent "light room" and a fourth independent spatial figure. Great pains were taken to integrate the architecture (Haslob, Kruse and Partner), light design (Peter Andres) and fittings. In the interior, architecture follows the spatial functions and became a spatial guidance system, which is self-explanatory to a certain degree. The light, as an essential design means, marks the spatial zones and communication points, but is also the transport medium for the contents to be placed onto computers and projection surfaces. "Real" materials, such as natural stone, wood and greenery, contrast deliberately with this light "virtual" space. Red and orange tones dominate as colours. Particularly where the customers touch things or wait, warm materials and colours were used; it was decided to fit all the tables with wooden boards and the waiting area with wood or warmly coloured carpet and to cover the seats with leather or wool.

Empfang

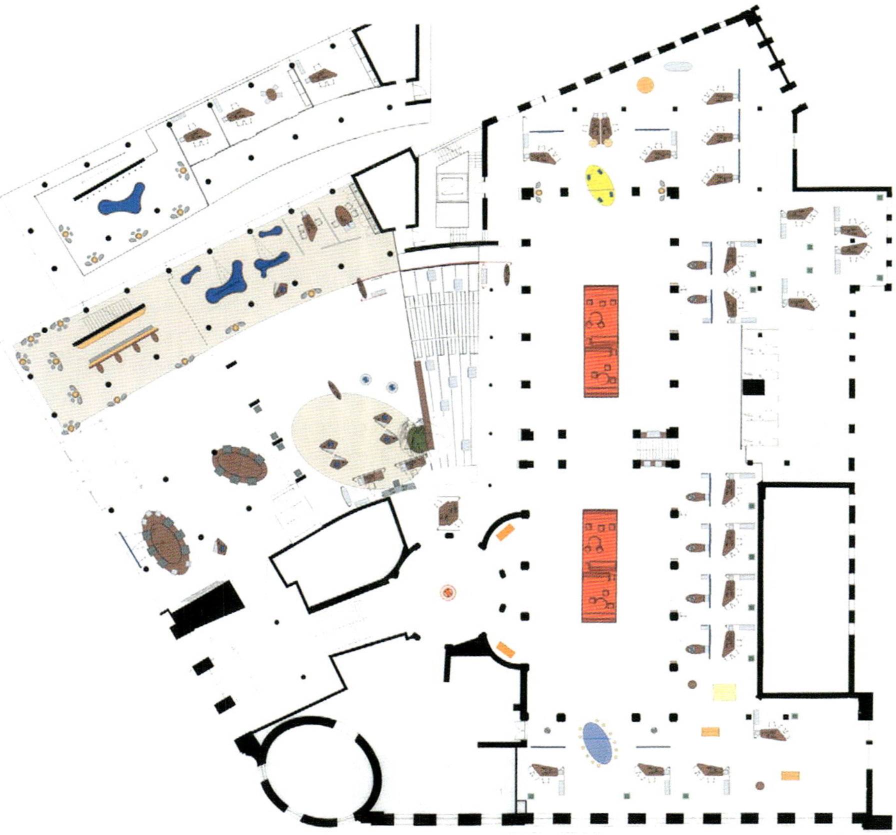

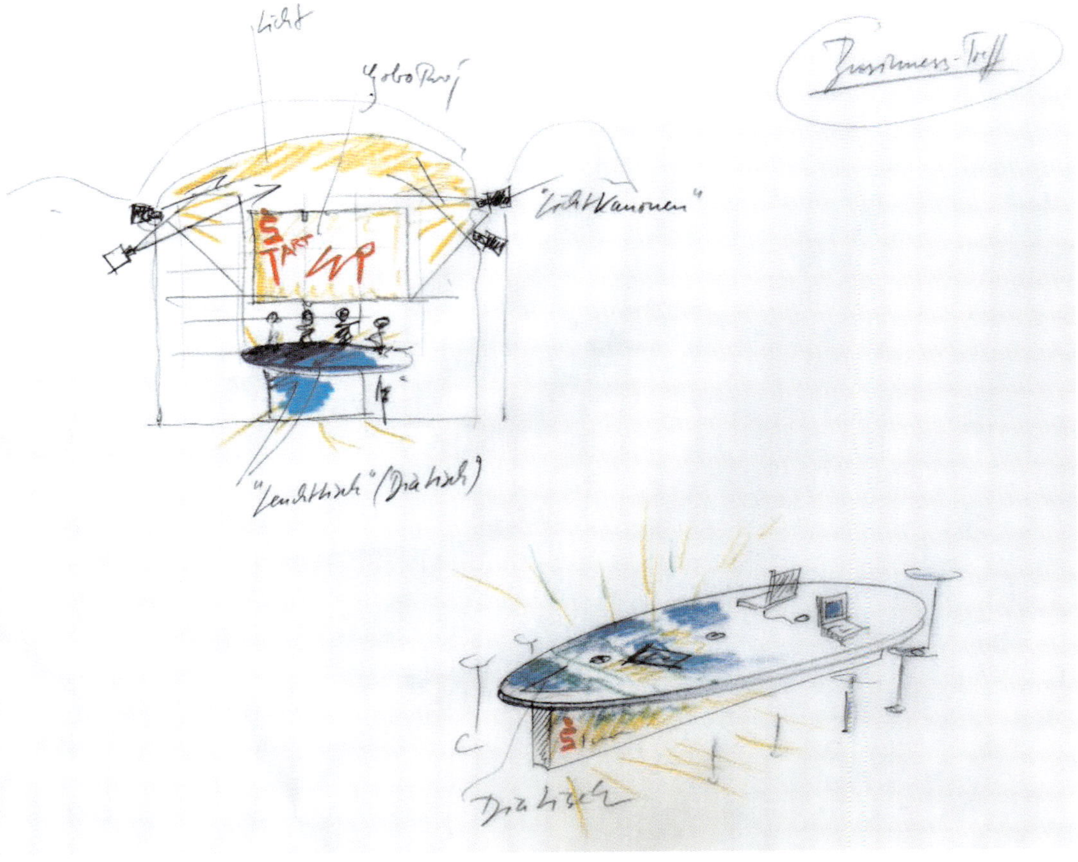

Das Licht markiert „virtuelle“ Räume. Dazu im bewussten Kontrast stehen die verwendeten „realen“ Materialien wie Naturstein, Holz und Pflanzengrün.

The light marks “virtual” rooms. The “real” materials used, such as natural stone, wood and greenery, stand in deliberate contrast to this.

M A R T I N I , M E Y E R

„SOLID:FLOW" – Dies ist der Name des Gestaltungskonzeptes für die Büroräume der Firma für die Produktentwicklung von Mobiltelefonen in einem zweigeschossigen Spree-Speicher an der Berliner Oberbaumbrücke. Das Wechselspiel von Fließendem und Festem, das die vorbeifließende Spree im Außenraum markiert, wird auch im Inneren als Komposition von Transparenz und Geschlossenheit konsequent fortgesetzt. Kern der Raumgestaltung ist ein „Raum im Raum" – eine große geschwungene Form über beide Etagen als Zentrum der Firmenräume. Im äußeren Bereich schließen Glaswände an diesen flexiblen Großraum an und symbolisieren das Feste. Der organische „Raum im Raum" dagegen öffnet sich fließend den unterschiedlichen Nutzungen der angrenzenden Büroräume. Die äußere Schale des zentralen Raums ist aus Holz, das als natürliches Material Wärme und Intimität ausstrahlt inmitten der gläsernen Transparenz der Büroräume. Mobile Schreib- und Stehtische tragen den flexiblen und weltweit vernetzten modernen Arbeitsbedingungen Rechnung.

Firmenräume in Berlin

Company Premises in Berlin

Das Wechselspiel aus Festem und Fließendem, Transparenz und Geschlossenheit macht die zwei Etagen des Spreespeichers zu einem Ort für kreative Energien.

The interplay from solid and fluent, transparency and solidity makes the two levels of the loft building on the River Spree into a place of creative energies.

Fotografen/photographers: © Product Visionaires/ Arwed Messmer, Martini, Meyer

"SOLID:FLOW" – This is the name of the design concept for the company premises of the firm for product development of mobile phones, in a two-storey Spree warehouse on Berlin's Oberbaumbrücke. The interplay between fluid and solid, which marks the Spree flowing by outside, is being consequently continued on the inside as a composition of transparency and unity. The core of the room design is a "room in the room" – a large sweeping form over both floors as the centre of the company premises. In the outer area, glass walls connect to this flexible open space and symbolise the solidity. On the other hand, the organic "room in the room" opens fluidly onto the different uses of the neighbouring office premises. The outer shell of the central room is made from wood, which radiates warmth and intimacy as a natural material in the middle of the glass transparency of the office premises. Mobile desks and standing tables take the flexible and globally networked modern working conditions into account.

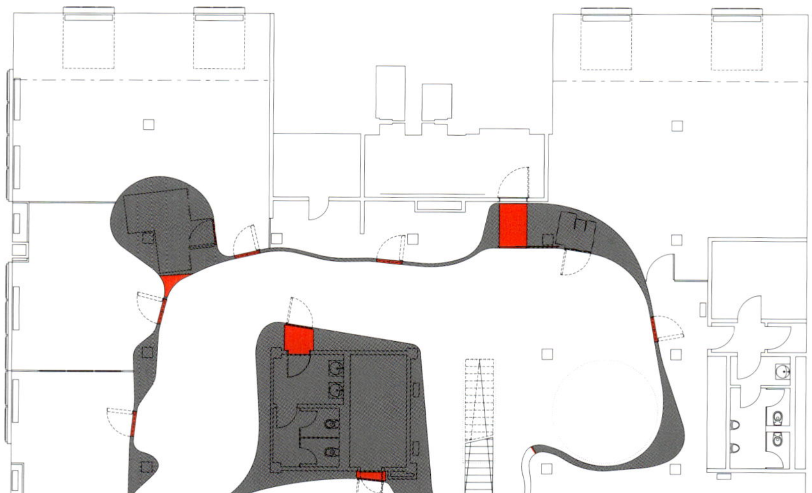

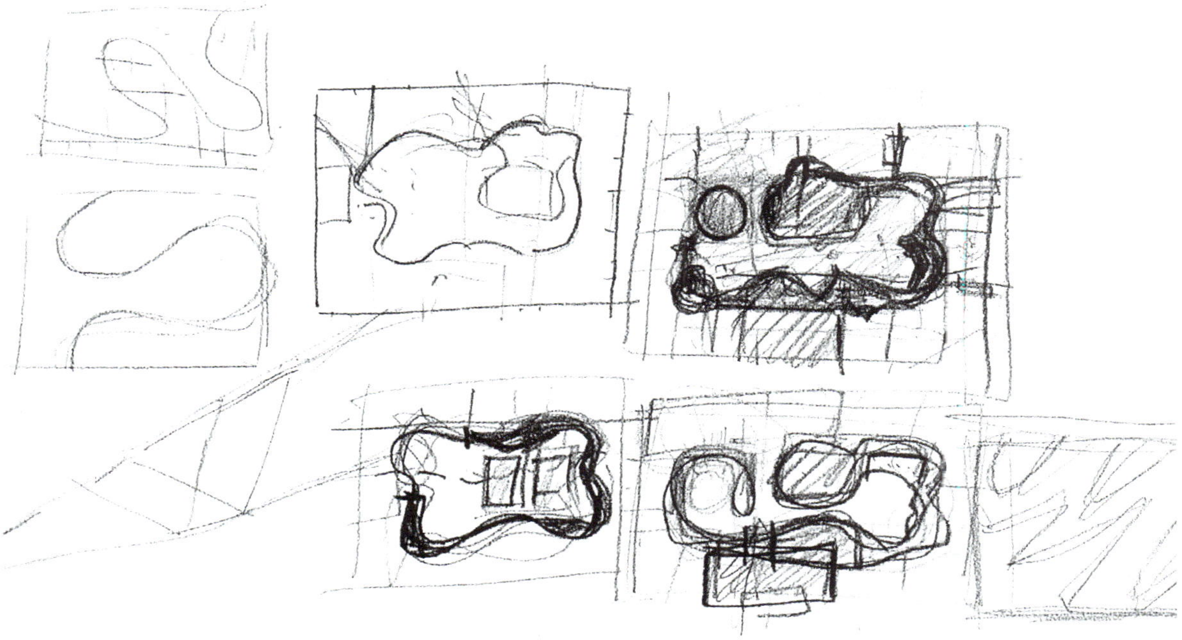

Solid:Flow optimiert Arbeitsabläufe und schafft individuell veränderbare Arbeits- und Raumsituationen: Kreatives Arbeiten, überall.

Solid:Flow optimises workflows and creates individually changeable work and space situations: creative work, everywhere.

Die Klinik ist durch eine materialbetonte und auf das Wesentliche reduzierte Formensprache der Architektur geprägt. Bodentief verglaste Außenfassaden und transluzente Glaswände im Innern sorgen für eine Durchflutung der Räume mit Tageslicht. Der Boden aus sandfarbenem Kunststein kontrastiert mit Einbauten aus Aluminium, Glas und Eternit, während Sonderelemente aus Kirschbaum und Leder Wärme und Sicherheit vermitteln. An den lichtdurchfluteten Empfangsbereich lagern sich die Funktionsbereiche an; dem Eingang gegenüber empfängt ein von in den Boden eingelassenen Glasfaser-Lichtleitkabeln unterleuchteter Tresen den Patienten. Drei kubische, raumhohe „Funktionsboxen" gliedern die Bewegungszone, die sich zu einem Vortragsbereich erweitern lässt. Die Wartebereiche sind loungeartig mit Kamin, TV und Ledersitzen bestückt. Die Behandlungs- und durch Glastüren abgetrennten OP-Bereiche weisen Behandlungseinheiten aus gebürstetem Aluminium mit gläsernen, hinterleuchteten Oberflächen auf. Die eleganten Patientenzimmer sind mit luxuriösen Betten, Computeranschluss und individueller Beleuchtung ausgestattet. Auch in den akustischen Maßnahmen setzt sich der hohe Qualitätsanspruch fort – für den Patienten bedeutet dies ein rundherum professionelles und spürbar beruhigendes Erlebnis während des Klinikaufenthaltes.

Klinik in Hamburg

Clinic in Hamburg

Die Präzision im Detail, die klare Formensprache und die Verwendung weniger hochwertiger Materialien schaffen Räume von schlichter Eleganz.

The precision in the detail, the clear language of forms and the use of less high-quality materials creates spaces of simplechic elegance.

Fotograf/photographer: Klaus Frahm

The clinic is characterised by an architectural language of form, which is emphasised by material and reduced down to the essential. Floor-height glazed external facades and translucent glass walls on the inside make sure the rooms are flooded with daylight. The floor made from sand-coloured cast stone contrasts with fixtures made of aluminium, glass and eternit, while special elements made from cherry wood and leather convey warmth and security. The function areas areis attached to the floodlit reception area; across from the entrance, a counter lit by glass fibre optic cables laid in the floor welcomes the patients. Three cubic, room-high "function boxes" split up the space, which can be expanded into a lecture area. The waiting areas are fitted out like lounges with chimneys, TVs and leather seats. The treatment areas and operating rooms, which are separated with glass doors, have treatment units made from brushed aluminium with glass, back-lit surfaces. The elegant patient rooms are fitted with luxurious beds, computer connections and individual lighting. The high demand on quality continues even in terms of acoustic measures – for the patients, this means an all-round professional and noticeably calming experience during their stay at the clinic.

Die Bereiche HNO und plastische Chirurgie sind an einer gemeinsamen Bewegungszone „angedockt"; die Patientenbereiche sind mit den OP-Zonen durch abgestimmte Lichtszenarien und durchgehende Oberbodenbeläge verbunden.

The ENT and plastic surgery areas are "docked" to a communal space; the patient areas are connected with the operating zones using coordinated light scenarios and continuous surface coverings.

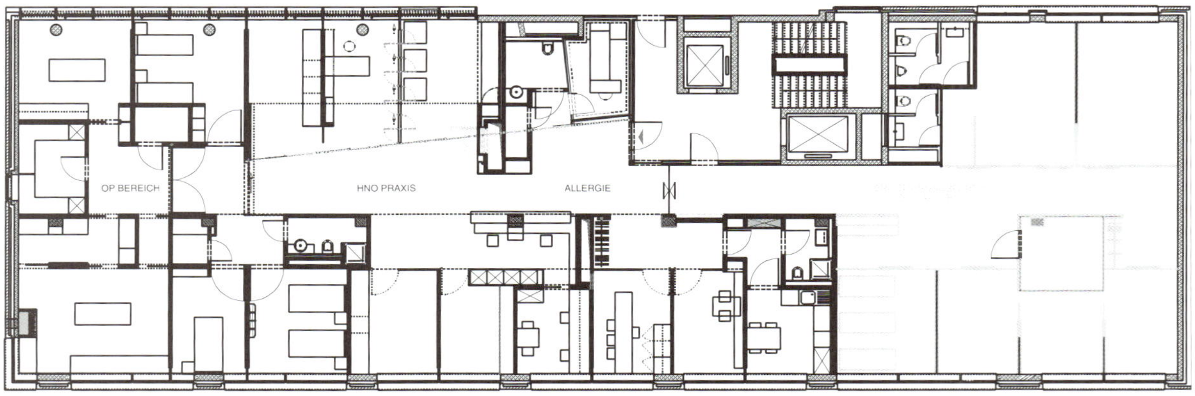

Die denkmalgeschützten Räume der ehemaligen Borsig-Hauptverwaltung mit ihrer Neorenaissance-Fassade in der Chausseestraße sollten für eine zeitgemäße Büronutzung umgebaut werden. Alle notwendigen Veränderungen bleiben nach dem Konzept der Architekten als kontrastierende Additionen zum Altbestand erkennbar. Die vertäfelten, bemalten oder mit Stuck versehenen Wände, Decken und Böden wurden erhalten. Kabeltrassen für Strom und Medien sowie die Leuchten wurden daher als sichtbare Kanäle unter der Decke geführt und die WCs, Teeküchen wie Möbelstücke frei in die Räume gesetzt. Auch der an einen Kirchenraum erinnernde Dachstuhl wurde nutzbar gemacht. Der Dachraum wurde zur Hofseite hin vollständig verglast und eine Tischkonstruktion aus Stahl als Galerieebene eingezogen. Über einen verglasten Schlitz, in dem sich eine einläufige Treppe hochzieht, wird der Altbau mit dem benachbarten Neubau verbunden. Auch das übernächste Haus, ebenfalls ein Neubau, ist mit seinem Hinterhaus weit ins Blockinnere eingebunden. Die neuen Fassaden aus großen Werkstoffplatten mit Zusätzen aus gelbem Sandstein und geschosshohen Glaselementen geben dem Ensemble einen eigenen, unverwechselbaren Rhythmus.

Büroräume in Berlin

Office Spaces in Berlin

Der an einen Kirchenraum erinnernde Dachstuhl wurde zum Hof hin vollständig verglast und mit einer als Galerieebene dienenden Tischkonstruktion versehen.

The roof timbering, reminiscent of a church, was glazed completely to the courtyard and equipped with a steel table construction, serving as a gallery level.

Fotograf/photographer: Christian Richters

The listed rooms of the former Borsig headquarters with its Neo-renaissance facade in Chausseestraße was to be converted for contemporary office use. All necessary changes remain recognisable as contrasting additions to the old building in accordance with the concept of the architects. The panelled, painted or decorated walls, ceilings and floors were preserved. For this reason, cable routes for electricity and media and lights were fed as visible channels under the ceiling and the toilets and tea kitchens were placed freely in the rooms like pieces of furniture. Even the roof, reminiscent of a church, was utilised. The roof area was completely glazed to the courtyard and equipped with a steel table construction, serving as a gallery level. Using a glazed slit, where a single-flight staircase rises, the old building is connected with the neighbouring new building. Even the next but one house, also a new building, is connected with its rear house far into the block's interior. The new facades made from large raw material plates with additions of yellow sandstone and storey-high glass elements provide the ensemble with a unique unmistakeable rhythm.

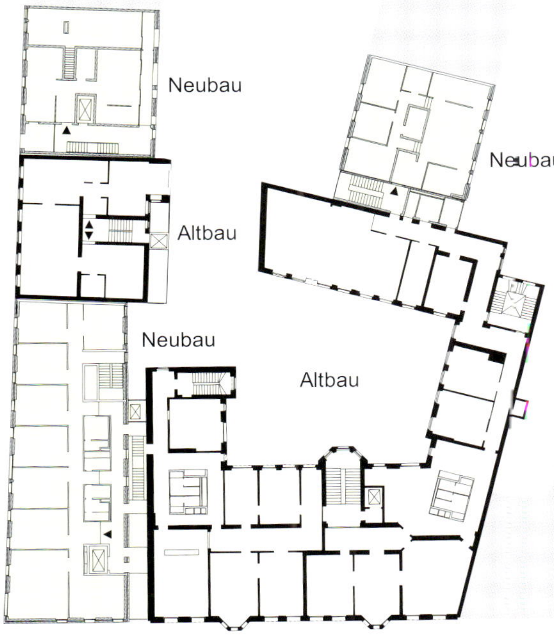

Respektvoller Umgang mit dem Altbestand: Die vertäfelten, bemalten oder mit Stuck versehenen Wände, Decken und Böden wurden erhalten. Eine einläufige Treppe in einem verglasten Schlitz verbindet Alt- und Neubau.

Respectful contact with the older existence: the panelled, painted or decorated walls, ceilings and floors were preserved. A single-flight staircase in a glazed slot connects old and new buildings.

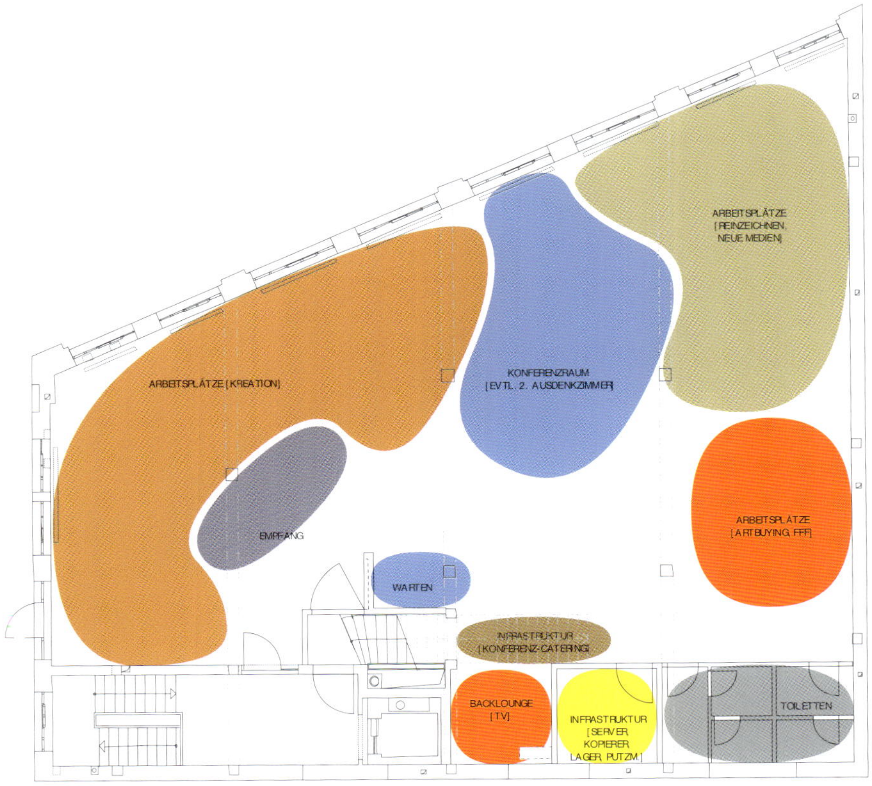

Die funktionsorientierte Gestaltung bestimmt Konzept und Produktentwicklung vom Grundriss über die Arbeitsplätze bis zum technischen Versorgungssystem.

The function-oriented design controls concept and product development from the ground plans and workstations to the technical supply system.

Lässt sich ein unspektakuläres Bürogebäude in eine »feine Adresse« verwandeln? Kann zweckmäßige Geschäftsarchitektur edel sein, ohne roh zu protzen? Im Bankenviertel der Düsseldorfer Karlstadt bezog eine Anwaltskanzlei die oberen sechs Etagen des neungeschossigen »Benrather Karrees«. Ausgesuchte Sachlichkeit und kühle Eleganz prägen die Atmosphäre der Kanzlei. Die Konferenzetage vermittelt durch die Verwendung weniger hochwertiger Materialien einen Eindruck von Klarheit, Großzügigkeit und ästhetischer Geschlossenheit. Dies ist vor allem dem Zusammenspiel des Lichts mit hellen, glatten Oberflächen zu verdanken. Hinterleuchtete, schwebende Rück- und Seitenwände lassen eine fast sphärische Stimmung entstehen. Die Helligkeit als Konstante setzt sich auch in den anschließenden schmalen Durchgängen fort, die zu den Besprechungszimmern und Büros führen. Die drei großen Konferenzräume verfügen jeweils über eine lederbespannte Akustikwand, in die die gesamte Medientechnik integriert ist. Während die repräsentativen Kanzleibereiche, also Büros, Besprechungsräume und Bibliothek, von eher zurückhaltenden, blassen Farben bestimmt werden, erhielten die in anthrazit gehaltenen Teeküchen mit orangefarbenen Arbeitsplatten einen betont lebhaften Kontrast. Die blau ausgeleuchtete Bürobar taucht Terrasse und Loungebereich in ein stimmungsvolles Licht und unterstreicht damit deren eher informellen Charakter.

Sachlicher Empfang.
Rechts: Das Foyer der Konferenzetage exponiert die ästhetischen Prinzipien des gesamten Entwurfs.

Anwaltskanzlei in Düsseldorf

Law Firm in Düsseldorf

Cool reception.
Opposite: The foyer of the conference floor epitomizes the aesthetics of the whole design.

How to transform an unspectacular office building into a good address? How to make functional architecture elegant but not pretentious? In the banking district of Düsseldorf's Karlstadt, a law firm moved into the upper six floors of a nine-storey building known as Benrather Karree. A businesslike and coolly elegant atmosphere characterizes the lawyers' premises. The conference floor uses few, select materials to convey an impression of clarity, spaciousness and aesthetic consistency that is due above all to the play of light on pale, smooth surfaces. Backlit, floating back and side walls create a harmonious atmosphere. Light is also a constant in the adjoining, very narrow corridors leading to the meeting rooms and offices. Each of the three large meeting rooms has a leather-clad acoustic wall that integrates the entire media technology. While the firm's public face – offices, meeting rooms, library – is characterized by muted, pale shades, the kitchenettes' anthracite walls set off bright orange work surfaces in a vigorous, lively contrast. The bar on the large terrace on the top floor offers an informal setting for internal meetings and after-work festivities.

Fotograf/photographer:
Tomas Riehle/artur

Funktionalität und Form.
Oben: Schrankelement
Unten: Details
Rechts: Hinterleuchtete Glaswand

Form and function.
Above: Storage space
Below: Detail
Opposite: Glass walls

Es gibt sie, die typische Innenansicht der Berliner Republik. Noch jeder Politiker, der seit dem Regierungsumzug etwas zu sagen hatte, posierte hier: in der Bundespressekonferenz. Der Neubau im Berliner Regierungsviertel ist vor allem durch seine glasüberdachte Halle bekannt. Sie ist der Mittelpunkt des Geschehens, und ihre Gestaltung folgt der Dramaturgie einer modernen Mediendemokratie auf fast ironische Weise. Eine show-artige, vier Meter breite Freitreppe führt von der Halle in den Pressesaal und verhilft den Protagonisten zu einem symbolisch aufgeladenen Auftritt. Was diesen Stufen eine geradezu doppeldeutige Aura verleiht, ist der direkt unter ihnen verlaufende Wassergraben. Er ist nicht tief genug, um darin zu versinken, doch zu Anspielungen lädt er allemal ein. Blattförmige, beleuchtete Glasskulpturen und Moosinseln schwimmen auf der spiegelglatten Wasseroberfläche, und drei, wiederum Trittsicherheit fordernde Platten führen zu einer pontonartigen Bar, die unter dem auskragenden Rahmen des Pressesaals liegt. Der Rest ist schnell erzählt: Die weißen, gleichmäßig gerasterten Innenfassaden, der hellgraue Natursteinboden und fünf Olivenbäume sorgen für eine unaufgeregte, lichte Atmosphäre. Wenn es dunkel ist, spendet ein Lichtfries eine vornehm-gedämpfte Nachtbeleuchtung. Subtile Differenzen in der Oberfläche des Bodenbelags zeichnen den einstigen Verlauf der Berliner Mauer nach, die früher an dieser Stelle stand. Wer hier unterwegs ist, sollte aufpassen.

Bundespressekonferenz in Berlin

Federal Press Conference Centre in Berlin

Weiße Lochfassaden rahmen die zentrale Halle. Naturstein und Bäume sorgen für eine freundliche Atmosphäre.

White façades perforated by rows of windows enclose the central hall. Trees and stone paving create a welcoming atmosphere.

Fotograf/photographer: Stefan Müller

It does exist, the typical interior of the new Berlin Republic. Since the German government moved to Berlin, this is where politicians pose to make their statements – in the Federal Press Conference Centre. The distinguishing feature of this new building in Berlin's government district is its glass-roofed hall. It is the building's vibrant hub, and there is something tongue-in-cheek about the design's close adherence to the dramaturgy of a modern, media-centred democracy. A talkshow-style flight of open stairs four metres wide ascends from the hall to the press room and gives the protagonists a symbolically charged entrance. The stairway's ambiguous aura derives from the pool of water underneath. Though not deep enough for anyone to come to grief, the pool does invite witty comments. Leaf-shaped, illuminated glass sculptures and mossy islands float on the smooth surface. Mind the gap: only those sure on their feet will want to cross the three stepping stones to the pontoon-like bar anchored under the cantilevered supporting frame of the press room. The rest is calmness. White, evenly structured walls, light-grey stone flooring and five olive trees create a tranquil, cheerful atmosphere. After dark, a light frieze provides elegantly muted illumination. Subtle irregularities in the flooring trace the line of the Berlin Wall, which once divided this site. Watch your step.

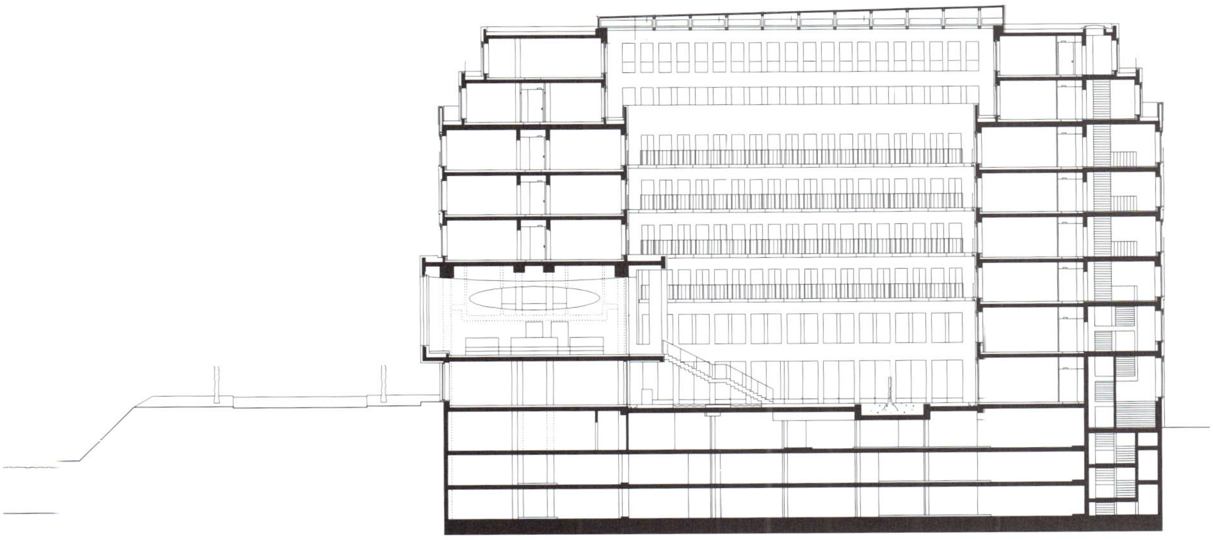

Oben: Restaurant der Bundespressekonferenz
Rechts: Blick in den Pressesaal

Above left: The restaurant in the Federal Press Conference Centre
Above right: The press room

MODERSOHN & FREIESLEBEN

Das zehngeschossige, zum Berliner Beisheim-Center am Potsdamer Platz gehörende Bürogebäude setzt sich rein äußerlich mit seiner streng geometrischen Fassade aus hellgrünem Gneis und dem weit auskragenden Dachgesims von den benachbarten Gebäuden ab. Auffallendes Gestaltungselement der Fassade sind die floral geformten Brüstungselemente aus Gußalumin um. Wie ein Scherenschnitt stilisierter Efeublätter legt sich dieser Filter auch vor den Ausblick des Betrachters auf die Stadt und belebt mit seinem Spiel von Licht und Schatten die Innenräume der Büros. Der Eindruck von flirrendem Sonnenlicht in Blattwerk ist durchaus gewollt und erinnert weniger an metropolitane Geschäftigkeit als vielmehr an die Stimmung in einer baumbestandenen Vorstadtgegend. Die rau beflammte Oberfläche des Fassadensteins ist im Sockelgeschoss teilweise fein poliert. In der Mitte der mit großen Schaufenstern geöffneten Erdgeschosszone befindet sich der Eingang des Gebäudes. Im dahinter liegenden Foyer kontrastiert ein fast schwarzer Granitboden mit der hellen Marmorverkleidung der Wände. Ein in Deckenhöhe verlaufendes Lichtband sorgt für eine distinguierte Eingangssituation. Das durch die Eingangstür einfallende Tageslicht spielt dank des üppigen Efeudekors auf beiden Flügeln wieder mit dem nüchtern-rationalisierten Anspruch eines Bürohauses und einer kleinen Reminiszenz an Sommertage im fernen Grün.

Bürogebäude in Berlin

Office Building in Berlin

Sachlichkeit mit Ornament. Das Efeudekor als stimmungsvolles Detail prägt das Gebäude innen und außen.

Ornamented sobriety. Ivy arabesques are a charming detail both inside and out.

Fotograf/photographer: Tobias Wille

Part of the Beisheim-Center on Potsdamer Platz, this ten-floor office building with its severely geometric façade of light-green gneiss and cantilevering eaves stands out among its neighbours. A conspicuous design element in the façade are the arabesque balustraces of cast aluminium. Looking out, one sees the city as if through a paper cut-out of stylized ivy leaves whose playful pattern of light and shade also enlivens the office interiors. The architects sought to create an impression of sunlight filtering through trees, and the resulting atmosphere is less one of metropolitan bustle than of leafy, suburban quiet. The façade is clad in rough flamed stone, which on parts of the building's base has been polished smooth. Large shop windows open up the ground floor façade with the main entrance in the middle. In the foyer, near-black granite flooring contrasts with light marble cladding on the walls. A band of light at ceiling height gives the entrance situation an elegant touch. The lush ivy décor on the leaves of the door once again transforms the daylight filtering through, playing with the sober and businesslike attitude of an office building to evoke summer days out in the woods.

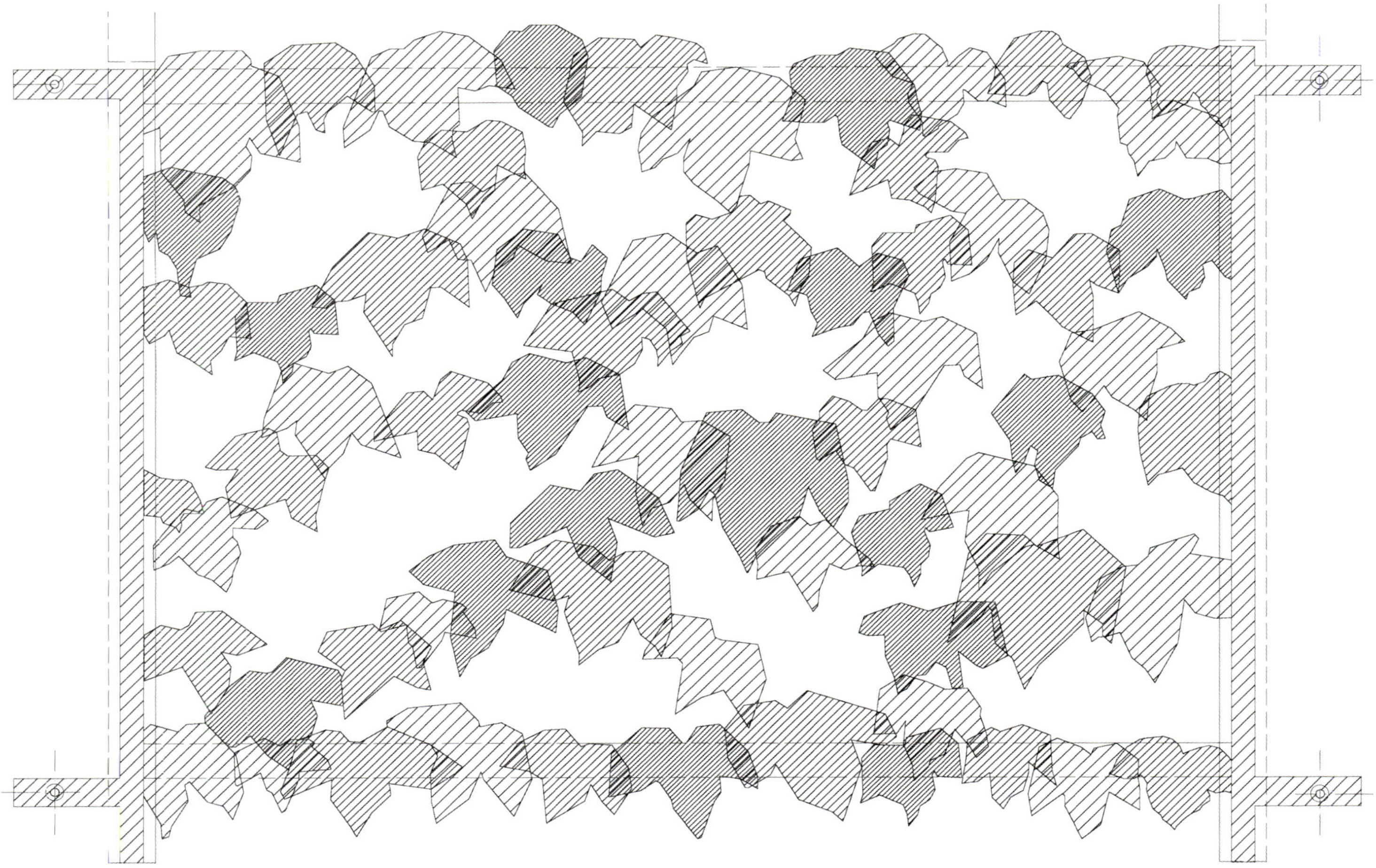

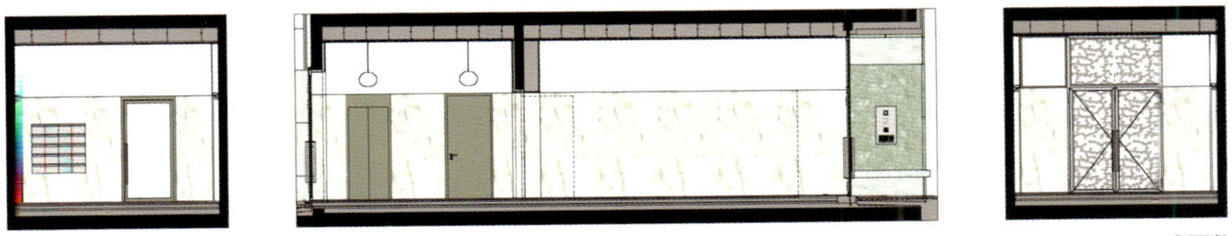

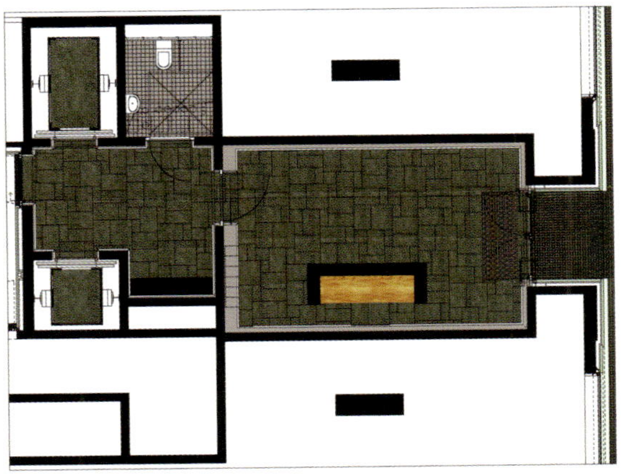

Eine dichte Efeuhecke wurde als natürliches Vorbild für das florale Dekor benutzt, das auf Brüstungen und Türen des Gebäudes prangt.

The floral motifs on the doors and balustrades were modelled from nature, from a thick hedge of ivy.

Die raumhohen Glasfronten der obersten Etage des Neubaus boten weit mehr als eine schöne Aussicht für den Aufsichtsrat des Unternehmens. Sie liefern frei Haus auch das, was für die Gestaltung der Räume Rohstoff und Stilmittel zugleich ist: Licht. Dass es hier so überreichlich vorhanden scheint, ist der absichtsvollen Ordnung von durchgängigen Blickachsen, weiten Räumen sowie den eingesetzten Materialien und Farben zu verdanken. Der makellose Glanz des polierten Natursteinbodens wird nur von aufliegenden oder eingearbeiteten Wollteppichen unterbrochen, die in Farbigkeit und Struktur auch eine Gliederung der bruchlosen cremefarbenen Bodenfläche – und damit des ganzen Raums – bewirken. Die Wände wurden unaufdringlich mit schmeichelnden Materialien, Birnbaum und Alcantara, verkleidet. Deren Brauntöne erwärmen hier die lichtweiße Atmosphäre. Die Möblierung, teilweise speziell entworfene Einbauten, aber auch konfektionierte Einzelstücke verschiedener Hersteller, bleiben einer klassischen Moderne verpflichtet. Das differenzierte Lichtkonzept setzt je nach Situation und Funktion auf Spots, indirekte Beleuchtung oder Deckenlampen. Auch die großformatigen modernen Gemälde und Skulpturen wurden so platziert, dass sie nicht schmücken, sondern wirken. Die Wechselwirkung von Transparenz, Materialität und vor allem Helligkeit folgt letztlich jener Forderung nach »Mehr Licht!« – Goethes letzten Worten. Geht doch.

Aufsichtsratsetage in Hagen

Board of Directors' Offices in Hagen

Unaufdringliche Eleganz und viel Licht.
Links: Besprechungsraum
Rechts: Flur vor zentralem Konferenzsaal

Unpretentious elegance and lots of light.
Left: Meeting room
Above: Hallway in front of the main conference room

Fotograf/photographer:
Tomas Riehle/artur

The room-high glass fronts of the top floor of the new building give the company's board of directors far more than a nice view. They also provide what is the raw material for, and essential element of, interior design: light. The abundance of light here is due to a deliberate layout of unbroken lines of sight and spacious rooms as well as a careful choice of materials and colours. The flawless lustre of the polished stone floor is only interrupted by occasional woollen carpets worked into the flooring or laid on top if it. Their different colour and texture also structures the creamy, even flooring – and thus the entire interior. The walls are clad in unassuming, pleasing materials such as pearwood and velvety, rough Alcantara. Their different shades of brown give the bright rooms a warm, natural glow. The furniture combines specially-designed elements with individual standard pieces by various manufacturers, and is a tribute to classic modernism. Carefully thought-out illumination incorporates spotlights, indirect lighting or ceiling lights as the situation and function require. Large-format modern paintings and sculptures go beyond the merely decorative to unfold striking spatial effects. This interior stages a harmonious interplay of transparency, materiality and, above all, light, providing what Johann Wolfgang von Goethe requested on his deathbed: »More light!« There you have it.

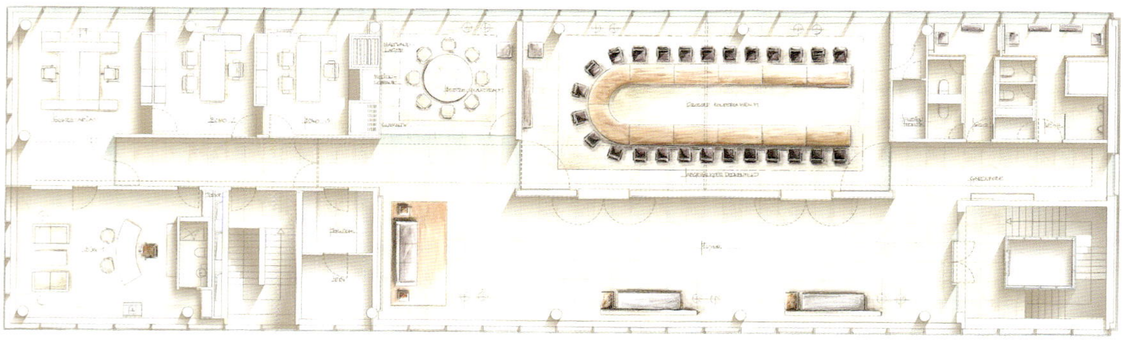

Die indirekte Beleuchtung in Form von Lichtvouten und Lichtbändern folgt in allen Bereichen den raumbildenden Wandscheiben, Deckensegeln und Fassaden.

Indirect illumination: light covings and bands trace the lines of the walls, ceilings and façades.

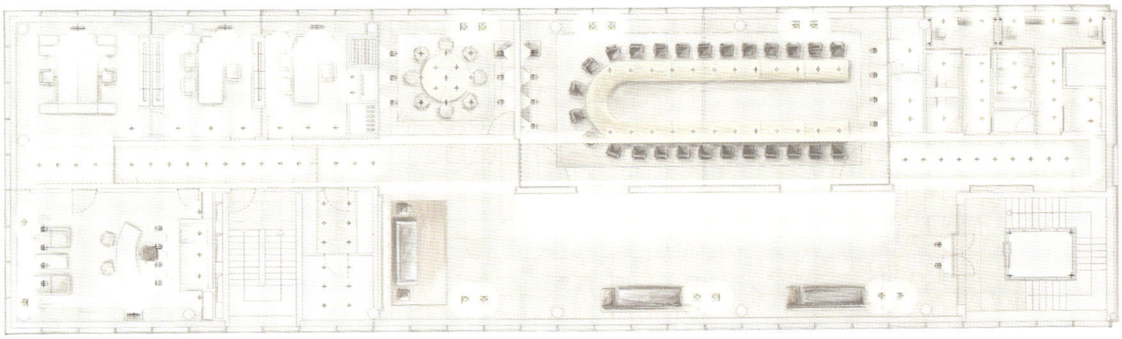

KARL-HEINZ SCHOMMER

Rechts: Vor den Innenfassaden schwebt die höhenverstellbare Glaslichtsegeldecke in der zentralen Halle.

Das dbb forum in Berlin integriert markante historische Gebäude und zwei Neubauten in einem differenzierten Ensemble, das von außen die kleinteilige Struktur der Friedrichstraße bewahrt, im Inneren jedoch ein komplex verknüpftes Ganzes bildet. Die zentrale Halle im ersten Obergeschoss ist das Herzstück der vielgestaltigen Gebäudeanlage; hier laufen Wege zusammen, begegnen sich Besucher und Mitarbeiter, werden Übergänge und Verbindungen zwischen Ebenen und Räumen sichtbar. Der großzügige Raum bezieht seine lichte Atmosphäre vor allem von den verwendeten hellen Materialien. Für den Boden fanden großformatige, graue Muschelkalkplatten Verwendung, die Holzverkleidung der Akustikpaneele wurde aus amerikanischem Ahorn gefertigt. Einen starken Akzent setzen die Türen sowie Elemente der Schiebewand, die alle in einem kräftigen Rot gehalten sind. Die eigentliche Besonderheit der Halle offenbart sich erst beim Blick nach oben. Eine Glaslichtsegeldecke, bestehend aus drei Strängen mit jeweils 36 paarweise angebrachten Glassegeln, hängt unter dem Glasdach und ermöglicht unterschiedliche Licht-Raum-Erlebnisse. Die Glassegel lassen sich automatisch und fast stufenlos sowohl kippen als auch drehen und die gesamte Decke kann bis auf Bodenniveau abgesenkt werden. Fährt man sie herab auf die Höhe des Konferenzsaals und öffnet die trennende Faltwand, verschmelzen beide Räume zu einem Veranstaltungsraum.

Zentrale Halle eines Bürogebäudes in Berlin

Central Lobby of an Office Building in Berlin

Opposite: The adjustable glass awning in the central lobby hovers in front of the interior façades.

The dbb forum in Berlin integrates distinctive historical structures and two new buildings in an ensemble of contrasts. The outside reflects the colourful urban fabric characteristic of Friedrichstrasse, while the inside reveals a unified whole. The central lobby on the first floor forms the heart of the multi-faceted complex; this is where paths cross, where staff and visitors meet, where links and transitions between levels and spaces become visible. Light colours give the spacious lobby a bright atmosphere. Large grey slabs of shell limestone were used for the floor; the acoustic panels are clad in sugar maple. The doors and elements of the sliding wall catch the eye with their bright red paint, a colour that recurs throughout the building. If you want to discover the lobby's most distinctive feature, however, you will have to turn your gaze upward. A glass awning consisting of three main elements with thirty-six glass panels each, arranged in pairs, hangs underneath the glass roof. The different elements can be operated so as to create impressive space/light experiences, tilting and turning smoothly, or descending almost to ground level. By lowering the awning to the level of the conference room and opening the separating folding wall, it is possible to combine the two spaces into one vast function room.

Fotograf/photographer: Tomas Riehle/artur

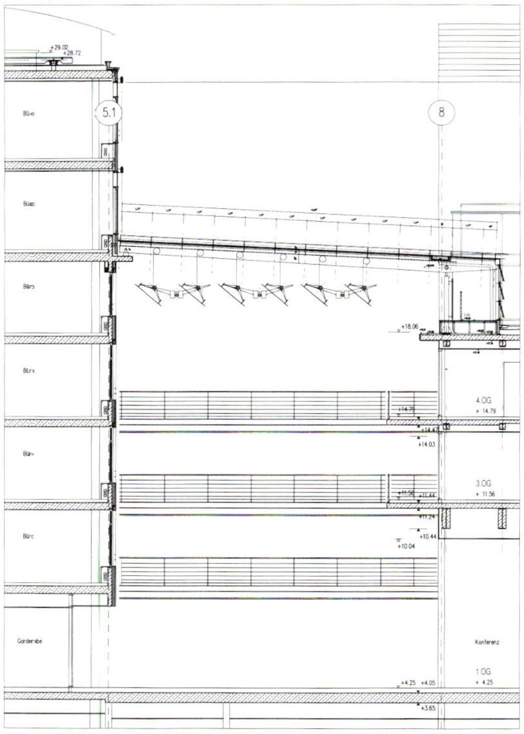
+29.02
+28.72
5.1
8
+18.06
4.OG
+ 14.79
+14.79
+14.47
+14.03
3.OG
+ 11.56
+11.56
+11.44
+11.24
+10.44
+10.04
Garderobe
Konferenz
1.OG
+ 4.25
+4.25
+4.05
+3.65

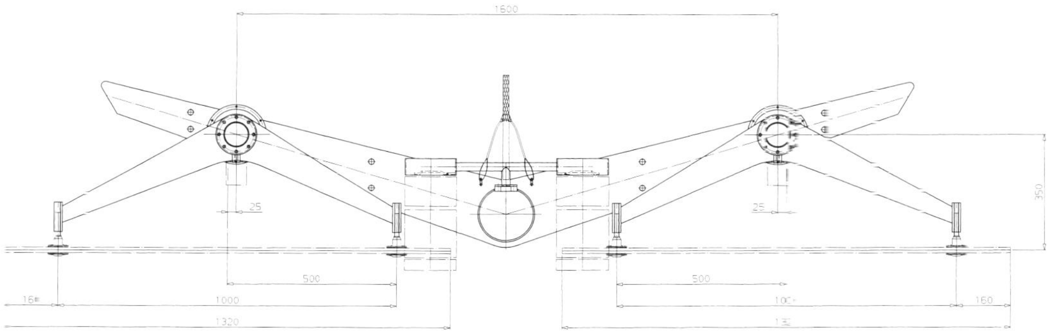

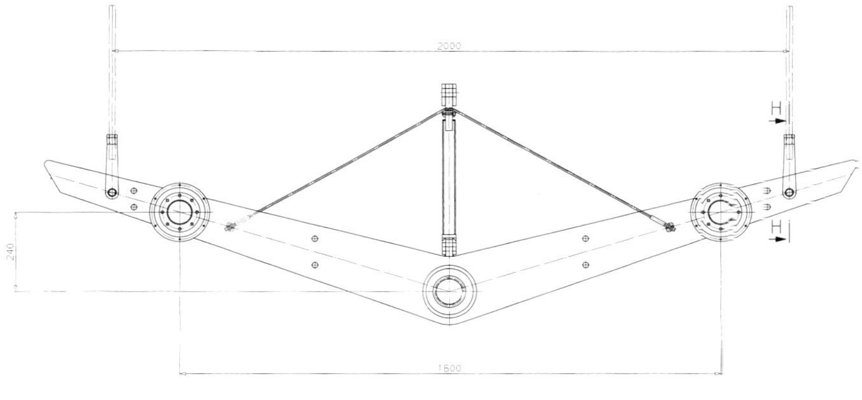

Dank der avancierten Technik lassen sich verschiedene Licht- und Raumsituationen inszenieren.

Leading-edge technology creates impressive light/space experiences.

Wie kaum ein anderes Bauwerk der neuen Hauptstadt brach das Bundeskanzleramt mit den im kleinen Bonn geschulten Erwartungen an den Dienstsitz eines demokratisch gewählten Regierungschefs. Es ist Beamten-Arbeitsplatz und politisches Parkett gleichermaßen – ein Dualismus, der meist Opfer fordert. Dass hier der Repräsentant nicht dem Funktionär geopfert wird, macht schon das mächtige Äußere deutlich. Doch erst eine Introspektion offenbart das im Wortsinn Großartige des Entwurfs. Im zentralen Leitungsgebäude, das von den Bürotrakten an Nord- und Südseite flankiert wird, wirkt allein der schiere Raum. So scheint der Besucher des zweigeschossigen Foyerbereichs mit seinem überwältigenden Volumen eine Fiktion zu betreten; übermaßstäblich, utopisch und sphärisch. Licht und heller Stein werden hier zu Raum geformt, der, wenn man so will, an das Phantastische von Filmarchitektur erinnert. Deren ins Irreale spielende Opulenz benötigt hier allerdings keinerlei Zierrat, sondern speist sich allein aus der architektonischen Komposition. Sie beschränkt sich auf wenige, helle Materialien und Weiß. Dieses Prinzip verkörpert vor allem die »Skylobby« mit den weichen Formen von Wänden und Stützen und einer sich senkenden und wieder hebenden Welle der Decke. Der Raum scheint wie entgrenzt. Panta rhei.

Bundeskanzleramt in Berlin
German Chancellor's Office in Berlin

Das Membrandach des Protokolleingangs (links) ist Prolog einer großartigen, fließenden Raumfolge im Inneren des Bundeskanzleramtes. Sie findet ihren Höhepunkt und Abschluss in der lichtdurchfluteten Skylobby (oben).

The roof membrane of the main entrance (left) anticipates a spectacular, flowing interior whose high point is, literally, the bright and airy sky lobby (above).

Fotografen/photographers: Werner Huthmacher, Stefan Müller

The German Chancellor's Office in the new capital, Berlin, marks a decisive break with the traditions of official architecture that evolved in the much smaller town of Bonn, the former seat of the elected head of government. The new address is both a workplace for government officials and an impressive backdrop on the stage of world politics. The imposing exterior makes it clear that this is the home and workplace of a statesman and not just the country's top administrator. Though flanked by sober office wings to the north and south, this is power architecture (and interior design). On entering you feel transported to a Brobdingnagian world where bright stone and light define an interior space reminiscent of film architecture. The curving ceilings reinforce that effect. The two floors of the lobby give access to the press room and a large conference room. The »great wave« on top of the lobbies houses the archives, crisis management group and control centre. The floors above the office and lobby wing accommodate function rooms and the chancellor's offices. The choice of colours and materials was strictly limited to light green serpentine for the floor, beechwood, and walls rendered with white plaster. The east-west orientation of the cubic building also gives the interior a distinctive dynamism that is best expressed in the »sky lobby« with its gently shaped walls and supports and the undulating ceiling. The room appears as boundless as the sea and the sky.

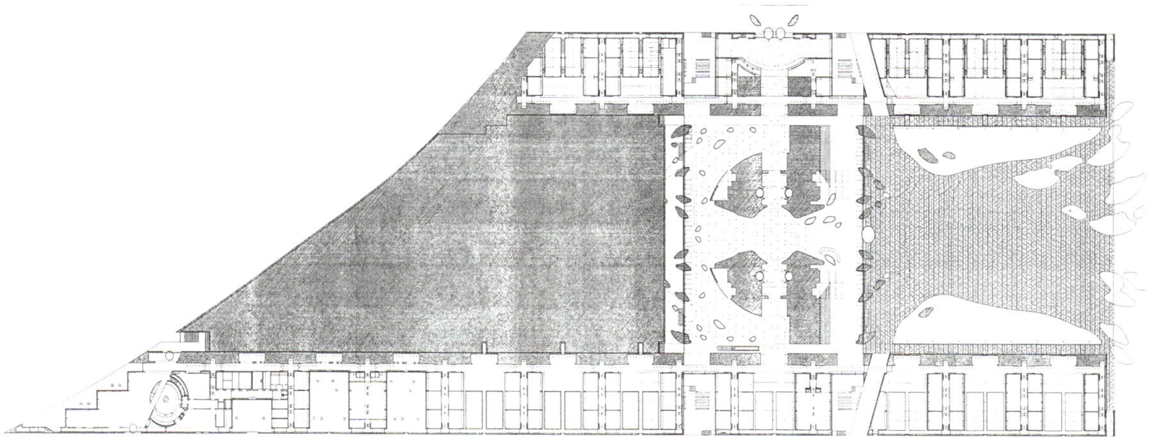

Die Wandpaneele und Tische des internationalen Konferenzsaals (links oben) sind in Buchenholz gefertigt, ebenso wie alle Einbauten der Büros, die kammartig um großzügige Wintergärten organisiert sind (rechts oben).

The wall panels and tables in the international conference room (left above) are made of beechwood, as are all fittings in the offices arranged in comb-like sequence around spacious conservatories (right above).

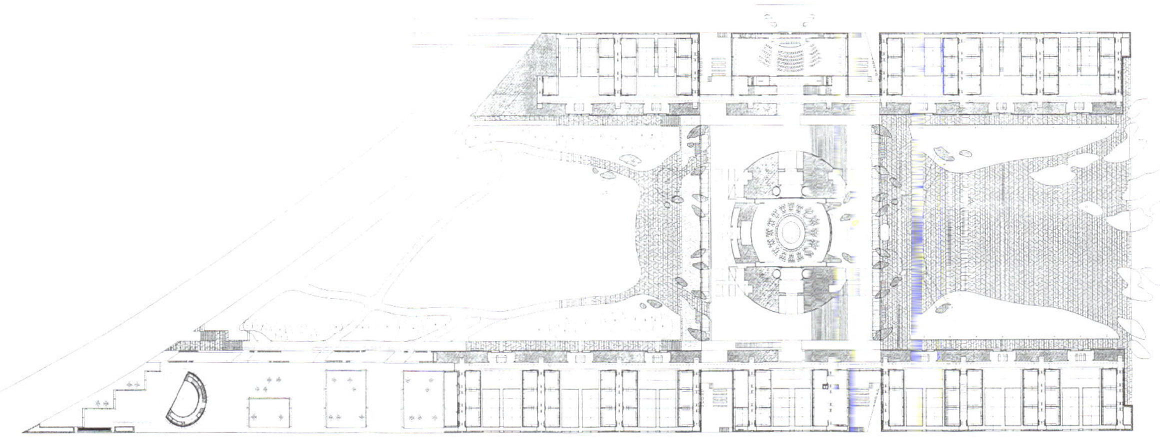

Auf der einen Seite kann der Konferenzsaal mit der zentralen Halle des Bürogebäudes verschmelzen, auf der anderen Seite öffnet er sich über eine geschwungene Glasfassade zum Innenhof.

Der Konferenzsaal des dbb forums ist über eine flexible Trennwand mit der Halle verbunden. Während die zentrale Halle dank der Glaslichtsegeldecke als atmosphärisch wandelbarer Raum für unterschiedliche Veranstaltungen und Feierlichkeiten genutzt werden kann, bleibt der Konferenzsaal in seiner unprätentiösen Gestaltung ein Ort der Konzentration. Der erklärten Sachlichkeit wird mit der großzügig bemessenen Öffnung zum Innenhof allerdings ein sehr wohltuender Kontrapunkt gesetzt. Der über mehrere Ebenen gestaffelte Innenhof verknüpft die im dbb forum vereinten Gebäudestrukturen und bildet mit seinen von Grün umspielten Stegen, Plattformen und Austritten eine insulare Oase inmitten des dicht bebauten Blocks. Die in der Halle verwendeten Materialien wurden auch für die Gestaltung des Konferenzsaals eingesetzt. So sind die Akustikpaneele wieder aus amerikanischem Ahorn gefertigt. Der Boden ist hier allerdings mit Eichenparkett ausgelegt. Von oben tauchen fünfzehn quaderförmige Lichtelemente den Raum in ein gleichmäßiges Licht. Die moderne Veranstaltungstechnik verbirgt sich hinter einer Technikwand. Darüber hinaus verfügt der Saal über einen großen, versenkbaren Konferenztisch. Mit leicht verschiebbaren Trennelementen lassen sich mehrere kleine Einheiten schaffen. Die leicht gewölbte Glaswand öffnet sich zum Innenhof, wo dem Konferenzraum eine Terrasse vorgelagert ist.

Konferenzsaal in Berlin
Conference Room in Berlin

At one end the conference room can be merged with the office building's central lobby. A curving glass façade at the other end opens it up to the courtyard.

Only a folding wall separates the conference room of dbb forum from the lobby. While the glass awning makes the lobby a highly flexible venue whose atmosphere can be adapted for various events and festivities, the conference room with its unpretentious design is a place of steady concentration. A generous opening towards the interior courtyard, however, sets a pleasing counterpoint to this determined sobriety. The interior courtyard rises in steps across various levels and links the different architectures represented in dbb forum. Surrounded by greenery, its walkways, platforms and balconies form a quiet haven within the densely built-up block. The materials that characterize the lobby were also used in the conference room: the acoustic panels are again made of sugar maple. The floor, however, is covered with oak parquet. As is consistent with the focused and restrained colour scheme of the whole building, the bright red of the doors recurs in the loose seating. Fifteen cuboid lighting elements bathe the room in an even light from above. Part of one wall folds back to reveal the paraphernalia needed for seminars and conventions. The room also features a large foldaway conference table. Smaller units can be established by moving light wall elements. A slightly convex glass wall opens onto the interior courtyard and the terrace along this side of the conference room.

Fotograf/photographer: Tomas Riehle/artur

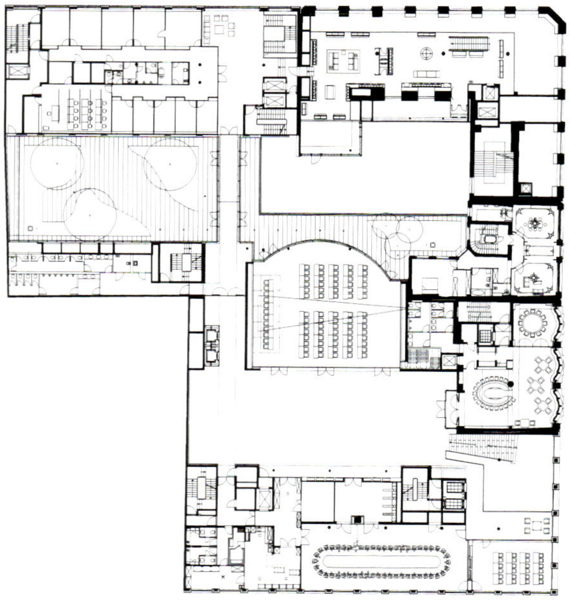

Das kräftige Rot der Türelemente findet sich in der losen Bestuhlung wieder – eine konsequente Fortschreibung der pointiert-sparsamen Farbgestaltung des gesamten Gebäudes.

The bright red of the door elements recurs in the loose seating – a consistent continuation of the building's focused and restrained colour scheme.

N P S T C H O B A N V O S S

Stahl filigran.
Das Podest der Treppe ist an einer Platte aufgehängt, die der Konstruktion erst Stabilität verschafft.

Die Berliner Dependance des Architekturbüros residiert in den Hackeschen Höfen, einem historischen baulichen Ensemble mit Geschäften, Restaurants, Büros und Vergnügungsstätten. Die Architekten nutzen zwei übereinander liegende Geschosse, die über eine neu geschaffene Stahltreppe verbunden wurden. Vom Empfangsbereich gelangt man zum Großraumbüro. Eine frei stehende Wand verbirgt Garderobe und Serverraum. Gegenüber dem Empfang befindet sich der Besprechungsraum. Dabei handelt es sich um einen transluzenten Kubus, dessen Wände aus horizontal angeordneten Profilbaugläsern gefertigt wurden. Eine Folienlichtdecke sorgt in diesem implantierten Raum für eine weiß-helle Beleuchtung. Dadurch verwandelt sich der Glaskubus in einen Leuchtkörper. Er erinnert in seiner kantigen Erscheinung an die Projekte des Architekturbüros und kann daher gut und gern als selbstreferentieller Image-Träger bezeichnet werden, der auch bei Besuchern ein Déjà-vu auszulösen vermag. Die bei der Gestaltung des Büros verwendeten Materialien spiegeln das moderne Selbstverständnis der Architekten wider. Stahl, Aluminium, schwarz pigmentiertes MDF und Buche stehen für eine sachliche, klare Architektur.

Architekturbüro in Berlin
Architectural Studio in Berlin

Steel filigree.
The landing is suspended from the panel that gives the stairs their stability.

The Berlin branch of this firm of architects may be found in the Hackesche Höfe, a historical ensemble of shops, restaurants, offices and entertainment venues. The architects occupy two floors linked by newly installed steel stairs. A reception area gives access to the open-plan office. A solitary wall conceals the cloakroom and server room. The meeting room is located opposite the reception area, in a translucent cube whose walls consist of horizontal sheets of u-profiled glass. An illuminated ceiling provides this implanted space with bright white light, transforming the glass cube into a luminous body of its own. Its angular shape evokes the architects' projects and can therefore be seen as an advertisement for the company's trademark style, giving visiting clients a sense of déjà-vu. The materials used in the interior design reflect the architects' modern approach to their mission. Steel, aluminium, black-coated MDF and beechwood stanc for clear and sober architecture.

Fotograf/photographer:
Claus Graubner

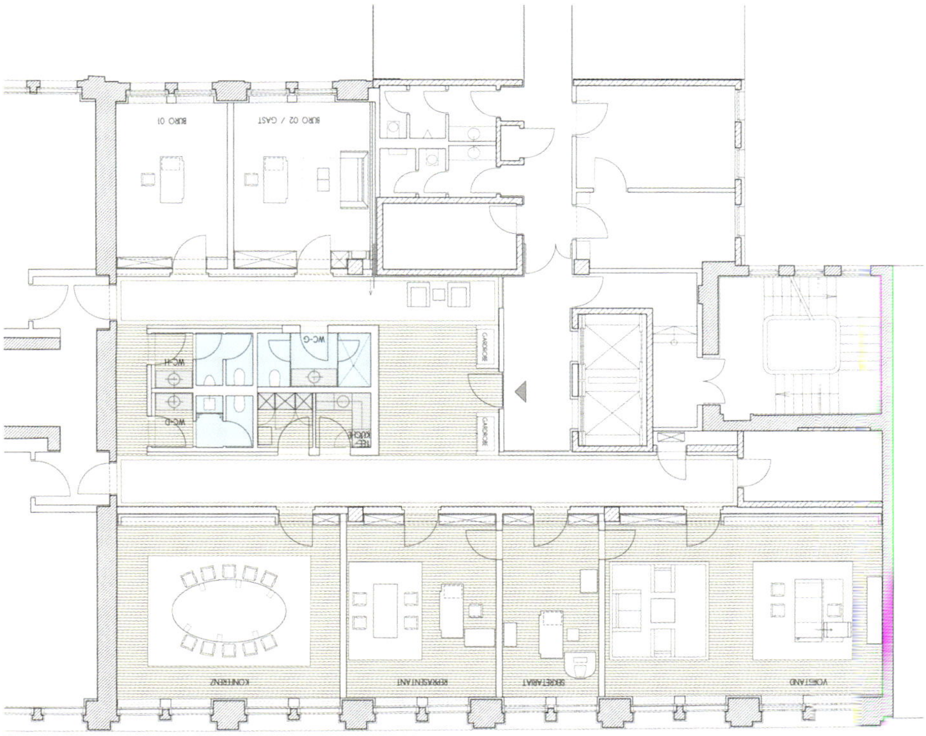

Licht rhythmisiert die schmalen Flure. Mattierte Glastüren separieren einzelne Bereiche.

Light accentuates the narrow hallways. Matte-glass doors close off individual sections.

Das alte Tonröhrenwerk in Köln-Mülheim blickt auf eine wechselvolle und durchaus segensreiche Geschichte zurück. So entging die ausgemusterte Industrieanlage aus dem Jahr 1925 nach dem Ende der Produktion dem Abriss, weil die mächtige Ofenhalle zunächst in die Kirche einer freichristlichen Gemeinde umgewandelt wurde. Heute residiert hier ein Unternehmen des Kommunikationszeitalters, das die großzügigen Räumlichkeiten als Image stiftende Adresse nutzt. Die atmosphärisch aufgeladene Leere der zentralen zweigeschossigen Halle, die mit ihren 60 Metern Länge durchaus die Größe eines Kirchenschiffs erreicht, ist auch nach dem Umbau erhalten geblieben. Die Bürotrakte und Konferenzräume in beiden Etagen öffnen sich durch raumhoch verglaste Wände zum Kraftfeld der Halle, das sich zwischen den beiden skulpturalen Einbauten entwickelt. Dabei handelt es sich um die hölzerne Doppelkonstruktion einer Freitreppe an der Stirnseite sowie einen Glaskubus in Hallenmitte, der zwei übereinander liegende Konferenzräume beherbergt. Schranksysteme bilden die Innenfassaden zwischen den Büros und der Halle. Dass der weite Raum auch ohne eigenes Tageslicht den Eindruck von Transparenz und Klarheit vermittelt, wird durch helle Materialien und Farben sowie große transluzente Flächen erreicht.

Umbau einer Industriehalle in Köln

Conversion of an Industrial Hall in Cologne

Rechts: Blick auf den doppelstöckigen Glaskubus in der Halle.
Links: Die Doppeltreppe führt zu den Räumen auf der umlaufenden Galerie.

Above: View of the two-floor glass cube in the industrial hall.
Left: Twin flights of stairs ascend to the rooms along the gallery.

Fotograf/photographer: Paul Ott

The old pipe factory in the Cologne district of Mülheim looks back on a varied and often fortunate history. After it was taken out of operation, for example, the industrial complex originally built in 1925 was not demolished, simply because a community of Free Christians had started using the huge furnace hall for their gatherings. Today the hall houses a communication enterprise drawing on the image that comes with such unusual and spacious business premises. The atmospheric spaces of he central, two-storey hall, that at a length of sixty metres can certainly compete with the nave of a church, have remained after the conversion. Room-high glass walls open up the offices and conference rooms on both floors. Two sculptural structures enclose the central force field: two open flights of wooden stairs at the front of the hall and a glass cube at its centre. The latter's two floors accommodate two conference rooms. The interior façade of the hall is based on a prefabricated modular system. Light materials and colours as well as vast translucent surfaces ensure that the spacious hall conveys an impression of transparency and clarity despite its lack of direct natural light.

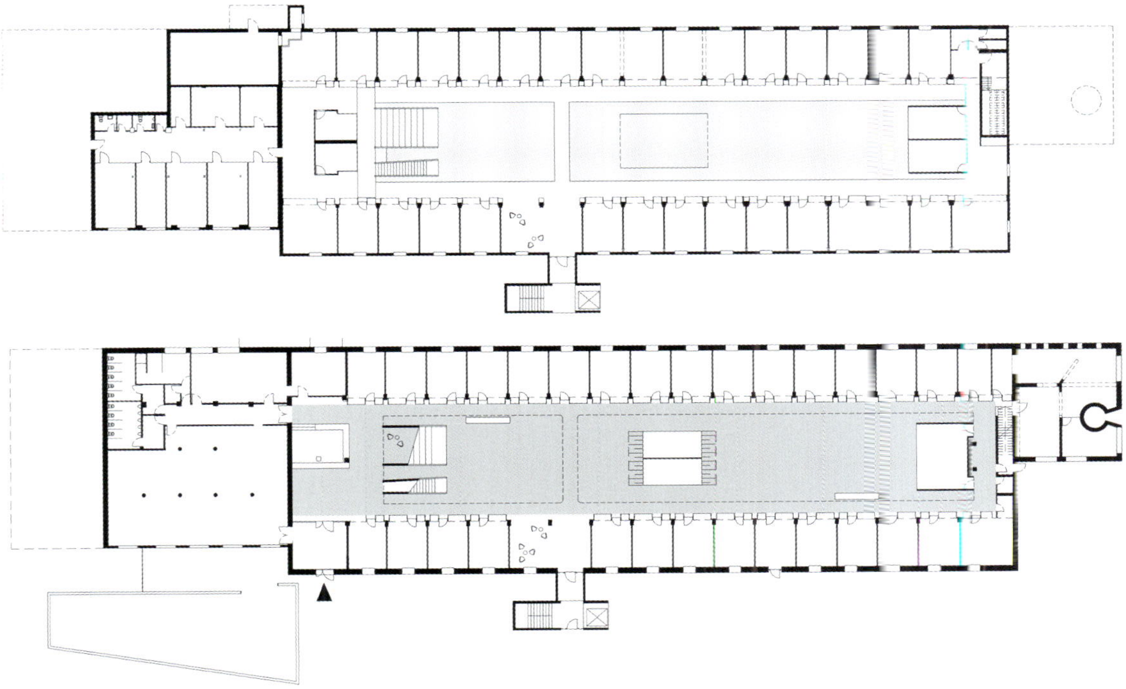

Industrieästhetik und Retro-Design prägen die Atmosphäre in der langen, schmalen Halle. Unten rechts: Grundrisse

An industrial aesthetic and retro design characterize the ambience of the long, narrow hall. Below right: Ground plan

TRINT+KREUDER, d.n.a. ARCHITEKTEN

Dass sich ausgerechnet eine Arztpraxis wie ein Krankheitserreger bezeichnet, weckt auf jeden Fall Neugier. So eigenwillig der Name, so außergewöhnlich die Innengestaltung der gemeinschaftlich genutzten Praxis in Köln. Die Atmosphäre wird bestimmt von klaren, reduzierten Formen und zurückhaltender Farbgebung. In dem großzügigen Raumkontinuum kommt vor allem den speziell entworfenen Einbauten eine besondere Bedeutung zu. Sie definieren, trennen und verknüpfen die unterschiedlichen Bereiche wie Empfang, Warteraum und Behandlungszimmer. Die Möbeltypen sind so gestaltet, dass sie den unterschiedlichen Nutzungen und Arbeitsabläufen gerecht werden und die formale Strenge des Ganzen unterstreichen. Sämtliche technische Einrichtungen und Datenleitungen bleiben dank maßgeschneiderter Schränke und Tresen unsichtbar im Hintergrund. Der Wartebereich kommt ohne die notorische Bebilderung aus und setzt auf die unaufgeregte Wechselwirkung der klaren Formen sowie einfarbiger Flächen. Allein die natürliche Maserung der geölten massiven Kirschholzplatten durchbricht die sachliche Linienführung, das Schwarz des Bodens und der Sitz- und Liegeflächen. Gestalterisch werden Sprech- und Behandlungszimmer nicht von Empfangs- und Wartebereich unterschieden: Farben und Materialien der Möbel sind identisch.

Ausbau der Arztpraxis »Virus« in Köln

Interior of the Virus Clinic in Cologne

Alles im rechten Winkel. Empfangs- und Wartebereich werden von einem Schrankelement separiert.

Right angles. Built-in cupboard units separate the reception area from the waiting room.

Fotograf/photographer: Jörg Hempel

That a clinic should choose a pathogen as its patron saint may make a somewhat dubious impression, but the interior design is just as unusual as the name of this clinic in Cologne. Clear, reduced forms and muted colours set the tone. Furniture specially designed for the generous, open-plan structure have a distinctive role to play in defining, separating and linking the various areas for reception, waiting and therapy. The types of furniture are designed to fulfil a variety of functions in the workflow and to accentuate the formal consistency of the whole. Custom-made cabinets and desks conceal all technical fixtures and computer cables. The waiting area does without the kind of pictures we know all too well; a cool interplay of clear forms and monochrome surfaces takes their place. The natural grain of solid panels of oiled cherrywood is the only feature to rebel against the sober lines determined by the black floor, seating and couches. The design does not differentiate between the rooms for consultancy and therapy and the reception and waiting area: all furnishings are based on the same colours and materials.

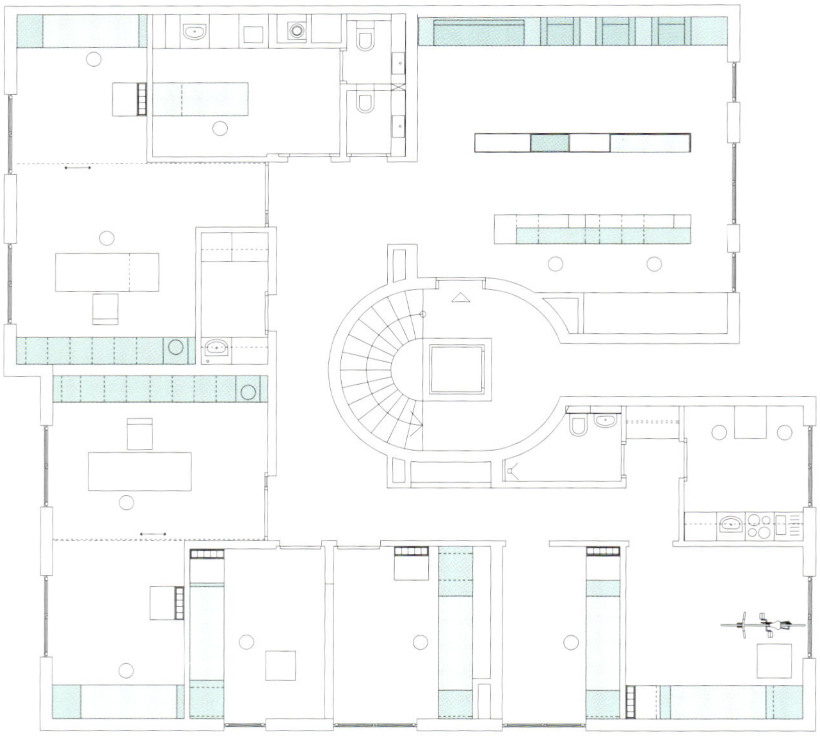

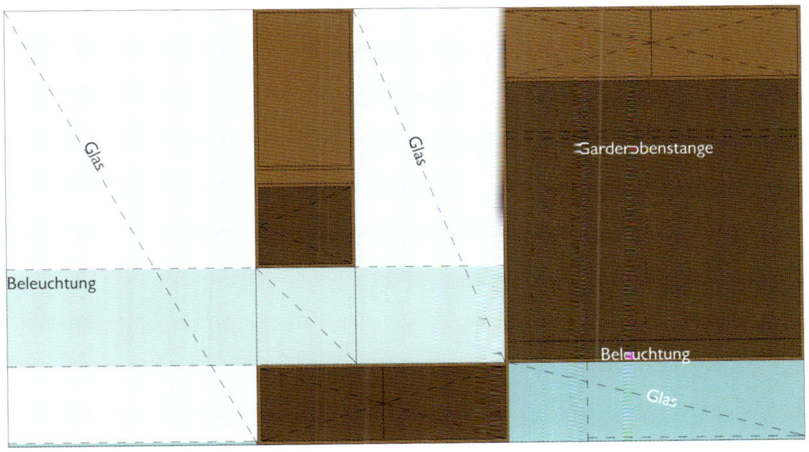

Vorderansicht

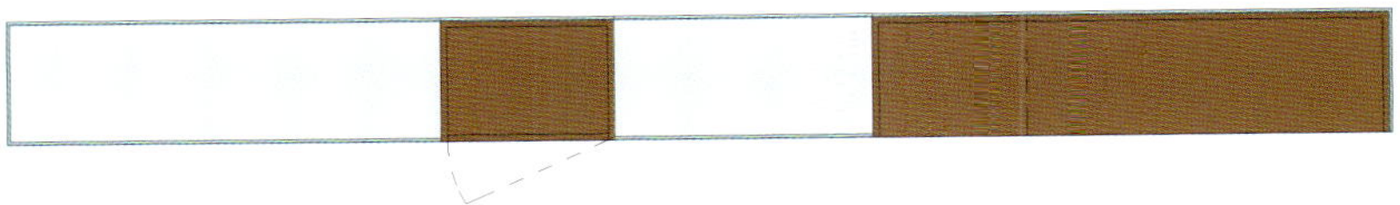

Grundriss

Alle Möbel sind Sonderanfertigungen, die nicht nur den Raum strukturieren, sondern jeweils auch spezielle Funktionen integrieren.

Custom-made furniture and fittings not only define the space, but also integrate specific functions.

Am Anfang waren eine leer stehende Lagerhalle und ein langes, schmales Grundstück gleich daneben. Dort sollte der Firmensitz eines Brandschutzunternehmens entstehen. Die Gegebenheiten erforderten einen Neubau, der nicht nur die bestehenden Strukturen ergänzt, sondern auch repräsentativen Charakter hat. Das neue 120 Meter lange, zweigeschossige Gebäude wurde in der Tradition von Werkshallen errichtet. Während die frei einteilbaren Räume im Erdgeschoss einer differenzierten Nutzung, durchaus auch als Werkstatt oder Atelier, offen stehen, bleibt die obere Etage der Verwaltung vorbehalten. Dort werden die Räume durch Profilglaswände vom Flurbereich getrennt. Zwischen dem Neubau und der alten, renovierten Lagerhalle schaffen verglaste Durchblicke eine Verbindung. Die offenen Stahltreppen sowie die Sanitärräume wurden in einem »Schlitz« an der Brandwand untergebracht. Die Atmosphäre atmet unverstellte Industrie-Ästhetik: Roh belassene Sichtbetonwände und Industrieparkett bestimmen das sachlich und reduziert möblierte Innere. Allein die wandhoch verglasten Fenster sind ein Zugeständnis an die zeitgenössische Tugend der Transparenz. Ein Haupteingang des Gebäudes befindet sich unter dem auskragenden, gläsernen Kubus des Konferenzraumes.

Verwaltungsgebäude in Köln

Administrative Building in Cologne

Stilmix.
Der Entwurf verbindet die industrielle Optik des Gebäudes mit aufgeräumter Sachlichkeit und Transparenz.

Mixing styles.
The design combines the building's industrial aesthetic with clear sobriety and transparency.

In the beginning, there was an empty warehouse and a long, narrow strip of land next to it. It was to become the headquarters of a fire safety company. A new building was needed, which would not simply complement the existing structures but look impressive as well. The new, 120-metre-long, two-storey building was constructed in the tradition of industrial architecture. The ground-floor rooms may be divided up and used in various ways – as workshops or studios – but the upper storey is the domain of the administration. Profiled-glass walls separate the rooms on this floor from the access ways. Glassed areas create visual links between the new building and the old, renovated warehouse. The steel staircases and sanitation facilities were fitted into a slot alongside the firewall. The atmosphere is one of undisguised industrial aesthetics: raw concrete walls and plain parquet floors set the tone of the understated, minimally furnished interior. The wall-high windows alone are a concession to the contemporary virtue of transparency. One main entrance hall is located below the glass cube of the conference room.

Fotograf/photographer:
Paul Ott

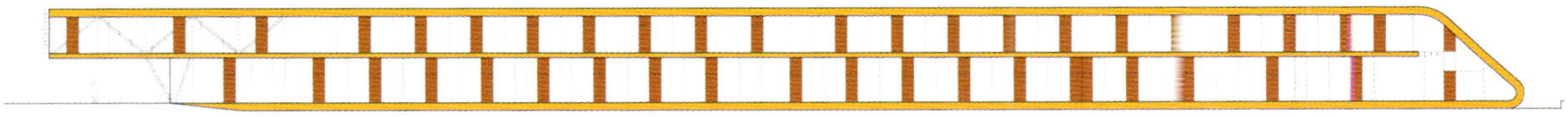

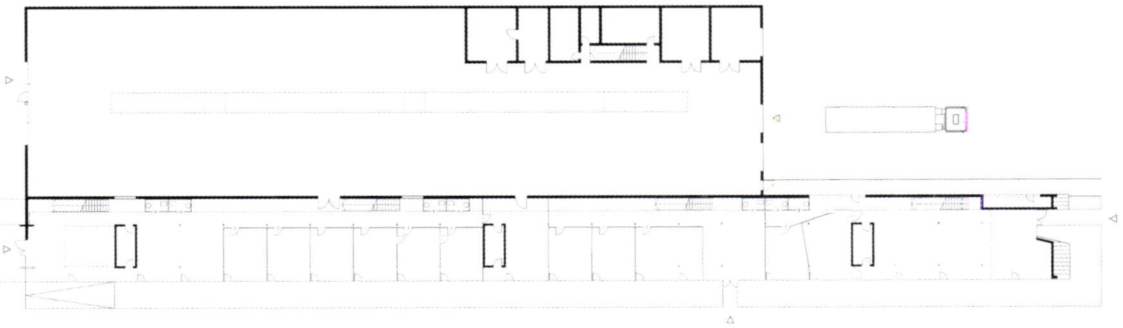

Oben rechts: Der lang gestreckte, gläserne Neubau endet mit einem schanzenartigen Gebäudeabschluss.

Above right: The oblong glass building terminates in a gentle incline.

LÉON WOHLHAGE WERNIK

Das Gebäude der Indischen Botschaft in Berlin gibt sich nach außen als klar konturierter Quader, der sich um eine verborgene morphologische Vielfalt zu schließen scheint. Das verheißt auch die Farbigkeit seiner Hülle: ein fremdes Rot, das keinem kunstvollen Mischungsverhältnis von Malerfarben entstammt, sondern einer fernen Landschaft. Die Fassade, die das geheimnisvolle Innere umgibt, besteht aus zwölf Zentimeter dicken Platten aus »Barauli«, einem roten indischen Naturstein, der hier als Material mit bruchrau belassener Oberfläche verwendet wurde. Dieser architektonische Auftakt findet seine Fortsetzung in der Innengestaltung. Vom Eingang erschließt sich eine Raumfolge mit öffentlich zugänglichen Veranstaltungs- und Konferenzbereichen über den Verwaltungstrakt bis hin zu den privaten Räumen am südlichen Ende des Ensembles. Ein differenzierter Algorithmus von Offen und Geschlossen, von weitem, unverstelltem Raumvolumen und kleinteilig strukturiertem Gefüge. Die Idee des Entwurfs bestand in der modernen Übersetzung indischer Kunst- und Handwerkstraditionen in eine Architektur, die allgemeine Routinen der zeitgenössischen Diplomatie mit einer eigenständigen Ästhetik zu verknüpfen versteht. Während das Raumprogramm den Anforderungen einer modernen Botschaft entspricht, gelingt es mit den subtilen Mitteln der Farben und Materialien, eine Ahnung von der sinnlichen Fülle Indiens aufkommen zu lassen.

Indische Botschaft in Berlin

Indian Embassy in Berlin

Westliche Sachlichkeit in indischem Gewand.
Die Botschaft verbindet moderne Funktionalität mit den Farben und Ornamenten des Subkontinents.

Western practicality – Indian style.
The embassy combines modern functionality with Eastern ornamentation.

From the outside, the Indian embassy in Berlin resembles a clear-cut cube that seems to enclose a secret, varied morphology. That is the promise extended by its colour – an exotic red that cannot be the product of a decorator's careful efforts, but must hail from distant parts. The façade consists of twelve-centimetre slabs of Barauli, a red stone from India here used in its rough, quarried state. This theme continues inside the building. From the entrance a sequence of rooms develops along the public function and conference areas to the administration and, finally, the private rooms at the southern end of the complex: a differentiated algorithm of open and closed spaces, generous, undivided volumes and minutely articulated structures. The basic idea of the design was to translate Indian traditions of art and workmanship into a modern architectural idiom capable of serving the general routines of contemporary diplomacy while expressing an independent aesthetic. Though the layout reflects the established standards of modern embassies, a subtle use of colours and materials conveys a notion of the sensual experience that is India. Severe and abstract lines and shapes, however, prevent any impression of quaintly picturesque folklore.

Fotografen/photographers: Christian Richters, Gitty Darugar

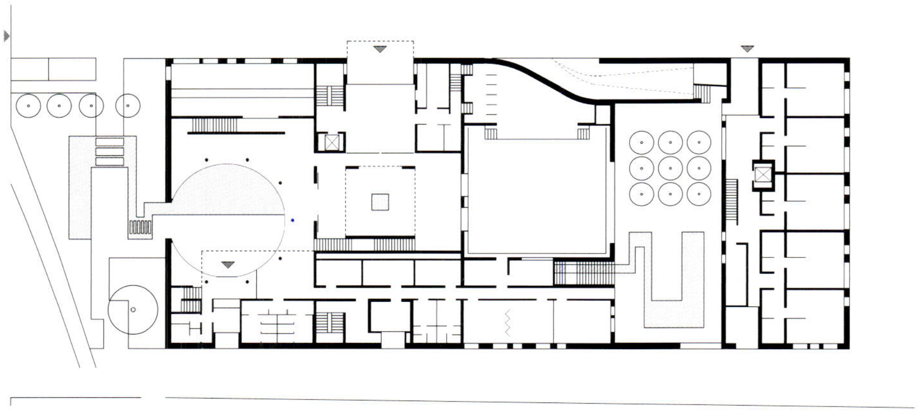

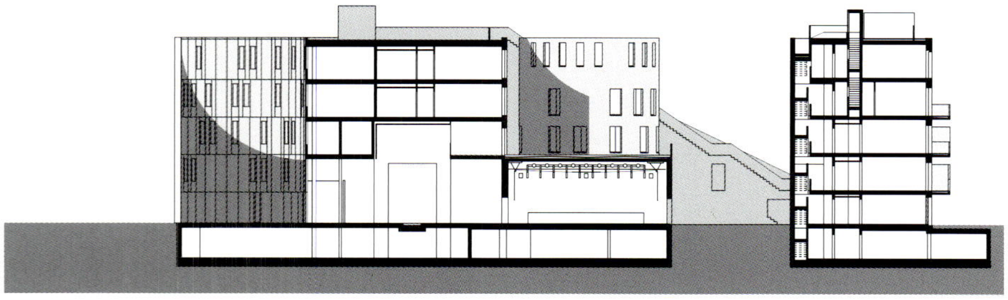

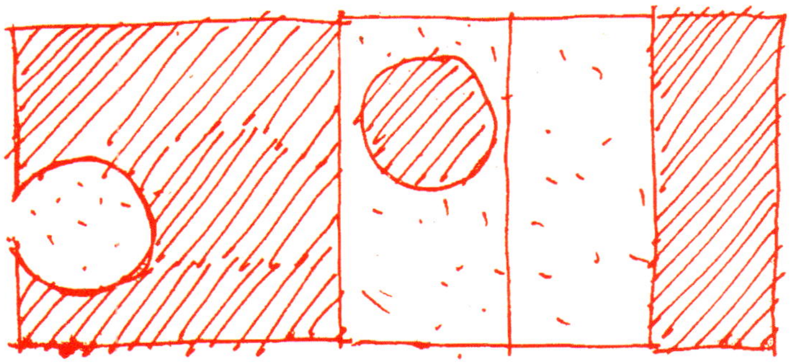

Das Innere des Komplexes ist eine differenzierte Abfolge von offenen und geschlossenen Räumen.

The interior presents a differentiated sequence of open and closed spaces.

RKW ARCHITEKTUR | STÄDTEBAU | INNENARCHITEKTUR

Respektvoll renoviert. Das historische Gebäude präsentiert sich nach dem Umbau in seinem ursprünglichen Charakter.

Die ehemalige Hauptverwaltung des Düsseldorfer Mannesmann-Konzerns wurde 1910 nach einem Entwurf des Architekten Peter Behrens fertig gestellt und steht heute unter Denkmalschutz. Neben der Einrichtung von zeitgemäßen Büros galt es beim Umbau, die historische Substanz mit Rücksicht auf Peter Behrens' ursprünglichen Entwurf zu restaurieren, der in den knapp 100 Jahren durch diverse Einbauten und unsystematische Veränderungen deutlich an Strahlkraft eingebüßt hatte. Die Restaurierung der hölzernen Wandverkleidung und die Befreiung der historischen Substanz von allen verfremdenden baulichen Ergänzungen verschafften der zurückhaltenden Eleganz des klassischen Gebäudes eine würdige Wiederkehr. Das dunkle Braun der Vertäfelung, der helle Marmorboden mit seinem schwarzen Randfries sowie die anthrazitfarbenen Wollteppiche erinnern durchaus an das Gewicht der rheinischen Schwerindustrie, stehen aber mit den hellen, fast luftig anmutenden Büroräumen in einem anregenden Verhältnis. Die Beleuchtung geht sehr differenziert auf die Räume ein. Während der Empfangsbereich, die Flure und Treppen ihre Stärke aus den klaren, ursprünglichen Raumproportionen beziehen und nur indirekt gleichmäßig beleuchtet werden, lassen sich in den Arbeits- und Besprechungsräumen unterschiedliche Lichtsituationen erzeugen.

Vorstandsetage in Düsseldorf
Executive Offices in Düsseldorf

Respectful restoration. The historical building has regained its original character.

The former main administration building of the Düsseldorf-based Mannesmann corporation was constructed in 1910 according to designs by architect Peter Behrens. Much of it is listed as historically valuable and may not be significantly altered. Along with the creation of modern offices, the aim of the conversion was to restore the historical building, keeping as close as possible to Peter Behrens's original design – which, in almost one hundred years of additions and unsystematic changes, had lost much of its original flair. Restoration of the wooden panelling on the walls and the removal of later alterations not in keeping with the design have brought about an honourable return of the building's classical, understated elegance. The dark brown wood panelling, the light-coloured marble floor bordered with a black frieze, and the anthracite woollen carpets recall to mind the mighty age of the Rhineland's heavy industry while creating an exciting contrast with the bright, almost airy office spaces. This is where contemporary designs and materials come into their own. The lighting puts each room into focus in a different way. While even, indirect light underlines the reception area, the corridors and staircases, flexible lighting in the new offices and conference rooms can be adjusted as required.

Fotograf/photographer: Tomas Riehle/artur

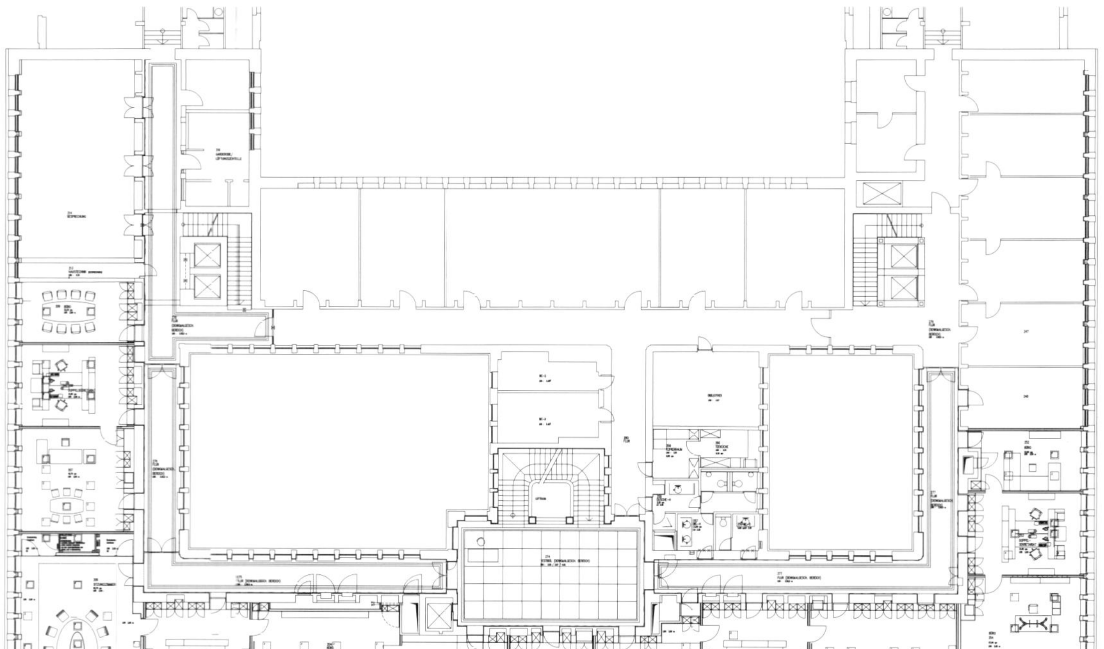

Das architektonische Erbe der Industrialisierung bildet einen soliden, zeitlosen Rahmen für moderne Arbeitswelten.

The architectural heritage of the industrial age provides a solid, timeless frame for the modern world of work.

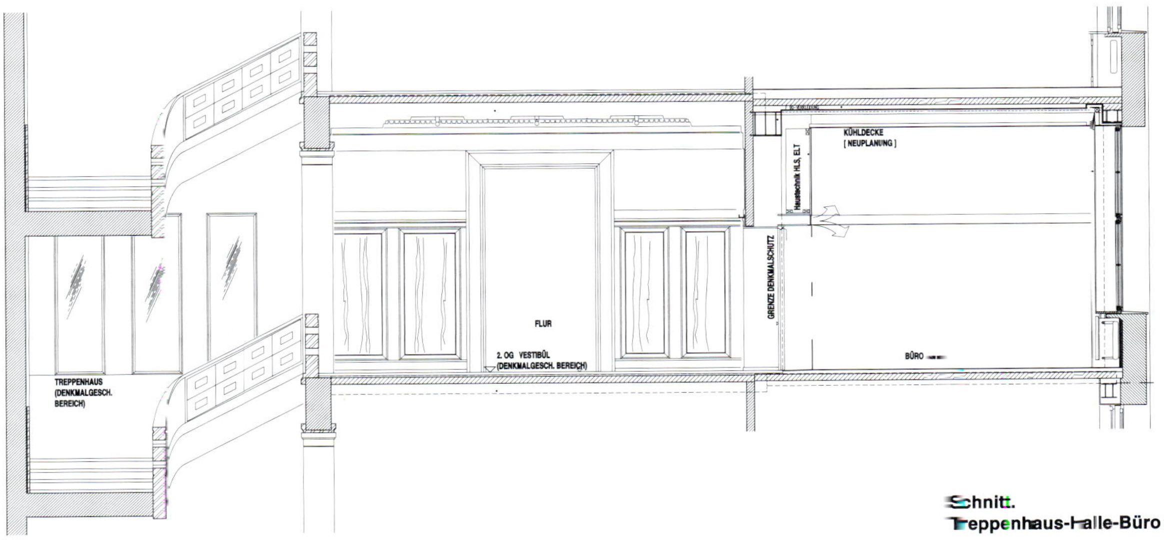

Schnitt.
Treppenhaus-Halle-Büro

Hier geht's zur Forschung. Vom zentralen Foyer aus sind alle Bereiche des Gebäudekomplexes zu erreichen.

Meist ist Innovation nicht mehr als ein wohlfeiles Mantra politischer Sonntagsreden. Es ist schon viel erreicht, wenn eine Universität mit privaten Firmen eine Institution betreibt, die der gemeinsamen wissenschaftlichen Forschung dient. Dass diese Zusammenarbeit dann auch noch in einem kongenial entworfenen Gebäude stattfindet, darf man schon als unerhörten Glücksfall bezeichnen. Die EFM besteht aus drei gestaffelten, unterschiedlich hohen, abgerundeten Baukörpern, in denen sich Labors, Büros und eine Halle sowie ein Raum für physikalische Großversuche befinden. Schon rein äußerlich weckt das Bauwerk mit architektonischen Lockbotenstoffen die Neugier. Die Dachhaut über der fein gerasterten Glasfassade leuchtet in den Farben orange, pink und silbergrau. Das Gebäude wirkt in seiner vorbildlosen Gestalt überraschend, utopisch und experimentell, auch im Inneren. Die Büros und Versuchsräume im östlichen Flügel grenzen an das zentrale Foyer, von dem aus das Großlabor im westlichen Gebäudeteil zu erreichen ist. Die weithin sichtbare Freude an lebendigen, leuchtenden Farben und sanft geschwungenen Formen spiegelt sich auf allen Ebenen wider. Unifarbene Flächen, wechselweise pastell getönt und kräftig coloriert, sowie runde, geschwungene Silhouetten geben dem Foyer eine Atmosphäre, die – mit Verlaub – Kindergarten-Assoziationen provoziert. Neugier, Überraschung, Freude am Entdecken und Spielen sind auch Forschertugenden.

Experimentelle Fabrik in Magdeburg

Experimental Factory in Magdeburg

This way to the world of research.
The central foyer gives access to all parts of the complex.

The word »innovation« is rarely more than a well-worn mantra in political speeches. It's quite something if a university can run an institution jointly with private enterprise in the interests of common research projects. But when this cooperation takes place in a brilliantly designed building, then it's almost unheard-of good fortune. The EFM consists of three large boxy parts of different heights and with rounded-off corners. They house laboratories, offices, an auditorium and a room for large-scale physics experiments. The outward appearance of the building alone is architecturally seductive enough to arouse curiosity. The roof cover above the finely-latticed glass façade shines orange, pink and silver-grey. The building's unprecedented shape makes it surprising, utopian and experimental – inside as well as outside. The offices and laboratories in the eastern wing open onto the central foyer, which provides access to the western part of the building. The architects' pleasure in lively, bright colours and curving lines is visible from afar, and is reflected at all levels within the building itself. In the foyer, a single colour is taken up and transformed from pastel to bold and back again, and, together with the curving silhouettes – with all due respect – this brings to mind the colours and shapes of a kindergarten. Curiosity, surprise, delight in discovery and playfulness are also important virtues when it comes to scientific research.

Fotografen/photographers: Gerrit Engel, Bitter + Bredt

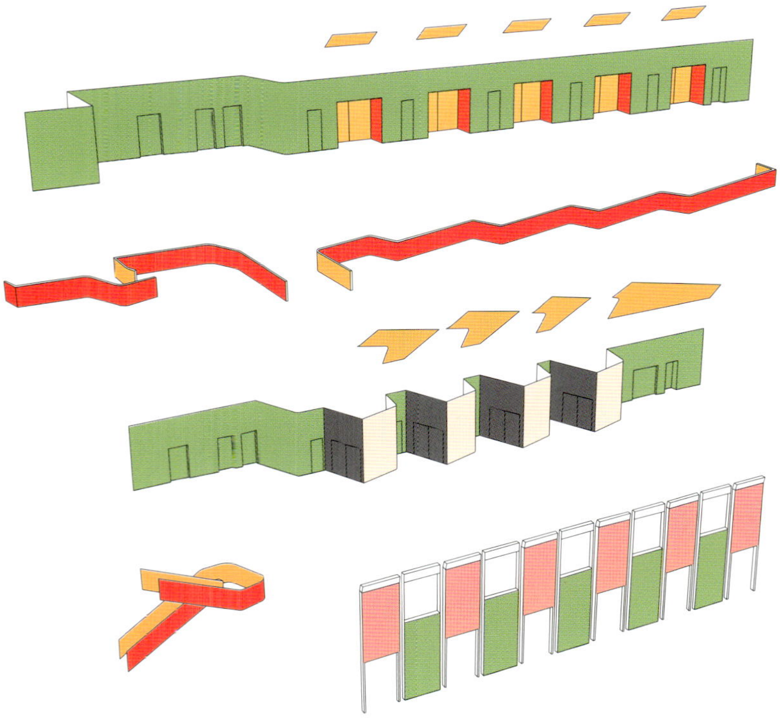

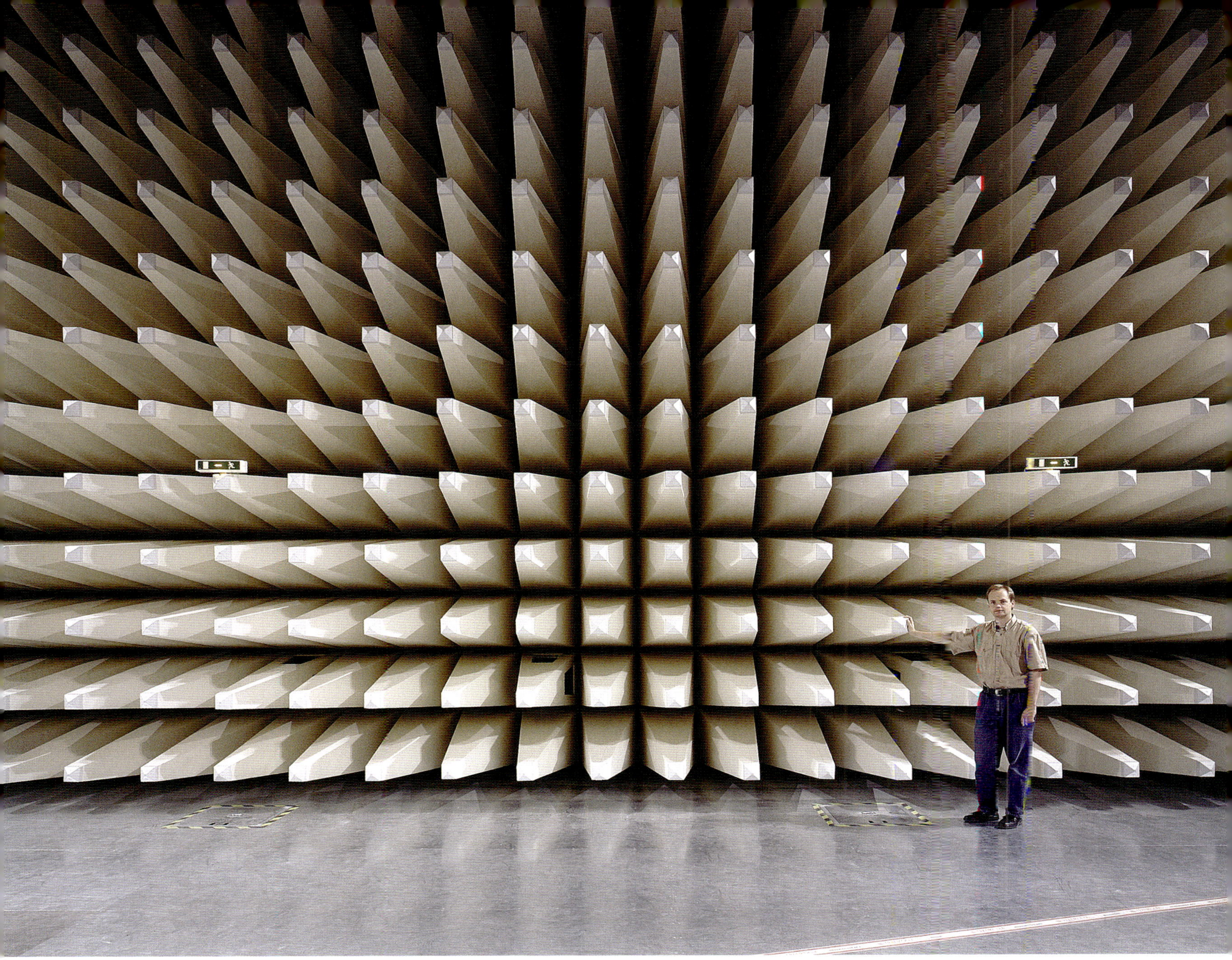

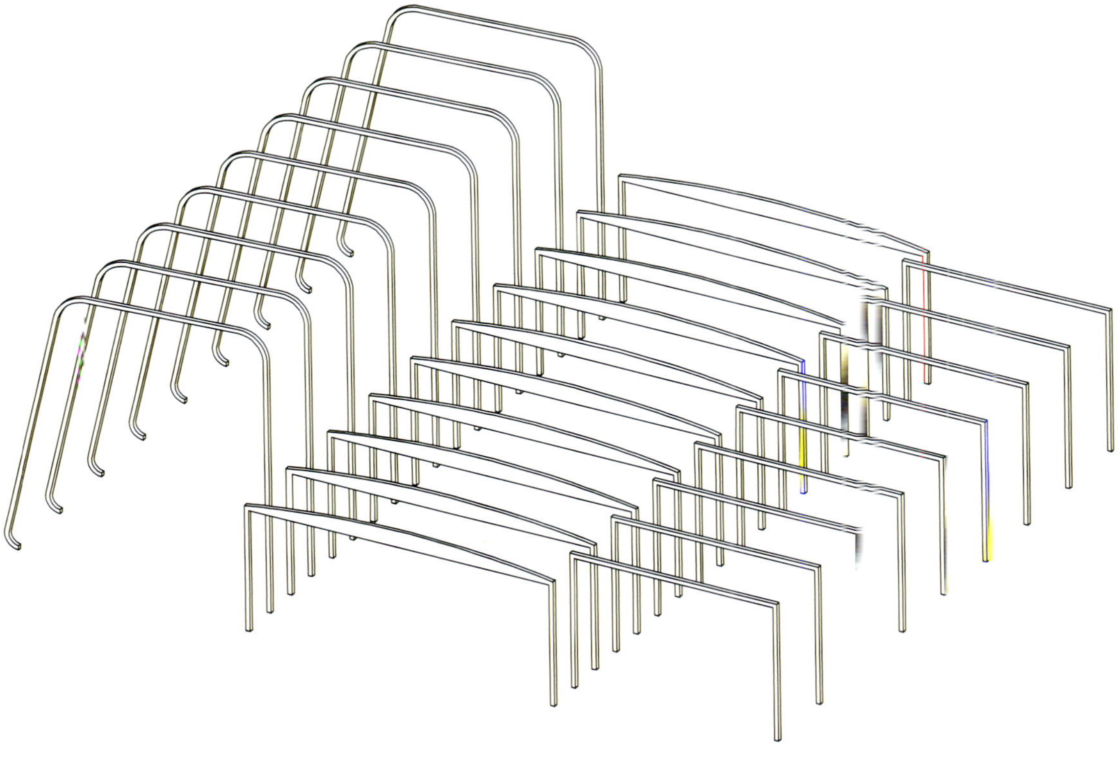

Wunderbare Wissenschaft. Farben und Formen in den Fluren (links) und im Messraum (rechts) wirken anregend und wecken Neugier.

Wonderful world of science. Colours and shapes in the hallways (above left) and the measuring room (above right) are refreshing and arouse one's curiosity.

Stilleben mit Früchten. Der weiträumige Konferenzraum gibt sich betont minimalistisch und konzentriert.

Wer sich einen Eindruck von der Philosophie eines Architekten verschaffen will, sollte einfach dessen Büro besuchen. Die eigenen Arbeitsräume überbieten jede Referenzliste an Aussagekraft. Mit dieser Überzeugung entstand auch der Entwurf für das Loft-Büro in Berlin. Die insgesamt 340 Quadratmeter auf zwei Etagen in einem historischen Gebäude wurden als offener Raum entwickelt. Allein das Chefbüro im unteren sowie der Konferenzraum im oberen Geschoss sind durch schalldichte Glaswände und Türen mit eingeklebter Palisanderholzzarge von den Arbeitsbereichen getrennt. Die Büros sind von einer hellen, leichten Atmosphäre geprägt. Die in Weiß gehaltenen Wände, Kappendecken und Möbel bilden einen augenfälligen Gegensatz zum anthrazitfarbenen Industrieasphalt des Bodens – ein Kontrast, der durch die farblich akzentuierten Kanten der Möbel, aber auch in Gestalt der Regalfront mit gewöhnlichen Aktenordnern wirkungsvoll wiederholt wird. Der farbliche und formale Minimalismus zeigt sich auch im Umgang mit baulichen Besonderheiten. So gleicht ein Raumteiler mit integriertem Sofa die Schräge im Chefbüro aus und bildet gleichzeitig den begehbaren Schrankraum der Bibliothek. Eher dem Charakter eines Lofts entspricht die Verwendung des äußerst strapazierfähigen Kunstvelourleders für die gekurvten Wände, die Schränke und das Sofa. Die luftigen weißen Vorhänge hingegen, mit denen Arbeitsbereiche abgeteilt werden können, sind dessen wolkige Antithese.

Architektur- und Designbüro in Berlin
Architecture and Design Office in Berlin

Still life with fruit. The spacious meeting room presents a minimalist and focused design.

Anyone wanting to gain an impression of the philosophy and dedication of an architect need go no further than his office. The place he creates for himself to work in will surely say far more than any list of references. That was the conviction behind the design of these loft offices in Berlin. A total of 340 square metres in a historical building were developed as open space over two storeys. Only the senior executive's office on the lower and the conference room on the upper level are divided off from the main work areas by soundproof glass walls and doors with inset rosewood frames. The dominant atmosphere is light and airy. The white barrelled ceilings, walls and furniture create an obvious contrast to the dark grey industrial asphalt on the floor – a contrast that is effectively taken up by the colour-accentuated outlines of the furniture, and by the design of the shelving with the usual files and folders. This minimalism of colour and form is also manifest in the way the building's idiosyncrasies have been dealt with: a room divider with an integrated sofa counterbalances the sloping ceiling in the senior executive's office and also forms a walk-in closet for the library. The use of hardwearing synthetic suede on the curving walls, the cabinets and the sofa is also in line with the idea of an office loft set within historical walls. The airy white curtains that can be used to divide off workspaces are its ethereal antithesis.

Fotografen/photographers: Fritz Busam, Alexander Plajer

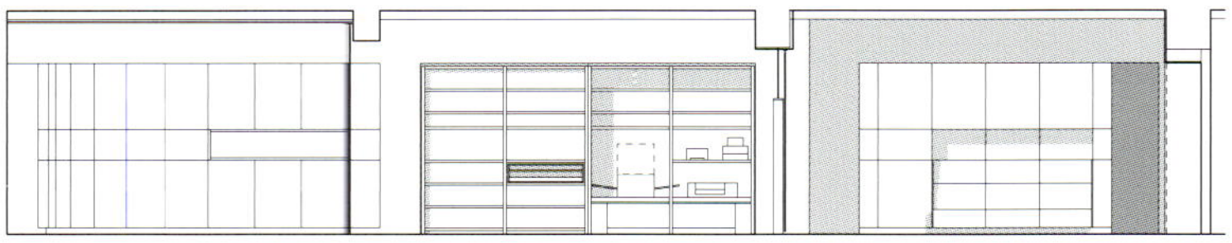

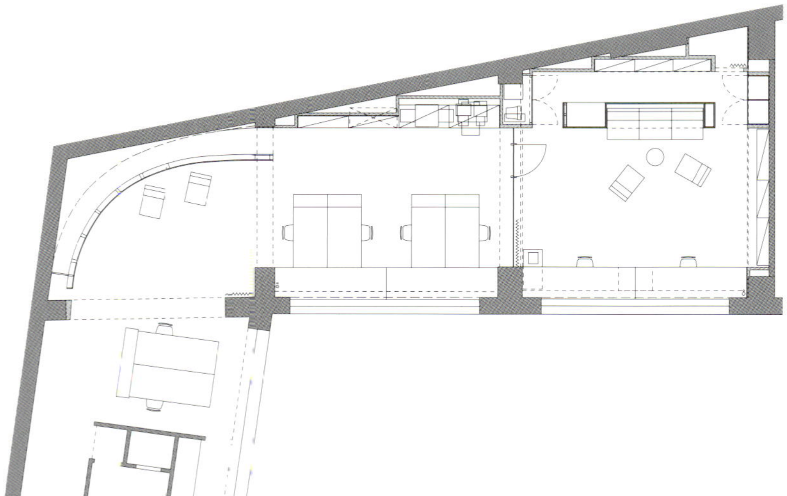

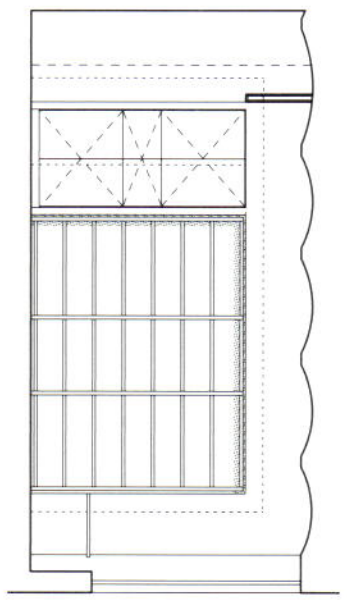

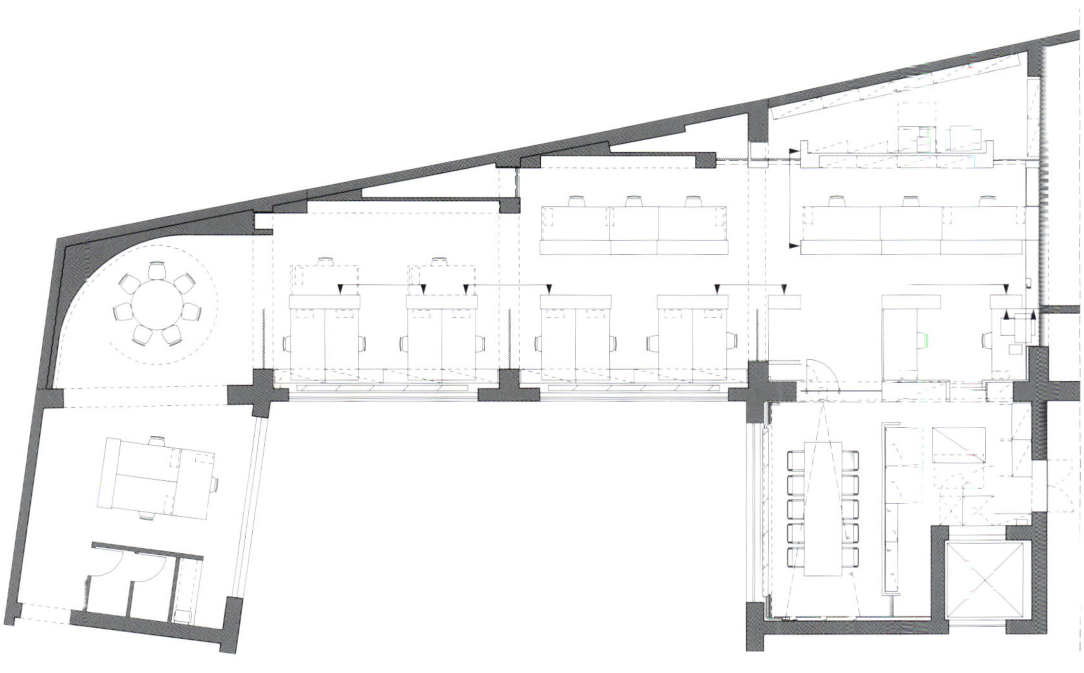

Die Kappendecke erinnert wie der Asphaltboden an die Industrievergangenheit der Räume.

The barrelled ceiling and asphalt floor evoke the industrial past of these rooms.

M A R T I N I , M E Y E R

Es sind die kreativen Branchen, die mit ihrer Absage an den asketischen Bürokosmos fordistischer Prägung einer neuen Auffassung von angenehmer Arbeitsumwelt den Weg frei räumen. So ließ sich ein Berliner Medienunternehmen, das in einem Altbau aus dem Industriezeitalter residiert, seine Vorstellung einer idealen Atmosphäre für das gemeinsame Schaffen maßschneidern. Die Einrichtung der Etage folgt dem Gestaltungskonzept »long medium short endless« und lässt keinen Zweifel daran, dass es hier vor allem auf Teamarbeit ankommt. Das Spiel von Proportion, Gravitation und Endlosigkeit prägt die Räume und spiegelt die Abläufe innerhalb des Unternehmens wider. Dass der kreative Prozess ein Wechsel von Konzentration und Entspannung ist, wird in allen Bereichen deutlich. Es finden sich allenthalben bequeme Polster – Sessel, Bänke oder Wände – in die man sich zurücklehnen kann. Dank integrierter Monitore ist es möglich, das Angenehme mit dem Nützlichen zu verbinden. Während der Eingangsbereich sich mit einem sachlichen Tresen sehr diszipliniert gibt, überraschen in den Innenräumen unkonventionelle Einbauten. So entwickelt sich aus der gepolsterten Wand ein dreidimensionales Element, auf dem man liegen oder sitzen kann, ohne die Arbeit an den Arbeitstischen aus dem Blick zu verlieren. Diese funktionale Metamorphose vollzieht auch der Tresen im Loungebereich. Aus einer Bar schlängelt er sich zu einer Ablage am Fensterplatz, um als Deckenverkleidung in den architektonischen Strukturen aufzugehen.

Medienunternehmen in Berlin

Media Company in Berlin

Arbeiten und Wohlfühlen. Die Räumlichkeiten bleiben auf angenehme Weise unentschlossen. Sie sind Büro und Lounge in einem.

A good working atmosphere. Office or lounge – these rooms are pleasantly vague about their purpose.

The creative industries are the first to turn their back on the austere world of the Fordist office and blaze the trail to a new interpretation of a positive working environment. This Berlin media company decided to customize its industrial-age building with the ideal atmosphere for creative cooperation. From start to finish and top to bottom, the outfitting – its creative concept is » long medium short endless« – leaves no doubt that teamwork is the top priority here. The rooms are determined by the interplay of proportion, gravitiy and endlessness. Open-plan offices, transparency and spaciousness are the watchwords. Wherever you look it is clear that the creative process is an interplay of concentration and relaxation. Everywhere there is comfortable upholstery – armchairs, benches and whole walls – where you can lean back and unwind, and thanks to the integrated monitors it is even possible to combine business with pleasure. While the functional counter in the foyer makes a very disciplined impression, unconventional features provide surprises further inside. A three dimensional shape growing out of the padded wall provides places where you can sit or lie while still keeping an eye on the desk. The counter in the lounge area undergoes the same functional metamorphosis, changing from a bar to a shelf by the window before disappearing into the architectural structure as ceiling paneling.

Fotografen/photographers: Arwed Messmer, MARTINI, MEYER

Der nüchterne Empfangsbereich täuscht. Gleich nebenan warten die Annehmlichkeiten einer kreativen Sphäre.

Don't let the sober reception area deceive you. The little luxuries of creativity are waiting next door.

München und Medienbranche. Das klingt nach Old School, also klassischem Agenturdesign unter repräsentativer Adresse. Ein internationales Kommunikationsunternehmen zog in ein historisches Bürohaus, dessen massive Wände nach den Zerstörungen der Kriegsjahre von einer modernen Stahlskelettkonstruktion ersetzt wurden. Dadurch war es möglich, die Etage des neuen Nutzers komplett zu entkernen und den gewandelten Anforderungen einer Medienagentur entsprechend zu restrukturieren. In das Zentrum der großzügigen Räumlichkeiten wurde eine Cafeteria platziert, die als eine Art kommunikatives Gravitationsfeld die gesamte Fläche sortiert und die differenzierten Arbeitsbereiche in ein Verhältnis setzt.

Das Corporate Design des Hausherrn gab die ästhetischen Parameter vor: Transparenz, Geradlinigkeit, Offenheit. Raumhohe Glaswände, zart-elegante Aluminiumkonstruktionen und weiße, abgehängte Decken verschaffen der gesamten Etage Klarheit und ermöglichen unverstellte Durch- und Einblicke. Auch die Auswahl der Materialien und Farben ist diesem Eindruck förderlich. Naturstein, helles Birkenfurnier sowie metallic-lackierte Oberflächen und ein dunkelgrauer Teppichboden bilden eine zurückhaltende, gefällige Koalition. Diese fast bescheidene Farbigkeit bekommt mit der rot gespachtelten Wand im Eingangsbereich sowie den roten Ledersesseln einen belebenden Akzent.

Medienagentur in München

Media Business in Munich

Moderne hinter alten Fassaden. Die ursprüngliche kleinteilige Struktur des Massivbaus wurde im Inneren von weiten, offenen Räumen abgelöst.

Modern interiors behind historical façades. An open-plan design replaced the original intricate structures.

Fotograf/photographer: Stefan Müller-Naumann

Media business in Munich. A familiar story – classical agency design at a top address. An international communications company moved into this historical office building whose war-damaged walls had been replaced with a modern steel-framed structure. The frame meant that it was possible to completely gut the new user's storey and restructure it to match the requirements of a modern media agency. A cafeteria occupies the heart of these spacious premises, acting as a kind of communicative centre of gravity, ordering the space as a whole and structuring the relationships between the different working areas. The owner's corporate design defines the aesthetic parameters: transparency, straightforwardness, openness. Room-height glass walls, delicate, elegant aluminium constructions and white suspended ceilings generate clarity and unhindered lines of sight throughout. The resulting impression is underlined by the choice of materials and colours. Stone, light birch veneer, metallic paint and a dark grey carpet form a reserved, agreeable alliance. This colour scheme is almost self-effacing, but red leather armchairs and a red plastered wall in the foyer add a lively note.

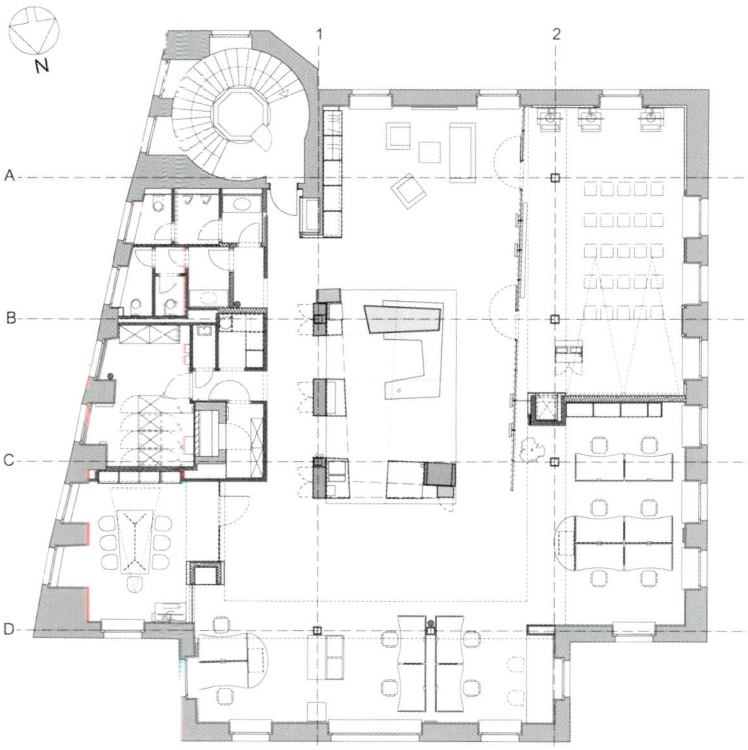
N
1
2
A
B
C
D

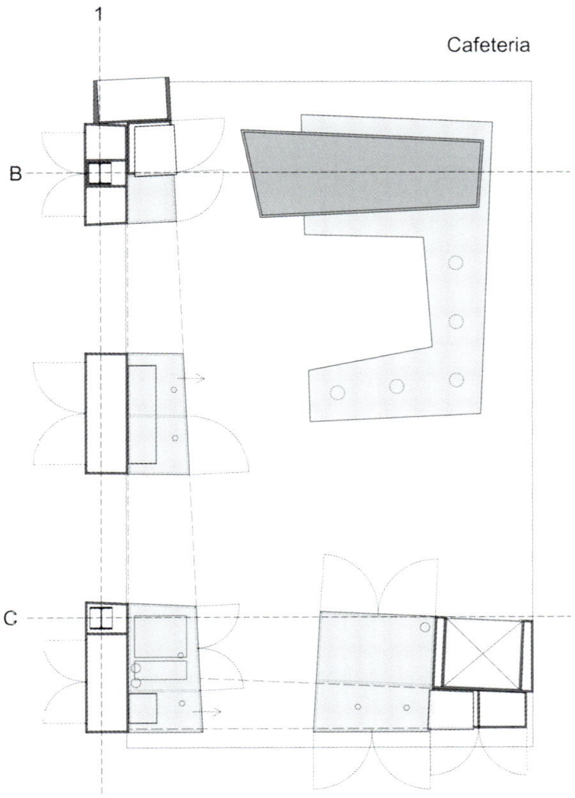

Die Cafeteria bildet den kommunikativen Mittelpunkt der Etage. Farben und Materialien orientieren sich am Corporate Design.

The cafeteria forms the communicative core of the premises. Colours and materials echo the owner's corporate design.

KOLLHOFF UND TIMMERMANN

Konferenzpause. Die Sessel wurden in Vierergruppen arrangiert und geben dem Blick durch die endlos scheinende Raumflucht einen Halt.

Der Umbau des riesigen Gebäudekomplexes im Zentrum Berlins folgte dem Leitgedanken der „Drei Schichten". Denn vor seiner heutigen Nutzung als Außenministerium der Bundesrepublik diente das Haus in den Dreißigerjahren zunächst der Reichsbank und in den DDR-Nachkriegsjahrzehnten als Parteizentrale der SED. Diese durchaus schwierige historisch-politische Aufladung sollte auch unter den neuen Hausherren noch sichtbar sein. Die ursprünglichen architektonischen Strukturen wurden unter opportuner Erhaltung nachträglicher Einbauten nach Originalentwürfen rekonstruiert. Um das düstere Innere mit Tageslicht zu versorgen, wurden die zugemauerten Oberlichter und Fenster wieder geöffnet. Die ehemaligen Kassenhallen verwandelten sich in ein eigenes Konferenzzentrum, das auch großen, international bedeutsamen Versammlungen Platz bietet. Die bewahrten baulichen Zeugnisse aus drei unterschiedlichen Epochen werden durch die sanfte Hand der Kunst zusammengehalten. Ihr kommt darüber hinaus die Aufgabe zu, dem neuen Charakter des Hauses sichtbaren Ausdruck zu verleihen. Dies gelingt über große monochrome Flächen in kräftigen Farben, die in den Hallen und Sälen jenen Anflug von Monumentalität brechen, der durch die Schwere von Materialien wie Naturstein, Marmor und Eichenholz aufkommen könnte. Die vormals unansehnlichen sieben Innenhöfe des Ensembles verwandelten sich in eine Landschaft aus begrünten terrassierten Dachgärten.

Auswärtiges Amt

Ministry for Foreign Affairs

Conference break. The armchairs are arranged in groups of four to provide a place for the eye to rest in the seemingly endless space.

This huge complex at the heart of Berlin was reconstructed with an awareness of its three layers of history very much in mind. Today it serves as Germany's foreign ministry; when first built in the 1930s it was the Reichsbank building, and after the war it served as the headquarters of East Germany's communist party. The current users wanted the building's complex historical and political past to remain visible in its latest incarnation. The original architectural structures have been preserved or reconstructed according to the original blueprints, with later additions retained where opportune. Walled-up windows and skylights were reopened to let natural light into the gloomy interior. The halls that once held the tellers' desks were transformed into a conference centre offering enough space even for major international meetings. The architectural reminders of three very different periods of history have been bound together by the gentle hand of art – which was also charged with giving the building a face to express its new character. This was done by creating large, monochrome surfaces in strong colours, which break up the monumentality threatened by »heavy« materials like oak, marble and other stone fixtures. The once run-down courtyards – all seven of them – have been turned into a landscape of terraced gardens which may be used for receptions.

Fotograf/photographer: Ivan Nemec

Das bestechendste Merkmal dieser Büros ist gleichzeitig ein Privileg: viel Himmel und ein weiter Blick über die Dächer Frankfurts. Für eine internationale Anwaltskanzlei wurden drei Geschosse im Main Tower zu einer repräsentativen Niederlassung eingerichtet. Von der Eingangshalle im 35. und 36. Stockwerk sind die Büros sowie die Bibliothek und das Konferenzzentrum im runden Büroturm zu erreichen. Hier befinden sich neben der Büchersammlung mehrere Räume für Besprechungen, größere Konferenzen oder vertrauliche Zwiegespräche. Für die Arbeit der Kanzlei war die Gliederung in Einzelbüros erforderlich. Diese Büros erstrecken sich über drei Etagen und sind jeweils in funktionalen Clustern um die Sekretariate gruppiert.

Eine interne Treppenanlage verbindet die Ebenen. Die Gestaltung der Räumlichkeiten orientiert sich an der sachlichen, klaren Ästhetik der klassischen Moderne. Eine reduzierte Farbigkeit und die Konzentration auf wenige, ausgewählte Materialien sorgen für eine sehr aufgeräumte Atmosphäre. Das Mobiliar wurde eigens aus Bossé-Massivholz gefertigt und erlaubt eine optimale Ausnutzung der Fläche. So wurden die modularen Regalsysteme in die Trennwände zwischen den Büros eingepasst, und die Bürotüren sind in die Wandverkleidung aus furnierten Holzpaneelen integriert. Einbauten in Bibliothek, Empfangsbereich und Konferenzzentrum sind gleichfalls Sonderanfertigungen.

Anwaltskanzlei in Frankfurt am Main

Law Firm in Frankfurt am Main

Von der hohen, luftigen Lobby führt ein eigenes Treppenhaus in die höher gelegenen Etagen. Im Rund des Büroturms befinden sich Büros und die Bibliothek.

A separate staircase ascends from the lofty, airy lobby to the upper floors. The round office tower houses offices and the library.

Fotograf/photographer:
Thomas Koculak

This office's most captivating feature is a real privilege – plenty of light and fantastic views over the Frankfurt skyline. Three floors of the Main Tower were fitted up to create a prestigious regional base for an international law firm. The offices as well as the library and the conference centre in the round office tower are reached from the foyer on the 35th and 36th floors. Beside the book collection there are several rooms to accommodate meetings from conferences down to confidential one-to-one talks. For the firm's work the space had to be to divided into small offices, which are spread throughout the three floors and grouped in functional clusters around the respective secretariats. An internal stairway connects the three levels. The design of the premises follows the clear, functional aesthetic of classical Modernism. A reduced range of colours and concentration on a few select materials produces a very ordered atmosphere. The specially made, solid guarea furniture allows the space to be exploited to the full. The modular shelving units are fitted into the dividing walls between offices, and the office doors are integrated into the veneered wooden wall panelling. The fittings in the library, foyer and conference centre are also specially made.

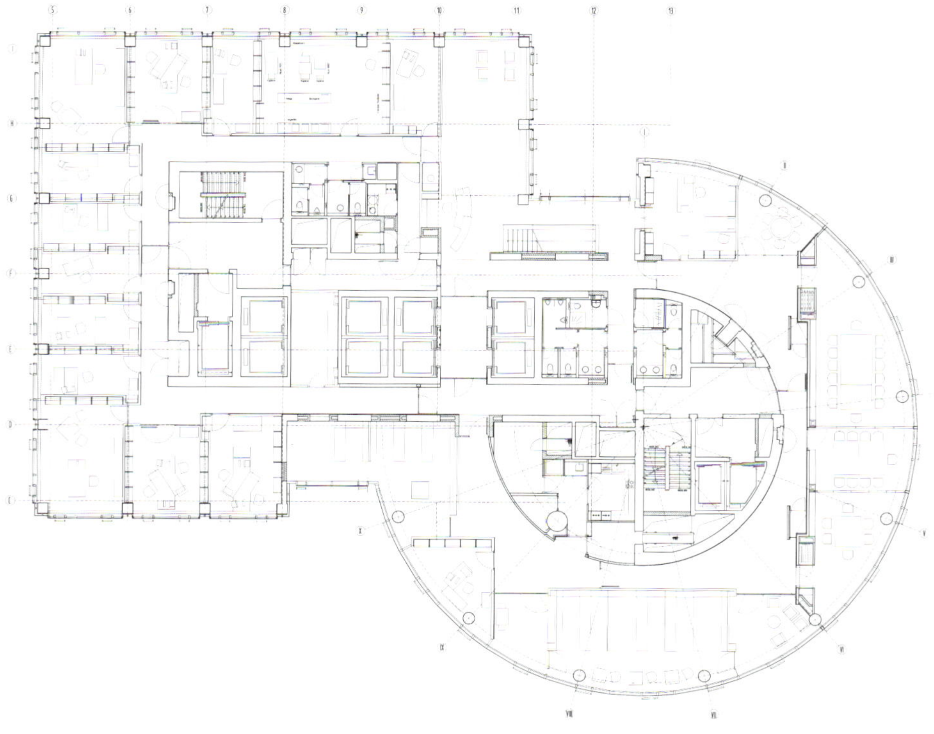

Die Beschränkung auf wenige, edle Materialien und sachliche Formen entspricht dem Selbstverständnis der internationalen Sozietät.

Clear lines and a choice of few, select materials reflect the international law firm's corporate identity.

Die Welt der Zeitzonen, festen Wechselkurse und Grenzen ist gerade dabei sich aufzulösen. Was an ihre Stelle tritt, zeichnet sich nur allmählich ab und ist mit dem Begriff der Globalisierung nur andeutungsweise beschreibbar. Der Versuch, diesen Wandel mit Architektur zu begreifen, kann vielleicht nur erfolgreich sein, wenn er sich auf die Mikroebene des Einzelexperiments beschränkt. So wurde für die Europa-Zentrale einer Filmfirma aus Hollywood ein historisches Fabrikloft an der Spree in Berlin umgebaut, das jenen Tendenzen Tribut zollt, die zu einem neuen Verhältnis von Hier und Dort, Nähe und Ferne sowie Arbeiten und Wohnen führen. Die Trennung von Bürobereich und Privaträumen ist aufgehoben zugunsten eines Raumkontinuums, das nur durch eingestellte Baukörper, so genannte »spaceshifters«, eine orientierende Gliederung erhält. Diese Elemente sind beweglich und lassen in temporärer Anordnung immer neu definierte Bereiche, Räume und Korridore entstehen. Der Zugang erfolgt über einen alten Lastenaufzug, der als multimedial unterhaltende, vertikal mobile Empfangslobby gestaltet wurde und Teil des räumlich-architektonischen Konzepts ist, mit dem die gesamte vierte Etage des Industriebaus bespielt wird. Möbel und Einbauten bleiben ebenso wie Farben und Materialien einen Hinweis auf ihre geographische oder zeitliche Erfassbarkeit schuldig: Man könnte sich ebenso gut in Los Angeles, Singapur oder London befinden; heute, morgen, übermorgen.

Filmproduktionsfirma in Berlin
Film Production Company in Berlin

»Fuzzy Types«.
Der Entwurf spielt bewusst mit der Unschärferelation zeitgenössischer, globalisierter Arbeits- und Lebensverhältnisse.

Fuzzy types.
The design consciously plays on the blurred distinctions in today's globalized workplaces and lifestyles.

The world of time zones, borders and fixed exchange rates is disappearing fast. Whatever is to replace them, it is emerging only gradually, and the label of globalization merely alludes to a definition. To stand a chance of succeeding, any attempt to express this transformation in real architecture would probably have to restrict itself to the micro-level of a single experiment. This conversion of a historical factory loft facing the River Spree accommodates the European headquarters of a Hollywood company. It pays tribute to the aforementioned tendencies, producing new relationships of here and there, near and far, work and home. The design dispenses with the separation of office and home in favour of a spatial continuum whose only orientational structure is given by movable elements called spaceshifters. These mobile elements create temporary changing arrangements of areas, rooms and corridors. Access is provided by an old goods lift. Fashioned as a vertically mobile reception lobby with multimedia entertainment, it is an integral component of the spatial and architectural concept that runs through the whole fourth floor of this industrial building. Like the colours and materials, the furniture and fittings give not a hint of their geographical or historical origins. We could equally well be in Los Angeles, Singapore or London; today, tomorrow, the day after.

Fotograf/photographer:
Torsten Seidel

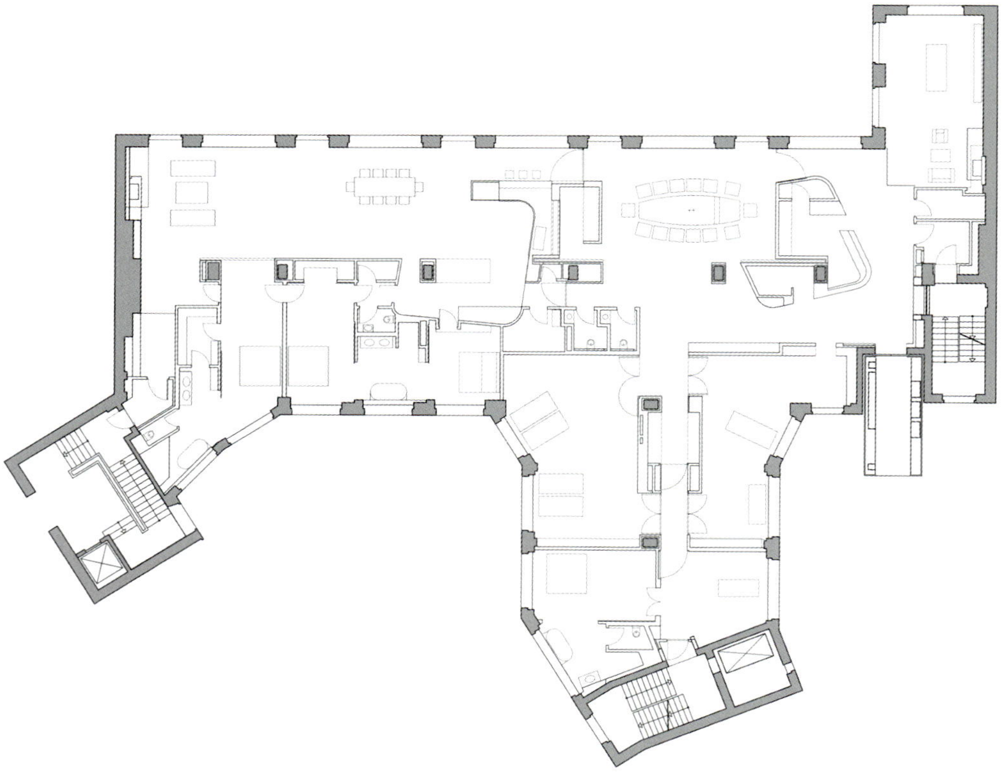

Verschwimmende Raumgrenzen, unverbindliche Raumdefinitionen und temporäre Arrangements charakterisieren die 750-Quadratmeter-Fläche.

Indistinct edges, open definitions and temporary arrangements characterize this expansive space.

Kühles Entree.
Das Atrium des Hochhausturms nimmt mit glasklarer Transparenz und metallischem Gleißen die modernistische Atmosphäre der Räume vorweg.

Frankfurts Hochhaushorizont bekam Verstärkung. Als Herzstück des neuen Stadtquartiers westlich vom Zentrum wuchs der Sitz einer Bank in die Höhe. Das 20-geschossige Hochhaus wird von zwei Bürogebäuden mit jeweils sieben Etagen flankiert und fügt sich mit seinem klar konturierten, schlanken Korpus in die Skyline der Stadt. Ein fünfgeschossiges, luftiges Atrium empfängt Mitarbeiter und Besucher. Doch diese Eingangssituation ist mehr als nur eine Passage: Die an den Seiten angelegten, begrünten Höfe laden zum Verweilen ein und werden wahlweise als Piazza, Treffpunkt oder Rahmen informeller Besprechungen genutzt. Die dominierenden Materialien betonen die unbestechliche Glätte des architektonischen Entwurfs und verströmen eine kühle, nüchterne Atmosphäre: bläulicher Jura, Edelstahl, Glas. Büros und Konferenzräume sind über Aufzüge erreichbar; einzelne Bereiche auf den Etagen rund um das Atrium werden über gläserne Brücken und Stege zusätzlich vernetzt. Ganz oben befindet sich eine Skylobby, von der ein weiter Blick über Frankfurt und die Hügel des Taunus möglich ist. Die großzügigen Strukturen der kleineren Seitengebäude integrieren mit Sport- und Cigar Lounges die ruhigen Annehmlichkeiten eines Bankenalltags. Während das Hochhaus von einer gleißend transparenten, gläsernen Hülle umgeben ist, bekamen die Fassaden der Flügelgebäude eine Verkleidung aus teilweise transparenten, teilweise bedruckten Glas- und Metallflächen.

Verwaltungsgebäude in Frankfurt

Bank Headquarter in Frankfurt

Elegant entrance.
The metallic gleam and clear transparency of the atrium anticipate the modern ambience of the rooms in this high-rise tower.

Frankfurt's famous »Mainhattan« skyline has gained a new highlight in the form of a bank headquarter tower at the heart of the new business district west of the city centre. The twenty-floor high-rise is flanked by two seven-storey office blocks; the clear contours of its slim tower fit beautifully into the city's skyline. An airy five-floor atrium welcomes staff and visitors, but this entrance facility is more than a mere passage. The lush green courts at the sides are an invitation to stop a while, observe the comings and goings, and converse in an informal setting. The dominant materials emphasize the unerring sleekness of the architectural design and in this scheme also emanate a cool, almost severe aura – blue Jura limestone, glass, stainless steel. The offices and conference rooms are reached by lifts, while individual areas on the floors round the atrium are also networked by glass bridges and walkways. These multifarious connections cause an unceasing busyness to resonate through the glass hall. At the very top there is a skylobby offering broad vistas across Frankfurt and out to the hills of the Taunus. The spacious structures of the smaller lateral buildings include sport and cigar lounges for the little pleasures of the banking day. While the tower block is enclosed by a glittering, transparent glass shell, the façades of the wings are clad in glass and metal, some parts transparent, some decorated.

Fotografen/photographers:
Jens Willebrand,
Ralph Baiker

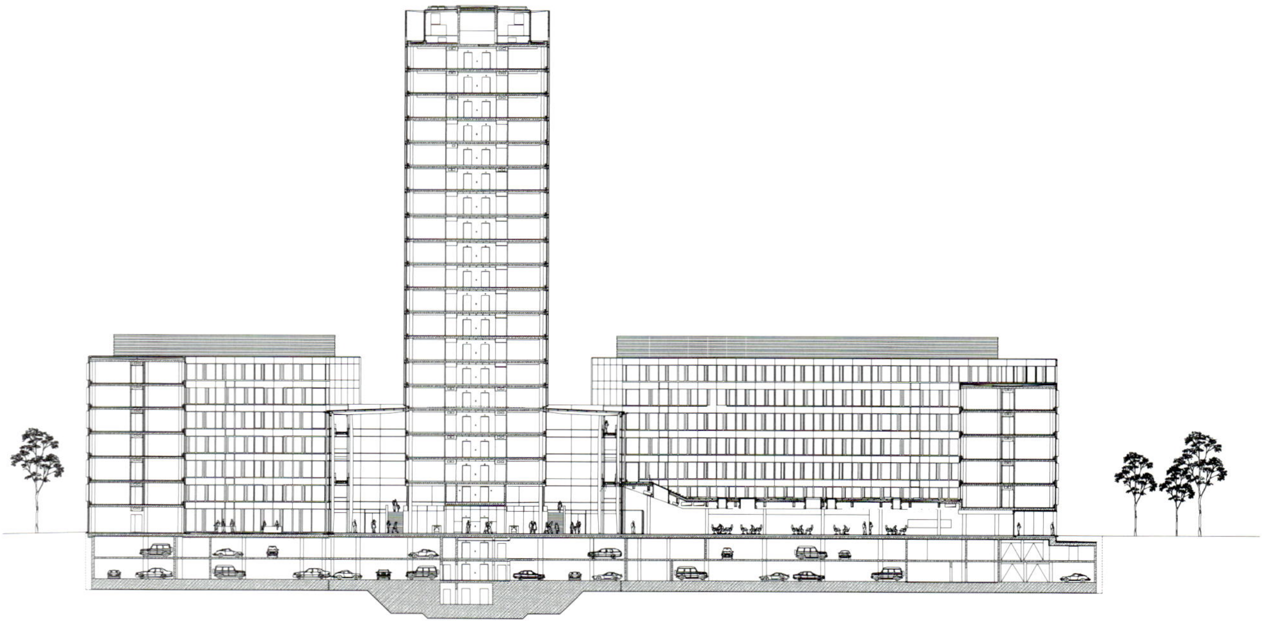

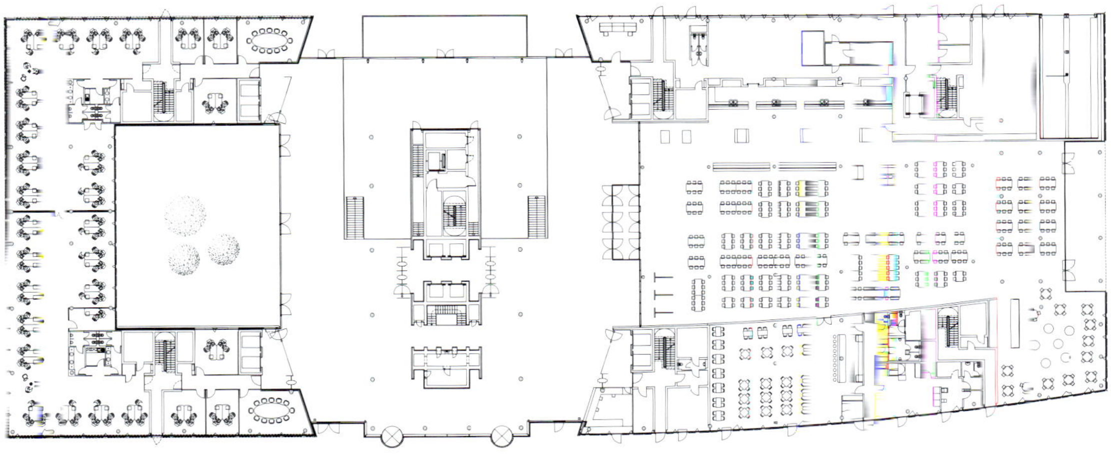

Links: Nachts bereichert ein metallischer Schimmer die Skyline im Frankfurter Westen. Mitte und rechts: Oberlichter der Kantine im Bürooflügel. Mit SOUP, Berlin.

Left: A metallic gleam in the skyline of Frankfurt's west. Centre and right: Skylights flood daylight into the restaurant in the office wing. With SOUP, Berlin.

DOPO DOMANI

Die ästhetischen Standards einer Arztpraxis orientieren sich gemeinhin an Kriterien der Abwaschbarkeit. Das ist an sich natürlich zweckmäßig und nachvollziehbar, führt allerdings oft zu allseitigem Unbehagen. Beim Umbau einer gründerzeitlichen Etage zu einer Arztpraxis sollten die räumlichen Qualitäten der historischen Substanz als Widerpart zu der nötigen medizinischen Infrastruktur erhalten und betont werden. Dunkle Hölzer für den Empfangstresen, die Tische und Ablageflächen vermitteln ebenso wie das alte Parkett eine warme, unaufgeregte Grundstimmung. Gedämpftes Licht aus großen, weißen Kugellampen, helle Vorhänge und weiße Wände wirken als großzügiger, beruhigender Hintergrund. Der Wartebereich überrascht mit einzeln platzierten Möbelstücken aus hellem Holz, die man eigentlich in Clubs oder Lounges vermuten würde. Stehtische mit Barhockern ergänzen die konventionellen Stuhlreihen an den Wänden zumindest quantitativ; ansonsten brechen sie mit der bekannten Wartezimmer-Atmosphäre. Die Behandlungsräume erhielten ein minimalistisches Design, das in erster Linie den medizinischen Abläufen entspricht und auf das Notwendige reduziert ist. Allein die Bücherwand mildert die aseptische Nüchternheit mit einer erfreulichen Unaufgeräumtheit.

Einrichtung einer Arztpraxis in Berlin

Interior of a Doctor's Practice in Berlin

Neue Sachlichkeit.
Oben: Das Wartezimmer ist von klaren Linien und warmen Materialien geprägt.

The New Objectivity.
Above: The waiting room is characterized by clear lines and warm materials.

Fotograf/photographer: Alexander Gnädiger

The aesthetic standards of a doctor's practice are generally oriented on criteria of washability. That is, of course, sensible and obvious, but often leads to a general feeling of unease. In this project, where one floor of a late-nineteenth-century block was converted into a medical practice, the brief was to preserve and highlight the spatial qualities of the historical substance as a counterpoint to the inevitable medical infrastructure. The old parquet floor and the dark wood used for the reception desk, tables and storage areas communicate a calm, warm mood. Subdued light from large white spherical lamps, bright curtains and white walls act as a generous, soothing background. The waiting area has a surprise in store: singleton pieces of furniture in light wood, as one would normally expect to find in a club or lounge. Bistro tables with bar stools complement the conventional rows of chairs along the walls, and fracture the familiar waiting room atmosphere. The minimalist design of the consulting rooms prioritizes medical procedures and is reduced to the essentials. A welcome note of untidiness to relativize the sterile cleanliness comes in the shape of a wall of bookshelves.

Die historischen Strukturen des Altbaus mildern die aseptische Strenge der karg eingerichteten Behandlungsräume.

The historical layout of the old building mitigates the aseptic severity of the sparsely-furnished consulting rooms.

Hotels, Bars, Restaurants

Hotels & Gastronomie

Die erst kürzlich entstandene Badescheune, die die historische Hotelanlage zu einem für Mecklenburg-Vorpommern typischen Dreiseithof komplettiert, fügt sich mit ihrer eigenen Identität dem Baubestand ein, ohne sich anzubiedern; sie ergänzt das Ensemble mit ihrer eigenen Geschichte und richtet es auf die Zukunft aus. Die dem mittigen Bauernhaus und der linksseitigen Kunstscheune auf der rechten Seite korrespondierende Badescheune nimmt mit ihren Trägern aus Corten-Stahl die Traufen der Nachbargebäude auf und wurde mit Efeu begrünt, was den Eindruck des natürlich Gewachsenen betont. Die Holzverkleidung im ersten Stock und auf dem Dach besteht aus Lärche und die Blendläden vor den Fensterlaibungen ermöglichen individuell abgestimmte Lichtverhältnisse, so dass sich das Erscheinungsbild des Hauses je nach Tageszeit verändert. Der Innenausbau erfolgte durch lehmverputztes Mauerwerk und Holzpaneele aus amerikanischer Kirsche. Die zweigeschossigen Maisonette-Wohnungen haben textilbespannte Bildwände mit Blumenmotiven. In den Obergeschossen befinden sich drei Räume für Anwendungen, im Erdgeschoss die Schwimmhalle mit offenem Kamin und im Untergeschoss der Saunenbereich.

Hotel und Badescheune am Neuklostersee
Hotel and Spa Barn on the Lake of Neukloster

Das Haus reagiert mit seinen Fensteröffnungen auf unterschiedliche Benutzerwünsche und bietet so zu jeder Tageszeit ein anderes Erscheinungsbild.

The house can meet a variety of user wishes with its window openings and offers a different appearance at every time of the day.

Fotografen/photographers: Stefan Müller, Julia Voigt

The only recently developed spa barn, which completes the historical hotel grounds into a typical Mecklenburg Western Pomeranian three-sided courtyard, adds to the building with its own identity, without pandering; it complements the ensemble with its own history and focuses on the future. The spa bath, corresponding with the central farmhouse and the left-side art barn on the right side, incorporates the eaves of the neighbouring buildings with its corten steel supports and was planted with ivy, which emphasises the impression of the natural growth. The wood cladding on the first floor and on the roof consists of larch and the blended shutters in front of the window reveals facilitate individually adjusted lighting conditions, so that the appearance of the house changes depending on the time of the day. The interior work was finished in clay-plastered brickwork and wooden panels made of American cherry. The two-storey maisonette apartments have textile-covered picture walls with floral motifs. In the upper storeys, there are three rooms for applications, in the ground floor, the swimming pool with open chimney and in the basement, the sauna area.

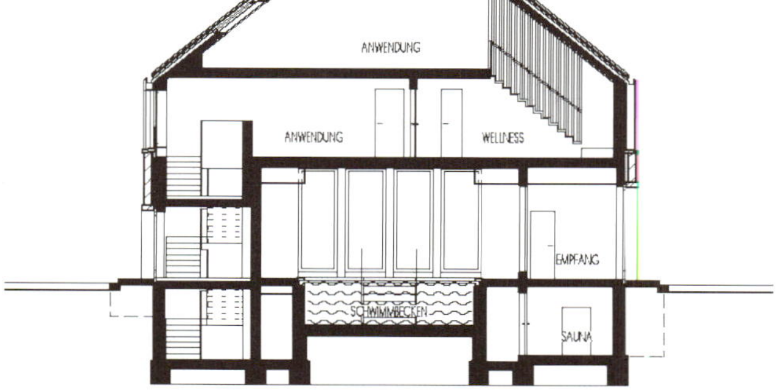
ANWENDUNG
ANWENDUNG
WELLNESS
EMPFANG
SCHWIMMBECKEN
SAUNA

Bad und Schlaf- bzw. Wohnräume gehen eine Blickverbindung ein. Die großmaßstäblichen Bildwände mit Blumenmotiven sind aus gepolsterten, textilbespannten Elementen gefertigt.

Spa, sleeping and residential rooms make up a collection of views. The large-scale projection walls with floral motifs are made from upholstered, textile-covered elements.

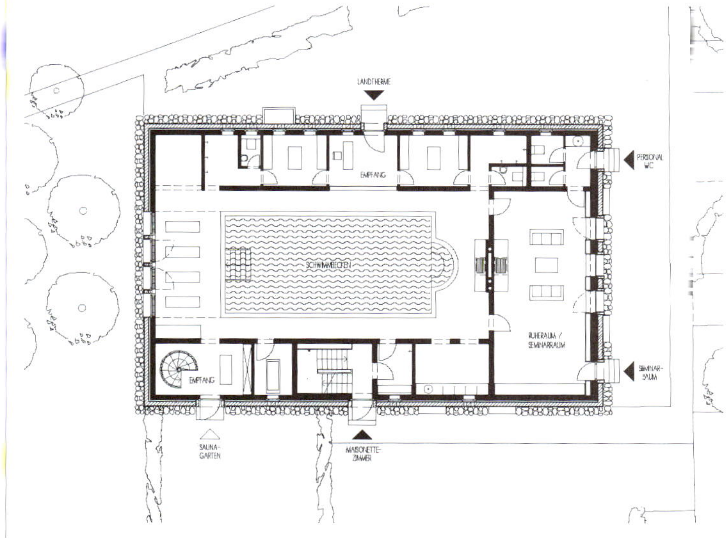

Reminiszenz an die ehemalige Gießerei: Die Räume sind von Formen gusseiserner Elemente bevölkert. Daneben – asiatisch inspiriert – zahlreiche aus der Natur entnommene Formen.

Reminiscence of the former foundry: the rooms are filled with shapes of cast-iron elements. Alongside, inspired by Asia, there are numerous forms taken from nature.

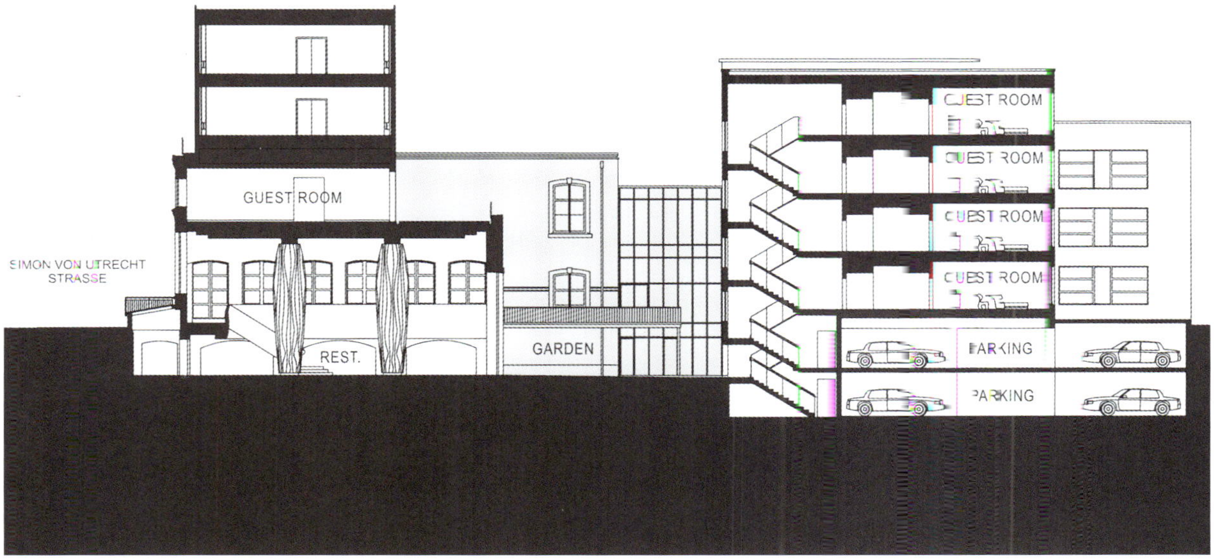

S H E _ A R C H

Im denkmalgeschützten Barkhof B in der Hamburger Spitalerstraße entstand ein Restaurant, das den Gast mit einem System von Brüchen und Bezügen konfrontiert und neugierig macht. Eine eindeutige Zonierung mit „Funktionsschienen" gliedert die verschiedenen Nutzungsbereiche. Zwei Bankreihen mit überhohen Aluminiumrücklehnen begrenzen den Gastbereich; stehend kann der Gast über sie hinweg in den Raum blicken, sitzend erlebt er einen geschützten Raum. Von der Faltung der Rückwand der mitten im Raum stehenden Bankreihe aus erstreckt sich ein System von ebenfalls gefalteten Bauteilen, die für eine Bewegung des Blicks sorgen. So zeigt die Projektionswand durch die Länge des Raumes einen Bruch, die projizierten Bilder verlieren ihre eindeutige Form. Der Spiegel an der inneren Abschlusswand weist eine Fuge auf, wodurch die Spiegelteile den Raum endlos erscheinen lassen und seine Begrenzungen auflösen. Die Fuge setzt sich in der Wand fort, die die Küche einfasst, und wird vom Tresen aufgenommen. Auch die Decke ist in sechs Felder fragmentiert, die fächerartig ineinander greifen. Ebenso unterstützt das Lichtkonzept mit dem möglichen Farbwechsel der versteckt eingebauten Leuchten die überraschenden Effekte.

Café Restaurant in Hamburg

Café Restaurant in Hamburg

Fragmentierte Linienscharen entmaterialisieren sich im Spiegel. Der in Bewegung gebrachte Raum erscheint endlos.

Fragmented hosts of lines dematerialise in the mirror. The space, brought into motion, seems endless.

Fotograf/photographer: Oliver Heissner

In the listed Barkhof B in Hamburg's Spitalerstraße, a restaurant has developed, which confronts the guest with a system of fractures and connections, making him curious. An unmistakable zoning with "functional tracks" separates the different areas of use. Two rows of benches with over-high aluminium back rests restrict the guest area; standing, the guest can see over them into the room, seated, he has a protected space. A system of folded construction elements, which cause the view to move, extends from the folding of the back wall of the bench row in the middle of the room. This causes the projection wall to be a fracture through the length of the room and the project pictures to lose their definite form. The mirror on the inside end wall has a joint causing the parts of the mirror to make the room seem endless and cancel out the boundaries. The joint continues into the wall, which borders the kitchen, and is incorporated into the counter. Even the ceiling is fragmented into six fields, which interlink in a fan shape. The light concept also supports the surprising effects with the possible colour change of the hidden built-in lights.

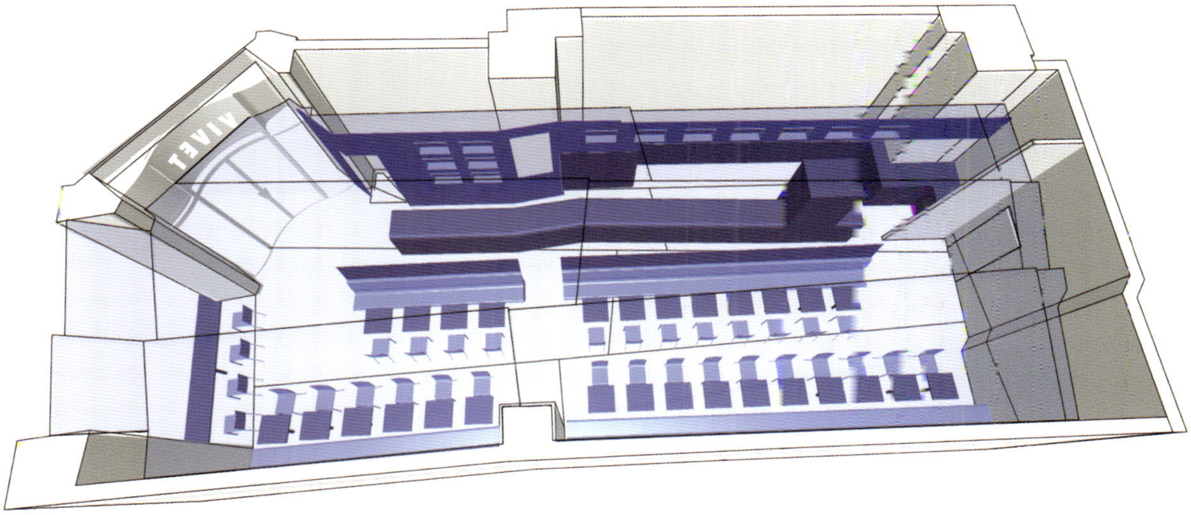

Das Konzept zeigt sich durchgängig – von den Entwurfslinien bis zur Feinausbildung der Details.

The concept appears clearly – from the design outlines to the fine development of the details.

KSV KRÜGER SCHUBERTH VANDREIKE

Kommunikative Mitte: Treppe und Rotunde sind eine begehbare Raumplastik.

Konferenzzentrum, Hotel und Wohnbebauung sind als Bebauungsband auf der Maininsel konfiguriert. Zur Stadtseite wird das Mainufer als städtische Promenade, zum Naturraum als Landschaftspark ausgebildet. Eine Glashalle als gemeinsamer Hauptzugang verbindet das Konferenzzentrum mit dem Hotel und führt als transparente Raumfolge über das Foyer in den Gartenhof. Durch die auch in der Silhouette dominierende Oberlichtrotunde wird das Foyer auf zwei Ebenen als zentraler Empfangs-, Ausstellungs- und Kommunikationsbereich im Inneren hervorgehoben. Seine geschwungene Haupttreppe mit der sich bis in die Rotunde fortsetzenden Treppenbrüstung macht das Foyer mit seinen roten Wänden zu einer begehbaren Raumplastik. Die Kombination unterschiedlicher Metalltexturen mit Farbakzenten in Rot, Orange und Gelb an den Wandflächen verleiht den Räumen einen sachlichen Charakter. Als Wandverkleidung wurde ein spezielles Gewebe mit metallischer Oberfläche eingesetzt, das akustisch wirksam ist. Die Hauptsäle können über mobile Trennwände vergrößert werden und verfügen über großflächige Verglasungen. Bankettsaal und Konferenzräume im ersten Obergeschoss bieten einen Blick über den Main hinweg auf das Panorama der Innenstadt.

Hotel- und Konferenzzentrum in Schweinfurt

Hotel and Conference Centre in Schweinfurt

Communicative middle: stairways and rotunda are an accessible spatial sculpture.

Conference centre, hotel and residential development are configured as a band of developments on the so-called Maininsel, in the middle of the River Main. On the city side, the Main's shores are developed as an urban promenade; on the natural side, as a landscape park. A glass hall as the common main entrance combines the conference centre with the hotel and guides through the foyer into the garden courtyard as a transparent spatial sequence. Through the skylight rotunda, which dominates even in silhouette, the foyer is emphasised internally on two levels as a central reception, exhibition and communication area. Its sweeping main staircase with stairway balustrade continuing into the rotunda makes the foyer into an accessible spatial structure with its red walls. The combination of different metal textures with colour accents in red, orange and yellow on the wall surfaces gives the rooms a functional character. As wall cladding, a special fabric with metallic surface was used, which is acoustically effective. The main rooms can be enlarged using portable partitions and have extensive glazing. The banqueting room and conference rooms on the first floor offer a view across the Main to the panorama of the city centre.

Fotograf/photographer: Hanns Joosten, Berlin

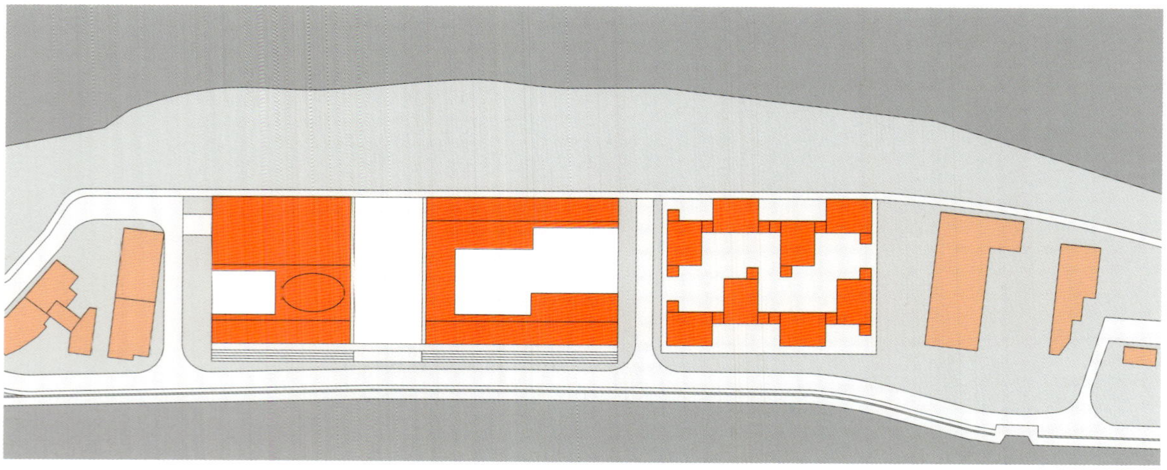

Rotunde und Treppe sind in Sichtbeton ausgeführt. Sie werden von roten Foyerwänden flankiert.

Rotunda and stairway are made of exposed concrete. They are flanked by red foyer walls.

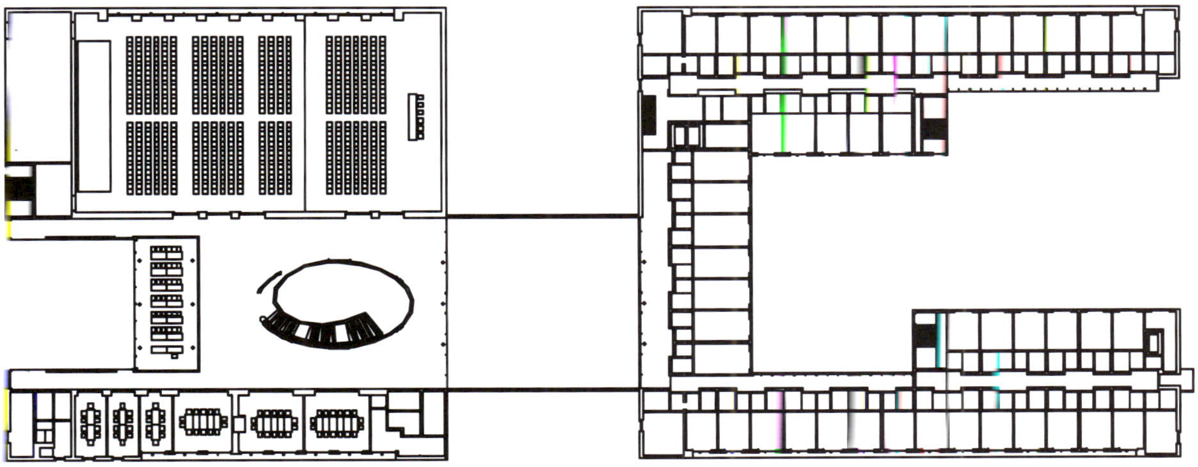

Das viel beachtete Radisson SAS Hotel entstand als „gigantische Glasscheibe" mit 428 Zimmern über 20 Stockwerke verteilt in der Nähe des Messezentrums in Frankfurt-Bockenheim, umhüllt von 11.400 Quadratmetern spiegelnder Glasfläche in sanftem Blau. Der Architekt John Seifert wollte ausdrücklich ein „nicht langweiliges Businesshotel" entwerfen. Das Hotel besitzt neben der großen Lobby zwei Restaurants, Oyster Bar, Coffee Bar und Lounge sowie eine Bibliothek, einen Ballsaal und sieben Konferenzräume im ersten Obergeschoss. Die offene Halle schmückt als Blickfang ein von der Decke ragender, frei schwebender gläserner Weinturm mit etwa 1.500 Weinflaschen. Die Zimmer sind in vier Kategorien unter den Labeln „at home", „chic", „fashion" und „fresh" eingeteilt; der Bereich „at home" wurde sachlich-modern, doch warm möbliert; dagegen weisen die Räume des Bereiches „chic" eine zeitlos-komfortable Möblierung auf. Vor allem im „fashion"-Bereich wurden bei der Raumgestaltung Farben eingesetzt, während die Räume des „fresh"-Bereichs eher unkonventionell ausgestattet sind. Der Health Club im 18. Stockwerk mit Blick auf die Skyline und den Taunus verfügt über einen Swimmingpool mit Gegenstromanlage, Sauna und Solarium.

Hotel in Frankfurt

Hotel in Frankfurt

Zimmerstil „fresh“ und Lobby

“Fresh” room style and lobby

The much regarded Radisson SAS Hotel developed as a "gigantic pane of glass" with 428 rooms spread over 20 floors near to the exhibition centre in Frankfurt-Bockenheim, covered by 11,400 square metres of mirrored glass surface in soft blue. The architect John Seifert was expressive in his desire to design a "non boring business hotel". As well as a large lobby, the hotel has two restaurants, an oyster bar, coffee bar and lounge as well as a library, ballroom and seven conference rooms on the first floor. As an eye catcher, a glazed wine tower, which looms from the ceiling, freely floating with around 1,500 wine bottles decorates the open hall. The rooms are classified into four categories under the labels of "at home", "chic", "fashion", and "fresh"; the "at home" area was functionally modern but warmly furnished; in contrast, the "chic" rooms had timeless comfortable furnishing. Predominantly in the "fashion" area, colours were used in the room design while the "fresh" rooms are rather unconventionally fitted. The health club on the 18th floor with a view of the skyline and the Taunus has a swimming pool with counter current unit, sauna and solarium.

Fotografen/photographers:
Radisson SAS Hotel
Frankfurt am Main

COAST Brasserie & oyster bar, Boardroom und Zimmerstil „chic“

COAST Brasserie & oyster bar, boardroom and "chic" room style

Einen Akzent in der eleganten Lobby setzt die Skulptur von Dietrich Klinge.

Das 17-stöckige Eckgebäude des 5-Sterne-Hotels am Berliner Kurfürstendamm mit acht Tagungsräumen wurde im Inneren mit zeitlosem Design in warmen Farben ausgestattet. Die klare Linienführung wird auch von den Wänden und transparenten Zwischenwänden aufgenommen, wobei Rezeption, Lobby, Aufzugsbereich, Bar und Restaurant fließend ineinander übergehen, ohne ihre Identität zu verlieren. Von den Polstermöbeln bis zum Teppich setzt ein tiefes Brombeerrot die Farbakzente, zu denen die verdeckt angestrahlte Decke der Lobby in Blattsilber einen Kontrast bildet. Die Teppiche der Flure sind mit roten und grünen Streifenmustern versehen, während die Wände und Decken der Gästezimmer einfach gestaltet wurden, um die klare Geometrie des Mobiliars aus Corean, Carrara Marmor, Nussbaum und Eiche deutlich hervortreten zu lassen. Die meisten Räume besitzen einen begehbaren Schrank als Raumteiler zwischen Schlaf- und Ankleidebereich. Die acht übereinander liegenden, halbrunden Suiten in der Gebäudespitze mit Blick auf den Ku'damm sind farblich individuell gestaltet, von weißen bis zu dunkelroten Wänden in Kombination mit schwarz-brauner Eiche.

Hotel Concorde in Berlin

Hotel Concorde in Berlin

A sculpture by Dietrich Klinge adorns the elegant lobby.

The 17-storey corner building of the 5-star hotel on Berlin's Kurfürstendamm with eight conference rooms was furnished on the inside in a timeless design in warm colours. The clear flow of lines is also incorporated into walls and transparent partitions, which allows the reception, lobby, lift area, bar and restaurant to flow into each other without losing their identity. From the upholstered furniture to the carpet, a deep blackberry red sets the colour accent, forming a contrast with the concealed floodlit ceiling of the lobby in silver leaf. The carpets of the corridors are covered in red and green stripes, while the walls and ceilings of the guest rooms were simply designed to let the clear geometry of the furnishing made of Corean, Carrara marble, walnut and oak clearly protrude. Most of the rooms have a walk-in cupboard as a room divider between sleeping and dressing areas. The eight half-round suites, one on top of the other, in the building's peak with a view of the Ku'damm are individually designed in terms of colour, from white to dark-red walls combined with black-brown oak.

Fotograf/photographer: Stefan Müller

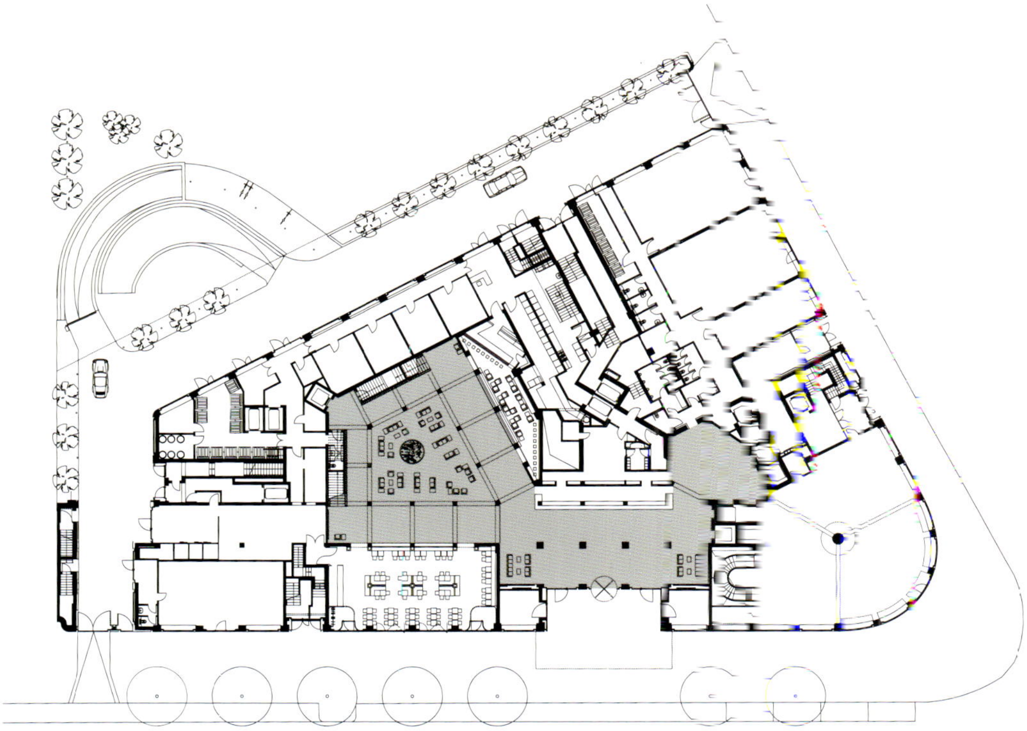

Stilistische Geschlossenheit innen wie außen: die komplett in weiß gehaltene Suite (links), das sich staffelnde Eckgebäude (rechts)

The entirely white suite (left) and the corner building with recessed stories (right) demonstrate perfect stylistic unity.

*Tafelfreuden.
Das Restaurant schwört schnelllebigem Design ab und beweist, dass Sinnlichkeit und klassische Maße kein Widerspruch sind.*

Der Entwurf für das Sterne-Restaurant am Pariser Platz setzt auf das einfachste und gleichzeitig wirkungsvollste Konzept abendländischer Esskultur: Sinnlichkeit. Mit der Abkehr vom Leitmotiv der letzten Dekade, einer auf Reduktion gegründeten »Neuen Bescheidenheit«, feiert hier ein Luxus Einkehr, der die edle Haptik kostbarer Stoffe, Hölzer und Steine nicht vergessen hat. Die Einrichtung ist ein entschiedener Gegenentwurf zu den zeitgeistseligen Dekoren der Hauptstadtgastronomie. Der etwa 300 Quadratmeter große Raum des Lokals wurde durch Einbauten und Nischen so unterteilt, dass intime Soupers einen angemessenen Rahmen finden wie auch gesellige Tafelrunden oder ein Sehen-und-Gesehen-Werden. Die Anordnung von Empfang und Servicebereich soll in erster Linie den Gästen ein ungestörtes Essen ermöglichen und erlaubt dem Personal reibungsfreie Arbeitsabläufe. Farblich dominieren warme Goldtöne, die mit den sandfarbenen und bordeauxroten Samtbezügen der Stühle, Sessel und Sitzbänke eine sehr exquisite Atmosphäre entstehen lassen. Möbel, Wandverkleidungen, Tresen und Garderoben wurden mit Rosenahorn furniert. Der Raum wird von den vergoldeten Deckenspiegeln in indirektes, schmeichelndes Licht getaucht. Die bemerkenswerteste Lichtquelle bilden zweifellos die hinterleuchteten Steinwände aus hauchdünn geschnittenem Onyx.

Restaurant »Margaux« in Berlin

Restaurant Margaux in Berlin

*The joys of the palate.
This restaurant abjures trendy design and proves that sensuality and classical proportions are no contradiction.*

The design for this celebrated restaurant on Pariser Platz focuses on the most simple and effective concept in the culinary culture of the western world: sensuality. The building rejects the guiding principle of recent decades, the »new modesty« based on minimalism. Instead, luxury makes a triumphant comeback, with a wealth of rich, textured fabrics, wood and stone. The interior decoration is a conscious challenge to the contemporary decors of the capital's more conventional gastronomy. In the three hundred square metres of the restaurant, dividing elements and niches provide intimate spaces for discreet diners, but can also accommodate larger groups or those who wish to see and be seen. The layout of the reception and service area is intended primarily to allow guests to dine undisturbed, while still making it possible for the staff to coordinate their work smoothly. The decor is dominated by warm, golden shades, which in combination with the sand-and-burgundy velvet covers on the chairs, armchairs and benches create an exquisite atmosphere. Furniture, wallcoverings, countertops and coat racks all have a maple veneer. The room is bathed in an indirect, flattering light reflected from the gilded mirrors on the ceiling. The most remarkable source of light are undoubtedly the backlit stone walls of finely-cut onyx.

*Fotograf/photographer:
Stefan Müller*

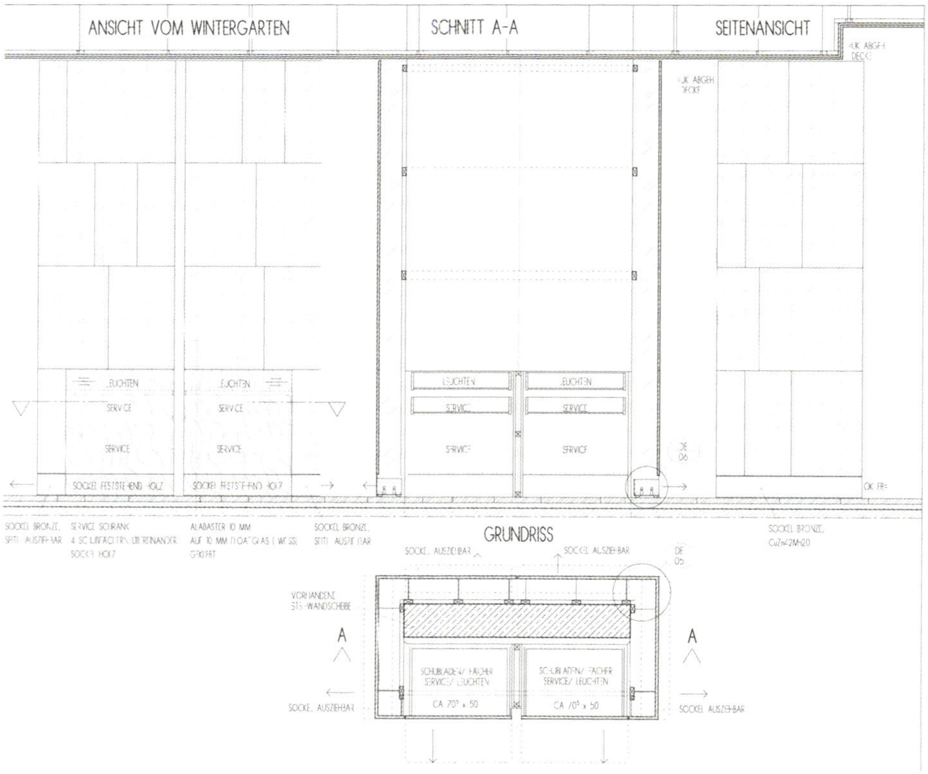

ANSICHT VOM WINTERGARTEN
SCHNITT A-A
SEITENANSICHT
LEUCHTEN
SERVICE
SERVICE
SOCKEL FESTSTEHEND HOLZ
SOCKEL BRONZE,
SERVICE SCHRANK
SOCKEL HOLZ
ALABASTER 10 MM
SOCKEL BRONZE,
GRUNDRISS
SOCKEL AUSZIEHBAR
SOCKEL BRONZE,
CuZn42Mn20
A
A
SCHUBLADEN/ FÄCHER
SERVICE/ LEUCHTEN
OK FB

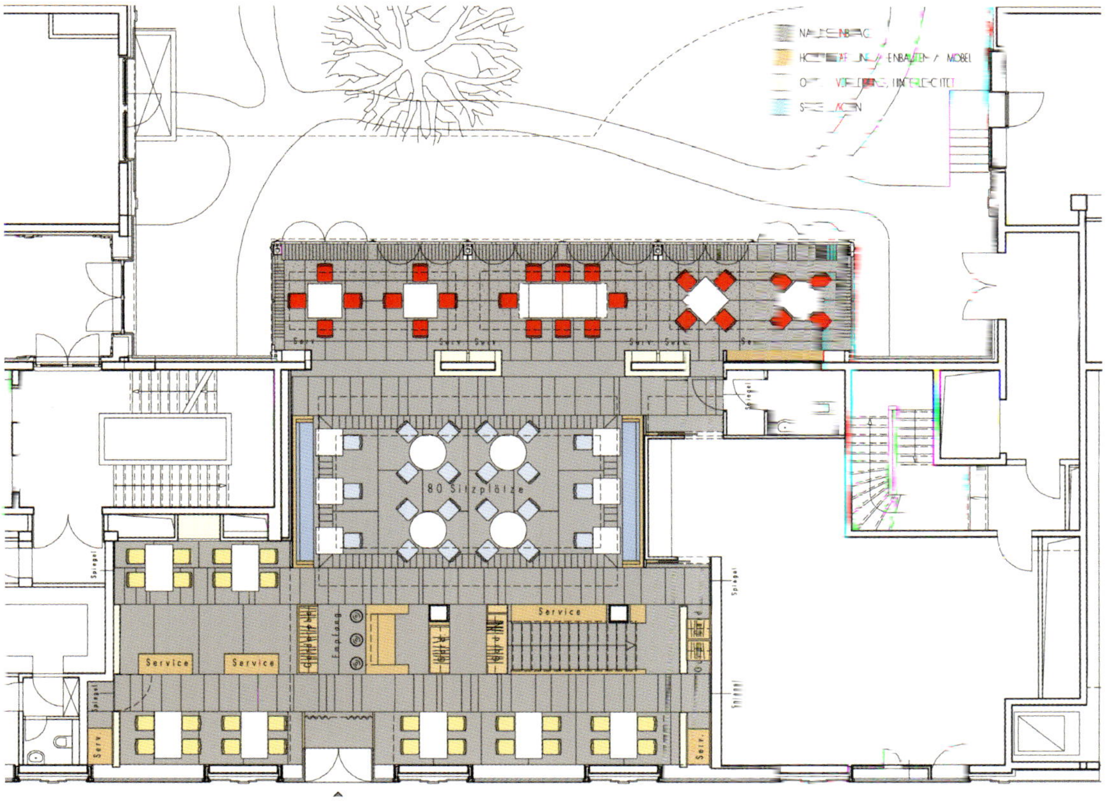

Die Wände aus hauchdünn geschnittenem Onyx unterteilen den Gastraum in überschaubare Bereiche und Nischen

Walls of finely-sliced onyx divide the restaurant into manageable sections and niches.

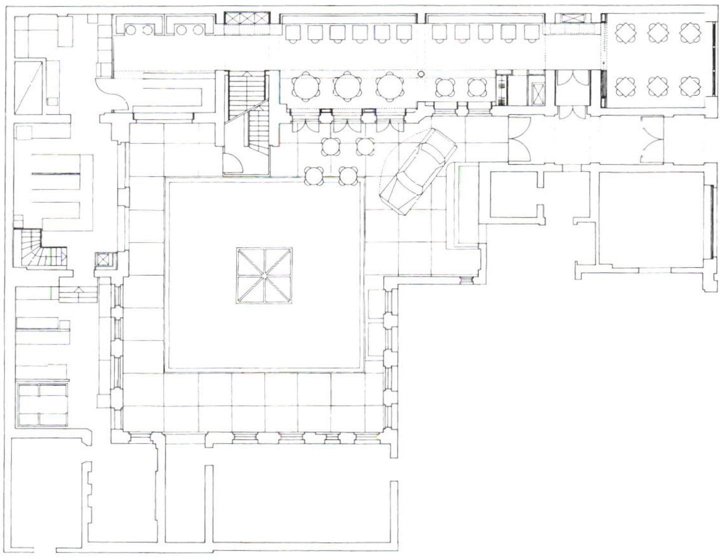

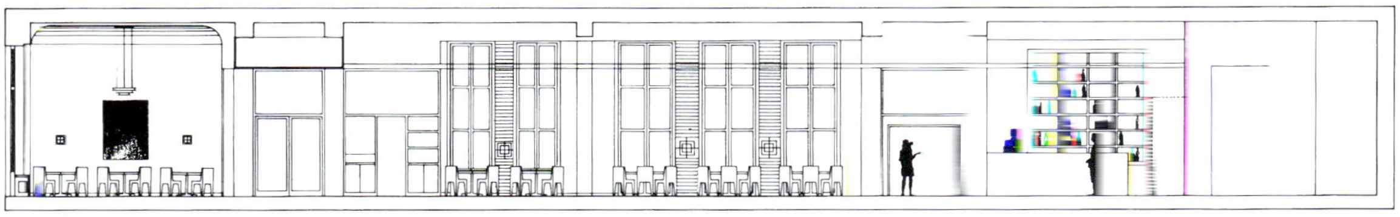

Kabinettstück.
Die Bar erinnert an eine Gelehrtenbibliothek. Doch die vermeintlichen Buchrücken sind aus Braunkohle.

Trompe l'oeil.
At first glance the bar brings to mind a scholar's study. But the books are really coal briquettes.

Der Club befindet sich im ersten Obergeschoss eines gründerzeitlichen Geschäftshauses an der Berliner Friedrichstraße. Das Gebäude gehört zum baulichen Ensemble des dbb forums. Von der zentralen Halle gelangt der Besucher in die Clubräume, die nicht nur den Mitarbeitern, sondern auch Gästen offen stehen. In der Mitte wurde eine ovale Bar aus hellem Holz platziert, über der ein von der Decke abgehängter, ebenfalls ovaler Lichtkranz schwebt. Würdige historische Akzente setzen die gerundeten Erkerfenster und die dunkle Heizungsverkleidung. Sie bilden auch einen farblichen Kontrast zu den hellen Wandflächen und dem Eichenparkett.

Die Möbel unterstreichen die lichte, klare Atmosphäre. Anstelle unverrückbarer, schwerer Fauteuils gruppieren sich dünnbeinige, leichte Sessel um die Tische, deren Anordnung je nach Bedarf geändert werden kann. Durch raumhohe schwarze Türen mit satinierten Glasfeldern lassen sich vom zentralen Bereich auch Separees für geschlossene Gesellschaften oder Besprechungen abtrennen. Der Club erinnert in seiner Gestaltung weniger an die klandestinen englischen Vorbilder »for members only«; er ist vielmehr ein offener Ort der Begegnung.

Clubraum in Berlin

Clubroom in Berlin

Aufgeräumt und sachlich. Die Gestaltung der Räume bleibt einer klaren, offenen Formensprache verpflichtet.

Neat and tidy. The interior design speaks a clear, open formal language.

Fotograf/photographer: Tomas Riehle/artur

The club is located on the first floor of a Wilhelmine-era office block on Berlin's famous Friedrichstrasse. The building is part of the dbb forum architectural ensemble. From the central lobby, visitors can enter the clubrooms, which are not reserved just for those who work here, but are open to guests as well. The oval-shaped bar of blonde wood is set in the middle, lit by an oval wreath of light suspended from the ceiling above it. The rounded bow windows and dark panelling in front of the heating elements strike a dignified historical note. They also create a light-and-shade contrast to the light-coloured walls and the oak parquet floors. The other furniture underlines the light, clear atmosphere. Instead of solid, heavy, leather armchairs, slim-legged, light, padded chairs are gathered around the tables, which can be moved and lined up as need decrees. Room-high black doors with glazed panels can be used to create separate spaces for meetings or private gatherings. The design and layout of the club is less like the original English club reserved »for members only«, than an open and welcoming place to meet and talk.

Der runde Bartresen bildet den Mittelpunkt. Flügeltüren gestatten die räumliche Abtrennung für geschlossene Gesellschaften.

The round counter is set in the middle. Folding doors can be used to create separate spaces for private parties.

Die Espressobar liegt am Übergang zwischen Einkaufsareal und historischer Innenstadt von Metzingen. Die Gegebenheiten – ein kleiner Raum in einem entkernten Altbau, der über einen erhöht liegenden Vorplatz erschlossen wird – bestimmten das betont urbane Entwurfskonzept. Auf der Terrasse wurden unter einem gespannten Sonnensegel lange, von innen farbig beleuchete Bänke mit angegliederten Tischwinkeln platziert. Schon hier wird die eher anonyme, flüchtige Atmosphäre einer Bar vorweggenommen, da die Gäste vorzugsweise Rücken an Rücken auf den vitrinenartigen Bänken mit kleinen, versetzt angebrachten Tischflächen Platz nehmen sollten. Im Gastraum nimmt eine lange, frei stehende Bank diese gestalterischen Ideen wieder auf und verbindet so die Situationen von Innen und Außen. Entlang der Wand fügen sich kleine, fest installierte Tische und monolithische Sitzhocker aus Eichenholz zu einem geometrisch klaren, kleinteiligen Ensemble gegenüber dem einfach konturierten Tresen. Die abgehängte Lichtdecke versteht sich als Pendant zum Sonnensegel auf der Terrasse. In den Putz eingelassene, farbig gestrichene Streifen, die rohe Betondecke und der glatte Estrichboden lassen eine ästhetisch anspruchsvolle, sachliche Atmosphäre entstehen, die jeder Stadt gut zu Gesicht steht. Selbst in der schwäbischen Provinz.

Espressobar in Metzingen

Espresso Bar in Metzingen

This espresso bar is located between Metzingen's historic city centre and its modern shopping mall. The deliberately urbane design is determined by its situation – a small room in an internally modernized old building, entered down steps from the higher square in front. Out on the terrace, an awning shelters the long, internally colourful illuminated benches with integrated table elements. The rather anonymous, fleeting atmosphere of a bar is anticipated out here, where the guests mostly take their places back to back on the showcase-like benches with their little interlocking tabletops. Within, a long free-standing bench echoes this design idea, thus linking the situations inside and out. Along the wall, little fixed tables and monolithic oak stools combine to form a fragmented yet geometrically coherent ensemble facing the plain contours of the counter. The suspended illuminated ceiling represents a counterpart to the awning on the terrace. Coloured stripes in the plaster, the rough concrete ceiling and the smooth composite floor produce an aesthetically discriminating, detached atmosphere that would do any town proud. Even in provincial Swabia.

Cool und geometrisch.
Der Minimalismus als Leitmotiv
findet sich in allen Details der
Einrichtung.

Cool and geometric.
Minimalism was the guiding
principle for every detail in
this interior.

Fotograf/photographer:
Hartmut A. Raiser

Erich Mendelsohn entwarf 1928 das Universum Kino, seinerzeit das größte Lichtspielhaus Berlins. Der runde, dynamische Bau am Kurfürstendamm überstand den Zweiten Weltkrieg ebenso wie die Renovierungswellen des Wirtschaftswunders und gehört seit Anfang der Achtzigerjahre als »Schaubühne« zur Theaterlandschaft der Stadt. Die neu eingerichtete »Universum Lounge« ist eine Reminiszenz an die Geschichte des Hauses und bleibt auch mit ihrer Gestaltung der phantastischen Welt von Kino und Theater treu. Der Schwung der Architektur gibt auch die Konturen des Inneren vor. Das Interieur der Bar ist ein lupenreines Zitat der Szenerien unschuldiger Science-Fiction-Plots und technikseliger Fortschrittsgläubigkeit der Sechzigerjahre. Eine goldfarben schimmernde Tapete bildet den Hintergrund großformatiger Diapositive, die Bilder der ersten Mondlandung zeigen. Die Front des Tresens ist mit einem ins Kubistische spielenden Messingrelief verziert; abgesehen von dem Fenstervorhang aus feinen Messingketten das einzig Ornamentale im Raum. Die weichkantigen, runden Formen der Polsterbänke, Hocker, Tische und Bilderrahmen sorgen ebenso wie die Farben für eine sehr entspannte Atmosphäre. Eine runde Digitaluhr an der Wand neben dem Bartresen erinnert dezent an das Hier und Jetzt. Es könnte auch ein Count-down sein.

»Universum Lounge« in Berlin

Universum Lounge in Berlin

Zurück in die Zukunft.
Das Interieur der Bar zitiert den weich gepolsterten Futurismus des vergangenen Jahrhunderts.

Back to the future.
The interior of this bar alludes to the soft, upholstered futurism of the past century.

In 1928, Erich Mendelsohn designed the Universum cinema, which was at the time the biggest in Berlin. The round, dynamic building on the Kurfürstendamm survived World War II and the frenzy of renovation during Germany's post-war economic miracle. Since the start of the 1980s, it has housed the prestigious Schaubühne theatre. The newly-renovated Universum Lounge is a nostalgic reminder of the building's history, and its central concept remains true to the phantasmagorical worlds of the cinema and the theatre. The shape of the building determines the contours of the interior. The bar decor has been lifted directly from the set of the innocent science fiction movies of the 1960s with their touching faith in technology and progress. Shimmering gold wallpaper provides a backdrop for large-format slide pictures showing images of the first landing on the moon. The front of the counter is decorated with an almost artistic bronze relief; apart from the curtains of fine brass chain at the windows, it is the only ornamental element in the room. The colours and the soft-edged, rounded forms of the benches, stools, tables and picture frames make for a very relaxed atmosphere. A round digital clock on the wall near the counter is a subtle reminder of the here and now. It could also be a countdown.

Fotograf/photographer:
Karl Bongartz

12:30 08

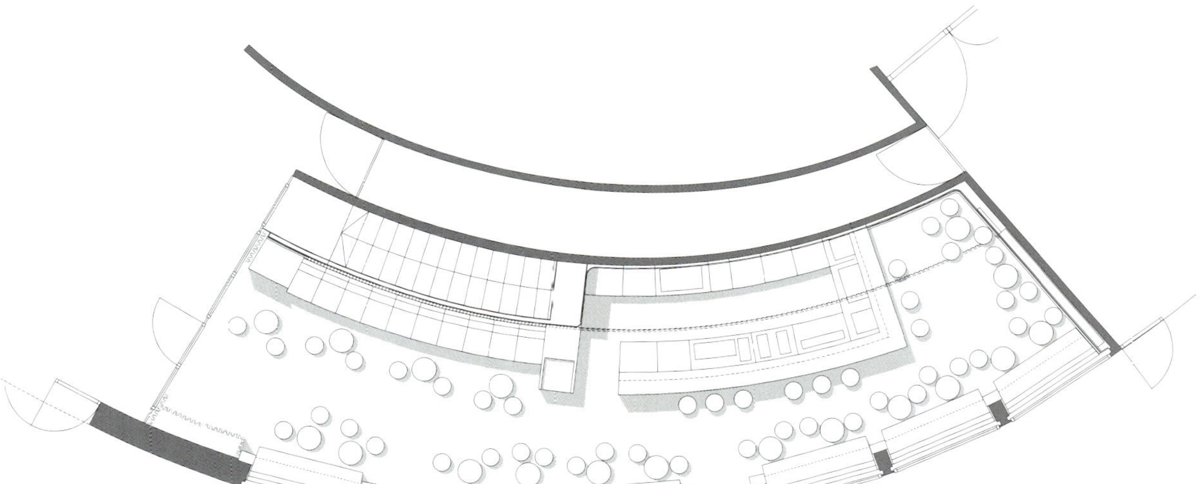

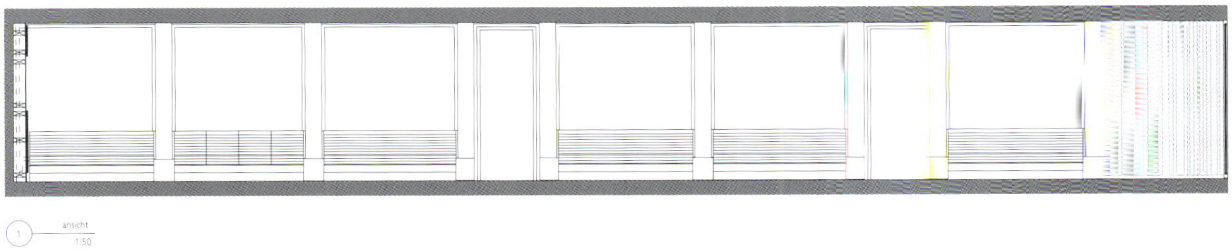

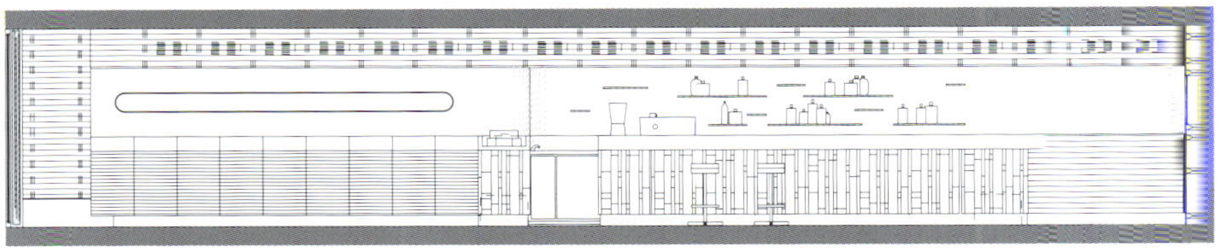

Die architektonischen Strukturen des Rundbaus inspirierten auch die Formen der Einbauten und Möbel.

The round shape of the building also inspired the design of the fittings and furniture.

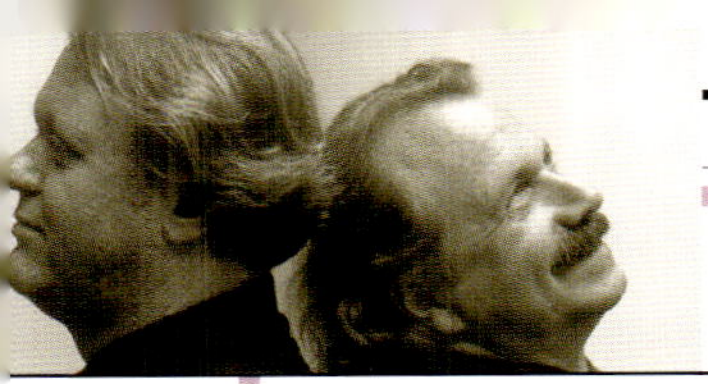

Wie funkelnde, flutende Kaskaden wirken die Kristallüster der Galerie über dem hoteleigenen Konferenzsaal.

Das Hotel am Berliner Gendarmenmarkt gehört zu einem denkmalgeschützten Ensemble, das in den frühen Achtzigerjahren in historisierender Plattenbauweise errichtet wurde. Für die Nutzung als Hotel wurde das bestehende Gebäude bis auf den Rohbau entkernt und im Inneren neu gestaltet. Das Konzept sah vor, die zeitgenössische Innenarchitektur mit den Strukturen des industriellen Bauens in ein neues Verhältnis zu setzen. Die unterschiedlich großen, insgesamt 92 Zimmer wurden mit ziegelfarbenem Velours ausgekleidet. Naturstein und schwarzes Glas ergänzen die warme, behagliche Anmutung. Viele Zimmer verfügen über eine Loge zum Gendarmenmarkt. Dass trotz teilweise kleiner Raumzuschnitte der Eindruck von Großzügigkeit vermittelt wird, ist dem eigens geschaffenen Durchblick zwischen Bad und Zimmer zu verdanken. Er lässt sich mit einem verschiebbaren, beleuchteten Spiegelpaneel vom Badezimmer aus schließen. Im Zentrum des Gebäudes befindet sich der Konferenzbereich. Sein Boden besteht aus einer hinterleuchteten Glasfläche, mit der durch Regulierung verschiedene Lichtstimmungen erzeugt werden können. Die illuminierte Fläche und die leichten, modernen Stühle stehen in reizvollem Kontrast zum dominierenden Dunkelviolett und den Kristalllüstern vor der Galerie. Der Hotelbetreiber ersteigerte Mobiliar und Einbauten des Restaurants »Aigner«, an dessen Gestaltung Adolf Loos maßgeblich beteiligt war. Die Antiquitäten fanden hier einen Platz im neu gestalteten Zusammenhang.

Hotel »Dorint« in Berlin

Dorint Hotel in Berlin

Seen from the gallery above the hotel's conference room, the glittering chandeliers are flowing cascades of light.

This hotel on the Gendarmenmarkt is part of the heritage-listed ensemble of pseudo-historical prefabricated buildings constructed in the early 1980s. The conversion to a hotel meant gutting the existing building and completely reconstructing the interiors. The concept aimed to create a new relationship between contemporary interior decoration and industrial construction. The hotel's ninety-two rooms of varying sizes were clad with brick red velour. High-quality materials like natural stone and black glass complement the warm, comfortable atmosphere. Many rooms are provided with vistas to the Gendarmenmarkt. A line of sight linking the bathroom and the bedroom gives the impression of a generous space even in the hotel's smaller rooms. The opening can be closed off from inside the bathroom by an illuminated sliding mirrored panel. A conference area is located at the heart of the building. Its floors consist of backlit glass whose intensity can be regulated to create different light moods. The illuminated surface and the light, modern chairs contrast charmingly with the dominant dark purple and crystal chandeliers in front of the gallery. The hotelier bought at auction the furnishings and fixtures from the restaurant Aigner – largely designed by Adolf Loos. These antiques found a home in a new context here.

Fotograf/photographer: www.soenne.de

CAROLA SCHÄFERS ARCHITEKTEN

Der Pragmatismus des Wirtschaftswunders hatte nicht allzu viel übrig für Pausenkultur. Schon gar nicht in den Zweckbauten der neu gegründeten Universitäten. So musste sich auch die Cafeteria der Wirtschaftswissenschaftler an der FU Berlin mit dem dunklen Souterrain des Hörsaalgebäudes begnügen. Nach der Sanierung präsentiert sich – gründlich aufgeräumt – ein großzügiger Raum. Große Schiebetüren trennen Essensausgabe vom Gastraum und gestatten zudem dessen Nutzung auch außerhalb der Öffnungszeiten. Die große Herausforderung bestand jedoch im Umgang mit den problematischen Proportionen und Lichtverhältnissen des Raumes. Er weist bei beträchtlicher Fläche nur eine geringe Deckenhöhe auf, was die ohnehin kärgliche Lichtsituation des Souterrains noch verschärft. Deshalb wurde das Gelände vor den Fenstern abgetragen und so ein direkter Bezug zum Grün des Außenraumes möglich. Die neuen, großformatigen Fenster inszenieren dabei wie Bilderrahmen den Ausblick ins Grüne. Die reduzierten Formen der Bänke und Tische verstellen die gewonnene Offenheit nicht und ordnen die Weite des Raums. Durch die integrierten Medienanschlüsse werden sie dabei gleichzeitig den funktionalen Anforderungen gerecht. Die sparsame Auswahl der Farben und Materialien betont die neu gewonnene, durchaus gepflegte Atmosphäre. Lüftungskanäle wurden so verkleidet, dass die höheren Deckenfelder als Lichtfläche in Erscheinung treten.

Cafeteria der Freien Universität Berlin

Cafeteria at the Free University of Berlin

Die fixen Strukturen des Souterrains verwandeln sich durch eine positive Betonung in angenehme räumliche Qualitäten.

Flattering accentuations transform the given structures of the basement into spatial assets.

Fotograf/photographer: Stefan Müller

The pragmatism of the German economic miracle did not have much time for breaks, and they certainly got short shrift in the functional architecture of the new universities. The cafeteria of the Economics Department at Berlin's Free University, for example, had to make do with the gloomy basement underneath the lecture theatres. Finally, in the course of a total renovation, the department took pity on the neglected canteen. Thoroughly tidied up, it now presents itself as a spacious room. The service area with serving counters and cash desks is separated from the dining hall by large sliding doors that also allow the dining area to be used for other purposes outside opening hours. The biggest challenge, however, was dealing with the room's difficult proportions and light conditions. The ceiling is too low for the considerable floor area, which only exacerbates the already meagre lighting situation in the basement. To rectify this, more space was created in front of the new larger windows which now frame a refreshing view onto the greenery outside. The reductionist forms of the tables and benches maintain the new openness and structure the broad expanse of the room. Integrated media links meet the functional demands. The economical choice of colours and materials underlines the new, [illegible] cultivated atmosphere. The ventilation ducts have been encased so that the higher areas of the ceiling appear as bright surfaces. As good as it gets [illegible].

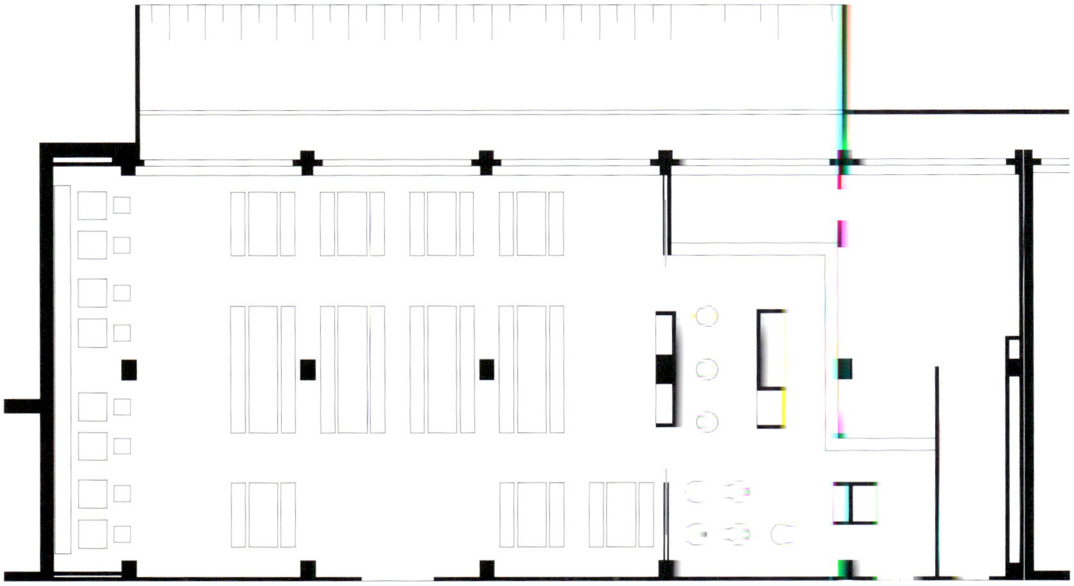

Die optische Aufweitung des niedrigen Raums entsteht durch die Beleuchtung sowie die klaren, einfachen Formen der Einbauten.

Clever illumination and the clear, simple shapes of the fittings create an impression of spaciousness despite the low ceiling.

Arts, Sports, Travel

Kultur & Freizeit

K O R B

Die für unterschiedlichste Konzerte, Großveranstaltungen und Messen genutzte Stadthalle erhielt durch das von dem Innenarchitekten Thomas Korb und seinem Team entwickelte Raumkonzept ein vielseitig und flexibel nutzbares Eingangsfoyer. Schwerpunkt der Gestaltung war die Kernzone des Foyers inklusive des 14 Meter hohen Luftraumes. Von den beiden Haupttreppen aus wird der Blick des Betrachters auf einen überdimensionalen Screen gelenkt. Neben der Integration einer Rückprojektionsfläche macht die semitransparente Oberfläche die sich hinter dem Screen bewegenden Menschenströme sichtbar. Die Lust am voyeuristischen Erleben der Besuchermassen wurde hier zum Thema gemacht. Ein riesiger leuchtender Zylinder fasst den Raum oberhalb der gastronomischen Einheit im Süden des Foyers, wodurch im Hinblick auf die Fernwirkung die Achse des Hauptzugangs zusätzlich betont wird. Die bewusst zurückhaltende Verwendung von Materialien begünstigt eine veranstaltungsbezogene Inszenierung durch die Akzentuierungen von Lichteffekten wie etwa die farbige Hinterleuchtung der Container-Stirnflächen oder durch Projektionen auf Lichtband und Screen.

Stadthalle Bremen

Bremen Municipal Hall

Verschiedenste Farb- und Bildeffekte, die auf das oberhalb der Gastronomieebene angebrachte Lichtband projiziert werden können, unterstreichen den jeweiligen Veranstaltungscharakter wirkungsvoll.

The most varying colour and picture effects, which can be projected onto the strip light mounted above the gastronomy level, effectively underline the character of each event.

Fotografin/photographer: Ute Schenk

The Stadthalle (municipal hall), which is used for the most varying range of concerts, large-scale events and exhibitions, was provided with a versatile and multi-use entrance foyer by the space concept development by interior architect Thomas Korb and his team. The focal point of the design was the nucleus of the foyer, including the 14-metre high airspace. From the two main stairways, the observer's view is guided to a larger-than-life screen. As well as the integration of a rear projection surface, the semi-transparent surface makes it possible to see the streams of people moving behind the screen. The desire to voyeuristically observe the visitor masses was convertedreated into the theme here. A giant, vivid cylinder grips the room over the gastronomy unit in the upper part of the foyer, additionally emphasising the axis of the main entrance in view of the long-distance effect. The deliberately reserved use of materials provides an event-related production through the accentuation of light effects, such as the coloured back-lighting of the container front surfaces or through the projection onto the strip light and screen

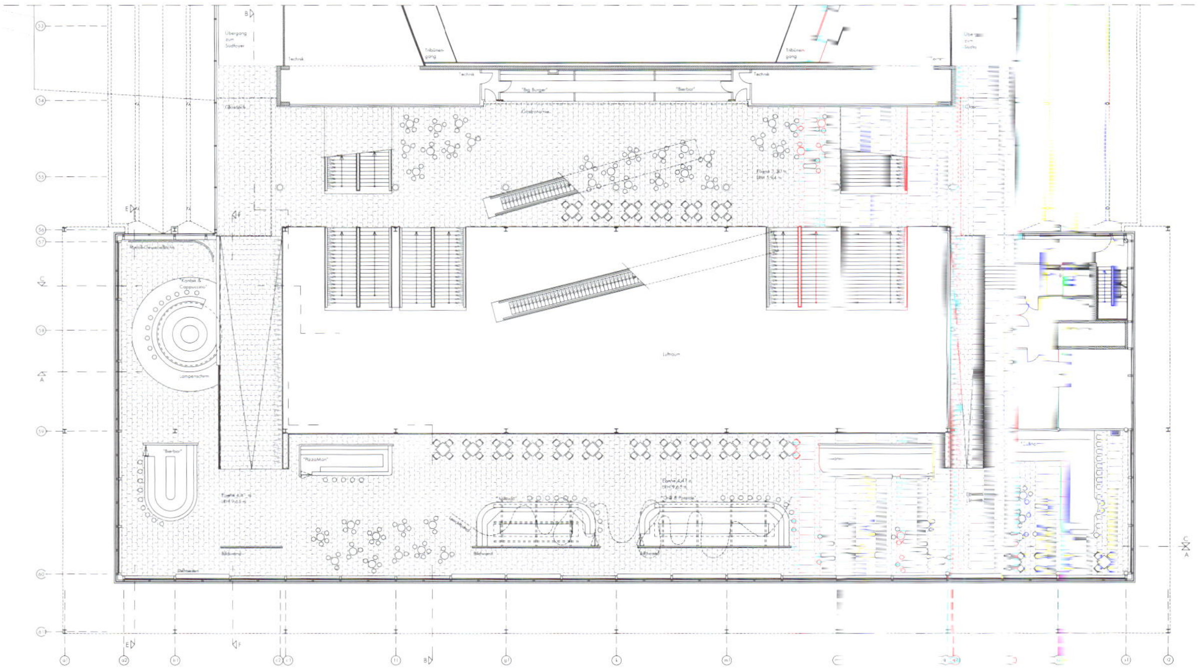

Der in seiner Farbstimmung veränderbare Lichtzylinder oberhalb der Cocktailbar belebt in seiner Außenwirkung die Achse des Haupteingangs.

The image of the light cylinder above the cocktail bar, which can change its colour balance, stimulates the axis of the main entrance.

Ein umlaufendes, wechselbares Tapetenband ist das dominierende und identitätsstiftende architektonische Element im so genannten „Wechselraum", dem Ausstellungsraum der neuen Geschäftstelle des BDA im Stuttgarter Zeppelin-Carré. Das von Boden und Decke gelöste Tapetenband dient als Ausstellungsfläche und verkleidet die heterogenen Raumkanten des ehemaligen Archivraumes. So entsteht ein ausgewogener Ausstellungsraum, in dessen Zentrum sich mit beweglichen Schiebe- und Drehwänden entlang zweier bestehender tragender Wandscheiben unterschiedliche Raumsequenzen gestalten lassen. Das Tapetenband kontrastiert den ansonsten lichtgrauen Raum, dessen Homogenität durch einen matten Epoxidharzboden und einen lärmdämmenden Veloursteppich an den Decken noch unterstrichen wird. Zum Auftakt wurde das Tapetenband mit Rauhfaser tapeziert; übertapezierte Fenster- und Türöffnungen können über grifflose Klappen geöffnet und geschlossen werden. Zwei große Öffnungen in den Wandscheiben erschließen eine Bibliothek bzw. den Blick in den Bürobereich der Geschäftsstelle. Dieser ist durch ein eingestelltes, umlaufendes lichtgraues Schrankelement, das auch Stauraum und Teeküche beherbergt, vom Ausstellungsbereich abgetrennt.

Ausstellungsraum in Stuttgart

Exhibition Room in Stuttgart

Zwei tragende Wandscheiben mit Dreh- und Schiebewänden bilden das Zentrum des Ausstellungsraumes.

Two supporting shear walls with rotating and sliding partitions form the centre of the exhibition space.

Fotograf/photographer: David Franck

A rotating, changeable band of wall is the dominating and identifying architectonic element in the so-called "Wechselraum" ("changing room"), the exhibition room of the new BDA office in Stuttgart's Zeppelin-Carré. The wall band, which is not attached to the ceiling or floor, serves as an exhibition area and lines the heterogeneous room edges of the former archive room. This forms a well-balanced exhibition room, in whose centre different room sequences can be designed with moveable sliding and rotating walls along two existing supporting sheer walls. The wall band contrasts with the otherwise light-grey room, whose homogeneity is underlined by a matt epoxy resin floor and a noise-absorbing velour carpet on the ceiling. To start with, the wall band was papered with ingrained paper; windows and doors which are papered over can be opened and closed using handleless flaps. Two large openings in the sheer walls open up a library and the view into the office area of the business. This is separated from the exhibition area through an adapted, rotating light-grey cupboard unit, which also houses the storeroom and tea kitchen.

Im Wechselraum können unterschiedlichste Raumkonfigurationen entstehen.

In the rotation space, the most varying of spatial configurations can be formed.

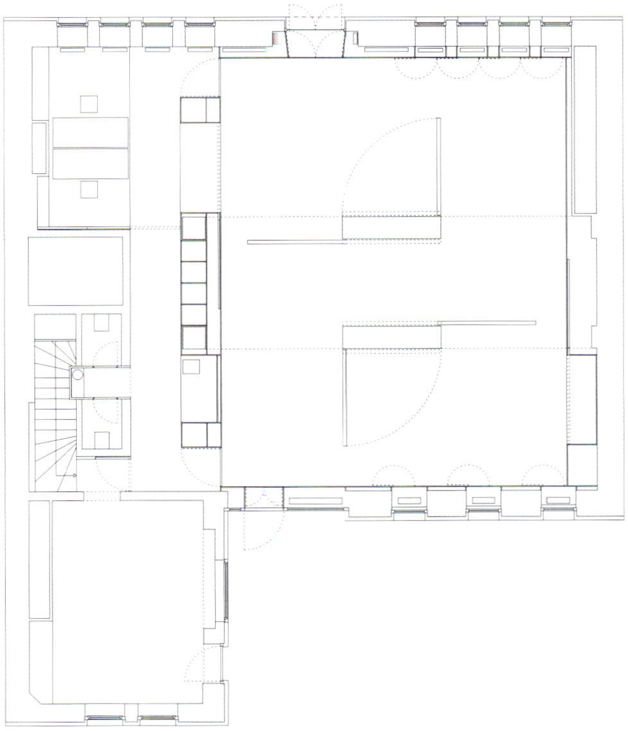

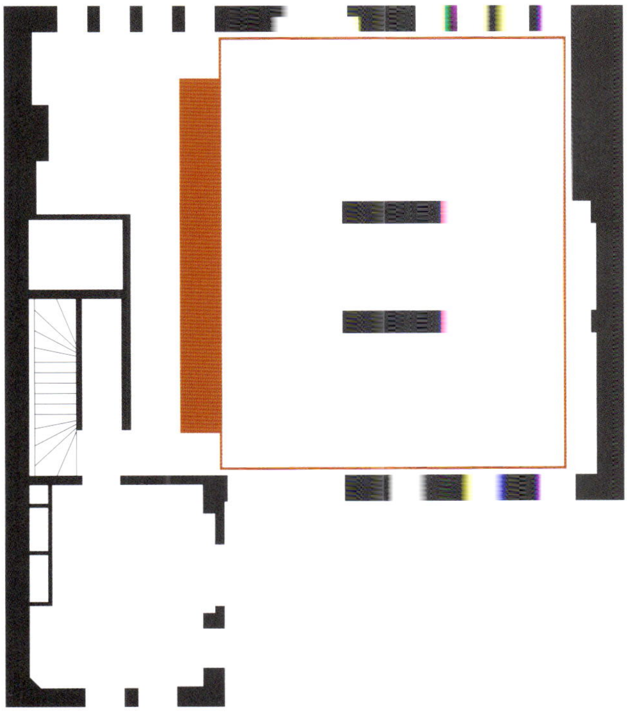

KEGGENHOFF | PARTNER

Weite und Großzügigkeit der Schulstadtbücherei sollen Lust und Mut machen zum neugierigen Aufenthalt in einer Bibliothek mit Selbstlernzentrum. Eine schmale Treppenanlage führt zu dem als farbiger Buchrücken gestalteten Eingang, der den Nutzer auf die zum Empfangsbereich umgestaltete ehemalige Bühne leitet. Die Regale als Zentrum der Bücherei sind auf einem sich durchziehenden „roten Band" arrangiert, von dem aus die einzelnen Funktionsbereiche und Sonderthemen der Bibliotheksnutzung wie Leseplätze, Garderoben, Kopierer oder Neuerscheinungen-Abteilung abzweigen. Sichtachsen und Farbflächen ermöglichen eine leichte Orientierung und markieren Raumübergänge und Wege. Das Selbstlernzentrum auf der Empore ist als Hörsaal gestaltet und in das Gesamtkonzept ebenso integriert wie die bewusst platzierten Kommunikationsareale des variablen Aufenthaltsbereiches, der Cafeteria oder des Lesehofs. Die Flexibilität innerhalb der räumlichen Gestaltung sowie die Einheitlichkeit des Gesamterscheinungsbildes sollen Nutzer aller Altersstufen und Interessen anregen, sich auf diesen „Ort des Wissens" einzulassen.

Schulstadtbücherei in Arnsberg

School and City Library in Arnsberg

Der erste Eindruck: Überraschung, Aufmerksamkeit, Neugier?

The first impression: surprise, alertness, curiosity?

Expanse and generosity of the school and city library is meant to create desire and courage for an inquisitive stopover in a library with a self-learning centre. A narrow staircase leads to the entrance, designed as a colourful spine, which guides the user to the former stage which has now been converted into the reception area. The shelves, as the central point of the library, are arranged on a "red band" running through the library; from here the individual function areas and special themes of library use, such as reading places, cloakrooms, copier or the new release department branch out. Vision axes and coloured surfaces make orientation easy and mark out room transitions and passageways. The self-learning centre on the gallery is designed as an auditorium and is integrated into the entire concept in the same way as the deliberately placed communication areas of the variable area, cafeteria or reading court. The flexibility within the spatial design as well as the unity of the overall appearance should stimulate users of all ages and interest to get involved in this "Place of Knowledge".

Fotografen/photographers: Keggenhoff | Partner

Das Entrée: Empfang, Information und Überblick
Die Cafeteria: Entspannung, Reflexion, Kommunikation
Die Bibliothek: Ordnung, Struktur, Konzentration, Ruhe

The entrée: reception, information and overview
The cafeteria: relaxation, reflection, communication
The library: order, structure, concentration, peace

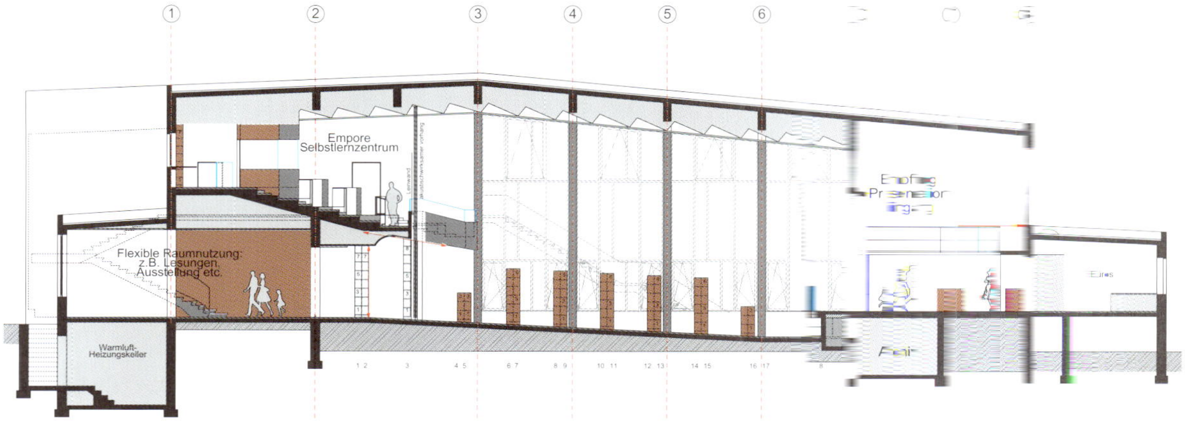

Der wegen seiner Form und Farbe humorvoll als „Lo Strudel“ bezeichnete Samsung-Pavillon zu den Olympischen Winterspielen 2006 bot eine besondere Attraktion innerhalb des Treffpunktes der „Sponsor Village“ in der Turiner Innenstadt und wurde von rund 400.000 Menschen besucht. Die Architektur ließ sich von der Form des Samsung-Logos inspirieren; das dreidimensionale Oval wurde komplett mit einer goldenen Membran bespannt. Zwei gegenüber liegende Eingänge kanalisierten den Besucherstrom. Wand- und Displaygestaltung lehnten sich wie die Produktpräsentation an eine weiße Gletscherlandschaft an, auch Sitzbänke und Thekendisplays wurden Eisschollen nachempfunden. Ein umlaufender blauer Horizont war mit einem Band für Kommunikation und mediale Bespielung versehen und eine weitere „Eisscholle“ diente als Bühne für Auftritte und Events. Das Spectator Center mit umlaufender Galerie ermöglichte einen Einblick in Obergeschoss und Deckenkonstruktion und über den Loungesesseln und Sitzstufen des Athletes Center für die Sportler und ihre Familien wölbte sich gut sichtbar die ovale Großform des Daches. Die Innenfläche der Dachkonstruktion wurde mit Licht und Projektionen bespielt.

Sponsor-Pavillon in Turin

Sponsor Pavilion in Turin

Umgeben von historischer Fassadenarchitektur zeichnet sich das leuchtende, goldene Oval mit brillanter Fernwirkung ab.

Surrounded by historical facade architecture, the brilliant, golden oval stands out with its brilliant long-distance effect.

Fotograf/photographer: Gaudenz Danuser

The Winter Olympics 2006 Samsung pavilion, humorously known as "Lo Strudel" because of its shape and colour, provided a particular attraction within the venue of the "Sponsor Village" in Turin's city centre and was visited by about 400,000 people. The architecture was inspired by the form of the Samsung logo; the three-dimensional oval was completely covered with a golden membrane. Two opposite facing entrances channelled the flow of visitors. Wall and display design leant on a white glacier landscape, as did the product presentation. Even the seating and counter displays were modelled on ice floes. A rotating blue horizon was equipped with a band for communication and medial communication and another "ice floe" served as the stage for appearances and events. The spectator centre with rotating gallery allowed a glimpse into the upper floor and ceiling construction. The large oval form of the roof formed easily visible over the lounge chairs and seating levels of the athletes' centre for the athletes and their families. The inner surface of the roof construction was recorded with light and projections.

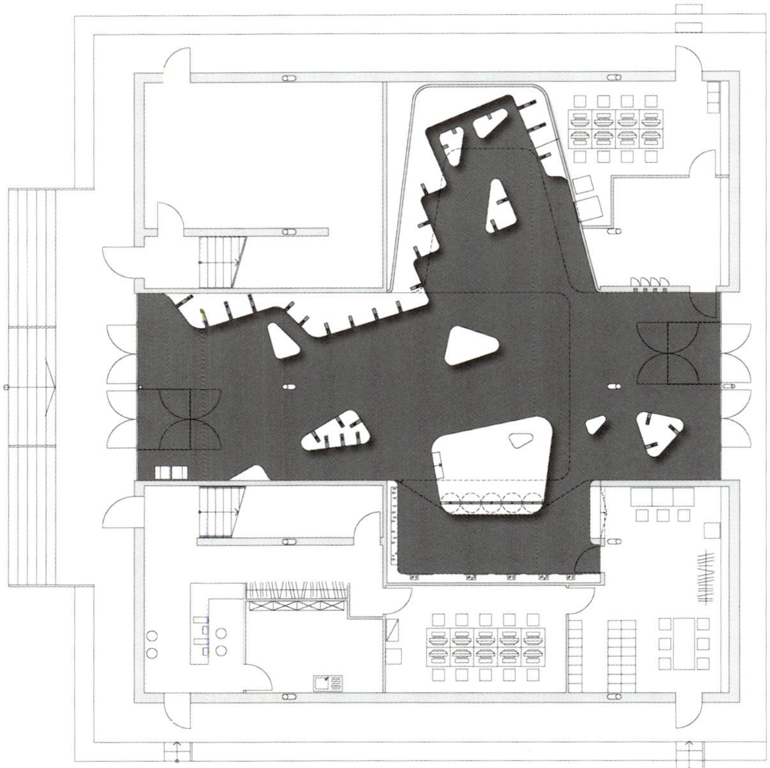

Über eine große umlaufende Galerie sind das Spectator Center und das Athleten Center miteinander verbunden, wodurch auf allen Ebenen ein beeindruckendes Raumerlebnis ermöglicht wird.

The spectator centre and the athletes' centre are connected to each other through a large circular gallery, which provides an impressive spatial experience on all levels.

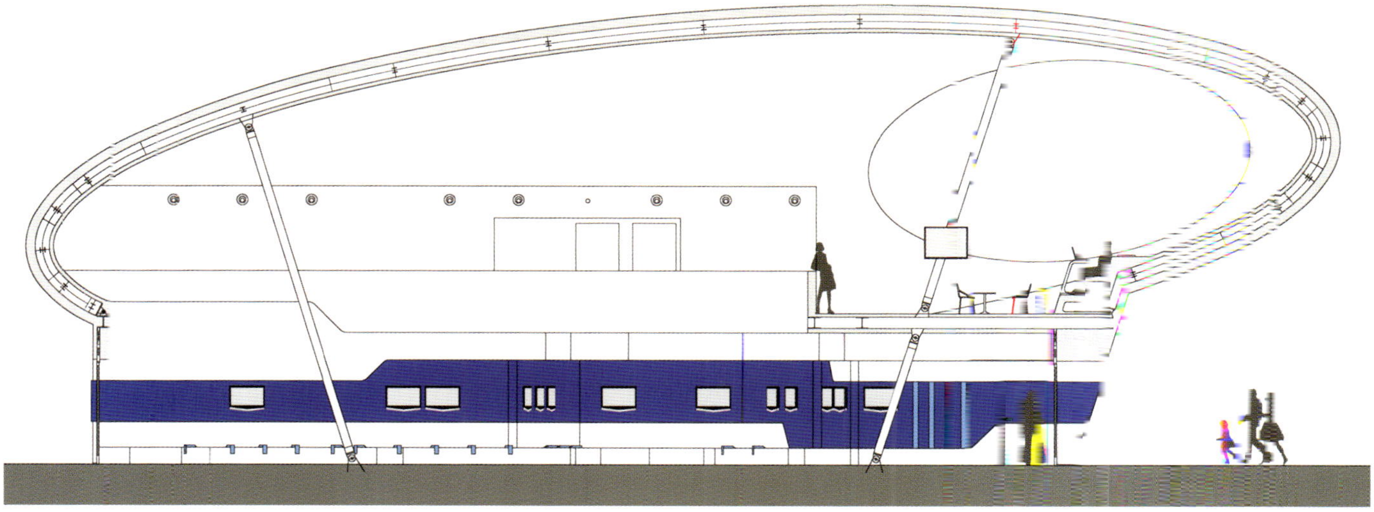

Ein bestehendes Gebäude der Hamburger Speicherstadt bildet zwischen Kopf- und Längsbau eine Stadtloggia aus; die dadurch gewonnene Freifläche wird in Form einer Piazza genutzt. Als Anbau wurde ein eingeschossiger, großzügig verglaster Vortragssaal für 192 Plätze mit einer flexibel im Raum platzierbaren Bühne und einem Panoramablick über die Stadt an das Bestandsgebäude angefügt. Der Saal dient unterschiedlichen Veranstaltungen, von Vorträgen über Theatervorführungen bis zu Kammermusik-Konzerten. Um den verschiedenen Funktionen gleichermaßen gerecht zu werden, entstand ein transparenter Raum, der die umgebende, ortstypische Hafen- und Stadtsilhouette im Blickbezug integriert. Der dunkle Fußboden aus geölter Wenge und die abgehängte Akustikdecke aus heller Kastanie wurden mit einer anthrazitfarbenen Bestuhlung kombiniert und unterstreichen den Eindruck eines noblen Konzertsaales. Ein dunkelroter Samtvorhang am Eingang betont den festlichen Charakter der vielfältigen Aktivitäten der Körber-Stiftung.

Saal für eine Stiftung in Hamburg

Foundation Room in Hamburg

Transparente Architektur ermöglicht die Integration von Innen und Außen, von Hafenatmosphäre und kulturellem Geschehen.

Transparent architecture allows the integration of interior and exterior, harbour atmosphere and cultural happenings.

Fotograf/photographer: Jochen Stüber

One of the existing buildings in Hamburg's "warehouse city" forms a city loggia between the facade and longitudinal construction. This city loggia is used in the form of a piazza due to the free surface gained there. A one-storey, generously glazed lecture room for 192 places was added as an extension to the existing building with a portable stage and a panoramic view of the city. The room serves as a location for various events, from lectures and theatre performances to chamber music concerts. In order to be able to cope with the different functions equally, a transparent room was built, which integrates into the view of the surrounding, local harbour and city silhouette. The dark flooring made from oiled wengé and the suspended acoustic ceiling made from light [illegible] structure was combined with charcoal grey seating and emphasises the impression of a classy concert hall. A dark red velvet curtain at the entrance emphasises the splendid character of the varied activities of the Körber foundation.

Rote Samtvorhänge, dunkler Wenge-Fußboden, helle Kastanie für die Akustikdecke und anthrazitfarbene Bestuhlung geben dem Konzertsaal einen noblen und festlichen Charakter.

Red velvet curtains, dark wengé wood flooring, light chestnut for the acoustic ceiling and charcoal grey seating give the concert hall a noble and exquisite character.

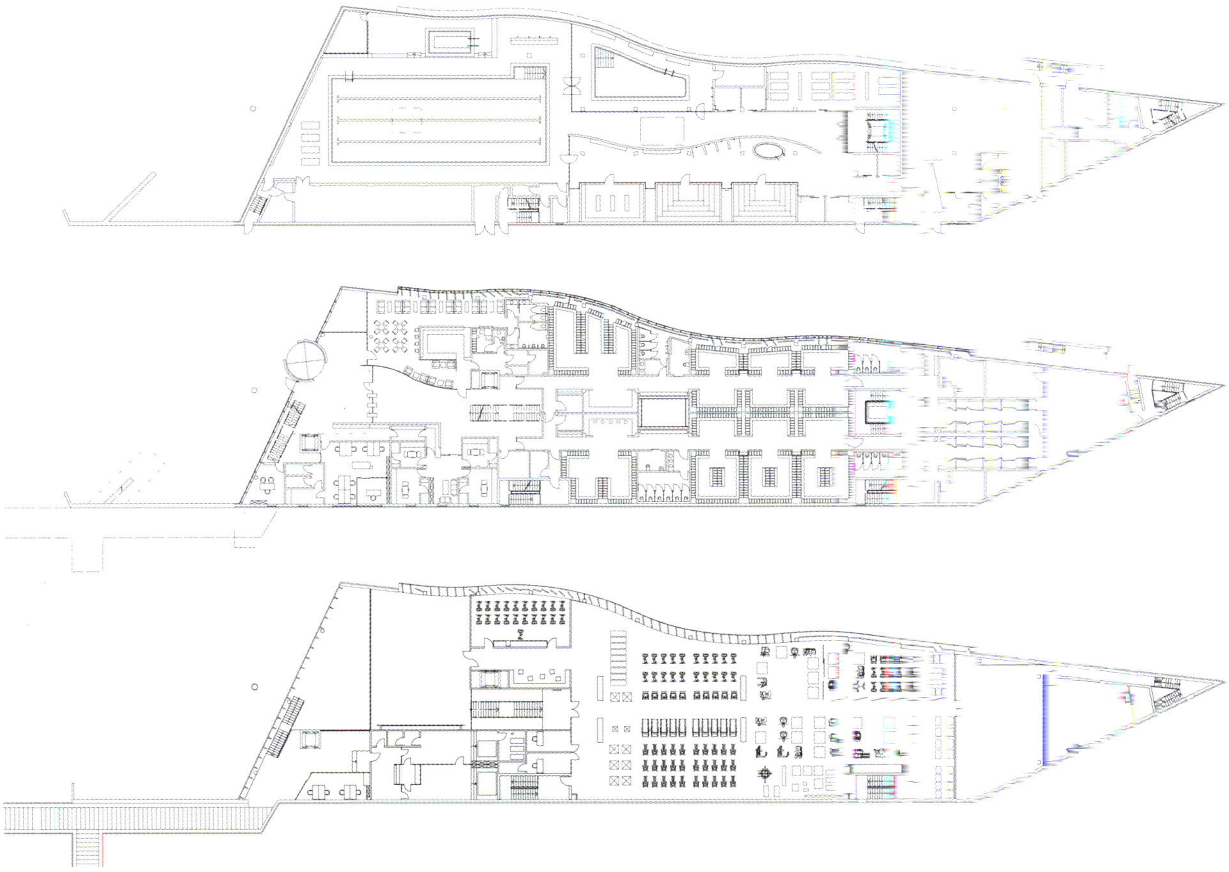

Formen-, Materialkanon und räumliche Komposition rücken das Architektonische in den Mittelpunkt der Bilderwelt, die den Club definiert.

Shape and material codes and spatial composition push the architectonic into the centre point of the picture gallery which defines the club.

Großer Empfang.
Das kühl gleißende Treppenhaus des Gebäudes leistet sich fast verschwenderische Dimensionen.

Hier gibt es eigentlich alles. Geschäfte, Bahnhof, Kaufhaus, Cafés und viele Leute. Doch ein Kino hat am Alexanderplatz in Berlin bis vor kurzem noch gefehlt. Das Gebäude des neuen Filmtheaters fällt zunächst durch sein Äußeres auf. Der kompakte Quader mit seiner Fassade aus hochglanzpoliertem schwarzen Granit wirkt in der direkten Nachbarschaft eines grauen Plattenbauriegels wie ein Stück aus einem anderen Baukasten. Fast drängt sich der Eindruck einer »Black Box« auf. Doch die über die Gebäudeecken laufenden, auskragenden Glaserker des Foyerbereichs stellen eine Wechselbeziehung zwischen Innen und Außen her. Im Inneren befinden sich, verteilt über vier Ebenen, neun Kinosäle mit insgesamt 2400 Sitzplätzen. Sie werden über ein sachlich und offen gestaltetes Entree erschlossen. Einfache geometrische Formen und Volumina bestimmen die Einrichtung. Bewirtungstresen, Kasse und Sitzgelegenheiten im Foyerbereich sind als Quader oder Zylinder ausgebildet. Dieser reduzierten Ästhetik entspricht auch die Farbgebung, die sich auf den Einsatz von weiß, rot oder schwarz beschränkt. Für die Böden wurde Feinsteinzeug und Teppich, beides in Anthrazit, verwendet. Wände und Decken im Foyer sind vornehmlich in Weiß gehalten, in den Kinosälen wurde auch mit intensivem Rot oder Schwarz gearbeitet. Diese atmosphärische Dichte erleichtert das Abtauchen in cineastische Scheinwelten, während die Klarheit des Foyers den Blick freigibt auf die wirkliche Stadt.

Multiplex-Kino in Berlin

Multiplex Cinema in Berlin

A grand reception.
The building's coolly glistening stairwell boasts almost extravagent dimensions.

This place has everything. Shops, a subway station, department store, cafés and lots of people. But until recently, Berlin's Alexanderplatz did not have a cinema. The building of the new movie theatre is immediately noticeable – its exterior is a compact block with a façade of highly polished black granite. Located next to a grey construction of prefabricated concrete, the cinema looks a bit like a piece from a different set of building blocks. It almost seems like a black box. But the glassed-in platforms running along the corners of the building in the foyer area set up an interactive relationship between the interior and exterior. On the inside, nine cinema halls with a total of 2,400 seats are distributed over four levels. Access is provided by a plain, open staircase. Simple geometric shapes and spaces set the tone of the decor. Countertops, the box office and seating in the foyer all take the shape of blocks or cylinders. This minimalist aesthetic corresponds with the colour scheme, which is limited to the use of white, red and black. Anthracite tiles or carpeting cover the floor. Most walls and ceilings are white, while black or an intense red was used in the cinemas themselves. The close atmosphere this creates makes it all the easier to immerse oneself in cinematographic imaginary worlds, while the openness and clarity of the foyer gives one a clear view of the reality of the city.

Fotografen/photographers:
Florian Bolk,
Dieter Leistner

8
7
8

Coca-Cola

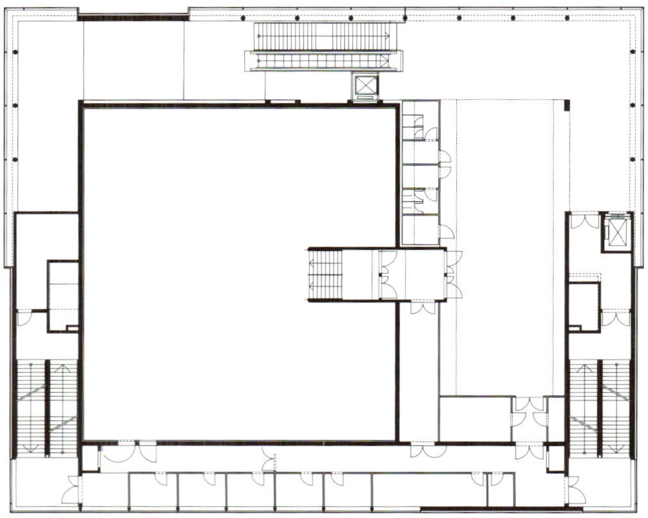

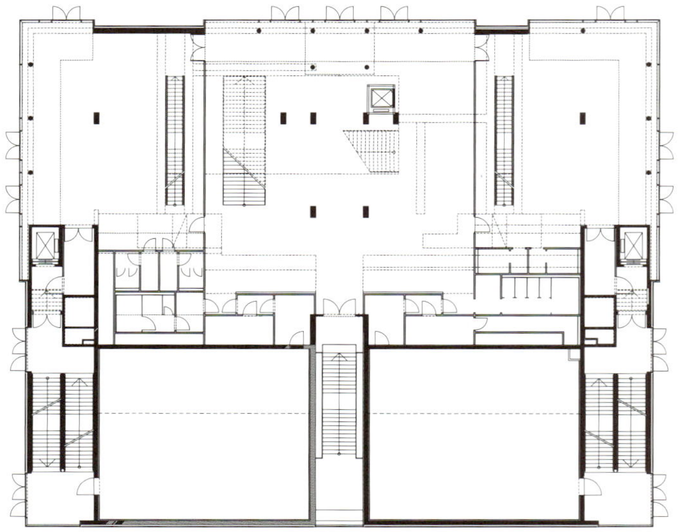

Während das Foyer transparent und offen gestaltet wurde, lädt die dunkle Tiefe der Kinosäle ein zur Flucht in filmische Traumwelten.

While the foyer has been kept transparent and open, the dark depth of the theatres draws the cinemagoer into the dream-world of the silver screen.

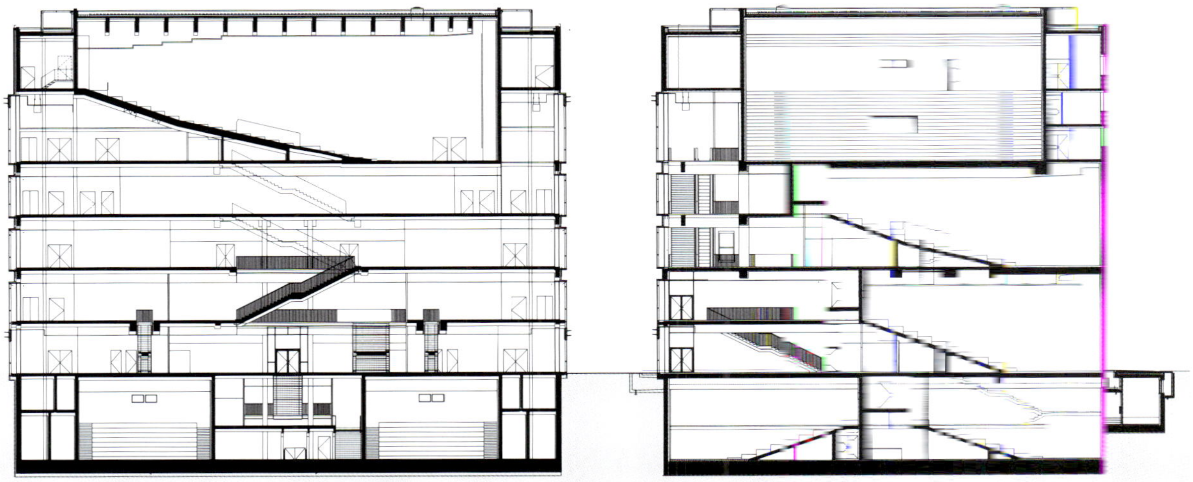

*Reiz der Gegensätze.
Die feinen Strukturen moderner Einbauten bringen die Schönheit des rohen Industriebaus zur Geltung.*

Die Hinterlassenschaften der Industriegesellschaft gehören zu den liebsten bespielten Gehäusen des zeitgenössischen Kulturbetriebs. Im Bochumer Westparkareal, dem ehemaligen Gelände des Stahlmagnaten Krupp, befindet sich die denkmalgeschützte Jahrhunderthalle. Dort entstand für die »RuhrTriennale« 2003 eine zentrale Veranstaltungsstätte. Um den vielfältigen Ansprüchen an einen Veranstaltungsort dieser Größenordnung gerecht zu werden, ergänzen zwei Neubauten das historische Gemäuer. Damit der Charakter der Hallen erhalten bleibt, wurde auf neue Einbauten weitgehend verzichtet. So schmälert nichts den Reiz filigraner Strukturen in der rauen Hülle. Eine Wahlverwandschaft des Gegensätzlichen: einerseits feingliedrige Dachkonstruktionen, Stützen und Geländer, andererseits unverputztes Ziegelmauerwerk und dicke Wände. Allein die für Aufführungen notwendigen Einbauten sind wirklich neu. Ein breites Vordach empfängt die Besucher und führt sie in ein großzügiges Foyer, von dem aus die Bühnen und Podien zu erreichen sind. Die vier zusammenhängenden Hallen wurden mit mobilen Bühnen und Zuschauerrängen sowie einem flexiblen Vorhangsystem ausgestattet, so dass sich in dieser Raumfolge alle möglichen, unterschiedlich dimensionierbaren Szenarien darstellender Kunst arrangieren lassen. Die eingestellte Galerieebene lässt sich über Treppen und Aufzüge erreichen und gibt den Blick frei auf die Parklandschaft.

Montagehalle für Kunst in Bochum

Art Festival Venue in Bochum

*Opposites attract.
The elegant modern structures accentuate the raw beauty of the industrial building.*

Relics of the industrial age are among the favourite playgrounds of the contemporary culture business. The heritage-listed »Jahrhunderthalle« is situated in the Westparkareal in the industrial city of Bochum, the former grounds of the Krupp steel works. The Ruhr-Triennale 2003 culture festival chose this area of the Westparkareal as its central venue. Two new buildings were added to the historical ensemble to meet the many and varied needs of a festival venue. New fittings and fixtures were largely avoided in a successful attempt to preserve the character of the halls. Nothing disturbs the charm of the filigree structures inside the sturdy shell. It is a marriage of opposites – on the one hand we have the delicate appearance of the roof, supports and railings; on the other, rough brick and thick walls. The only really new elements are the fixtures needed for staging cultural events. Visitors are received under a wide canopy and guided into a generously proportioned foyer, which provides access to the stages and podiums. The four communicating halls have been fitted with mobile stages and seating as well as a flexible system of curtains, so that every conceivable scenario in varying dimensions can be staged in the name of dramatic art. Staircases and lifts ascend to the new gallery level, which offers a broad vista of the surrounding parklands.

*Fotograf/photographer:
Tomas Riehle/artur*

Die Großzügigkeit des Foyers wird nicht zuletzt durch die Glasfassade erzeugt. Die flexible Gliederung ermöglicht eine vielfältige Nutzung.

The glass façade enhances the foyer's spaciousness. The flexible spatial organization allows a wide variety of uses.

Es werde Licht.
Der Lesesaal ist ein heller, weiter Raum, der mit seinen dunklen Regalen und Tischreihen an klassische Bibliotheken erinnert.

Der Neubau der Stadtbibliothek und Jugendmusikschule im badischen Pforzheim ist ein leicht gerundetes, unregelmäßiges Trapez mit einer nach Süden orientierten Hauptfassade. Neben den Räumen der Präsenzbibliothek beherbergt das Haus auch die Musikschule mit ihrem Konzertsaal. Die Innengestaltung nimmt den Schwung der Vorderfront wieder auf: Herzstück und gleichzeitig strukturelles Rückgrat des Gebäudes ist eine geschwungene Treppenanlage in der Mitte, die das Foyer, den Bibliotheksraum sowie die darüber liegende Galerie verbindet. Ein exakt platziertes, randbetontes Oberlicht schickt dem Treppenverlauf folgend Tageslicht in das Innere. Der Bibliotheksbereich nimmt das erste Geschoss sowie die Galerie ein. Das große Kastenfenster versorgt selbst die hinteren Bereiche im Gebäudeinneren mit reichlich Tageslicht. Die klassischen Formen der Einbauten und Möbel sowie die gleichmäßigen Regalreihen sorgen für eine ruhige und konzentrierte Atmosphäre. Um das farbliche Chaos von unzähligen bunten Buchrücken zu bändigen, wurde für die Möbel ein dunkles Korallenrot gewählt. Eine Reminiszenz an die klassische Bibliothek stellen auch die grün beschirmten Leselampen dar, die spätestens bei Einbruch der Dämmerung die Lesetische zu Inseln der ungestörten Lektüre werden lassen.

Stadtbibliothek in Pforzheim
Town Library in Pforzheim

Let there be light.
The reading room is light and airy, while the dark shelves and rows of tables add the classical library touch.

The newly-built library and youth music school in the town of Pforzheim is a slightly curved, irregular trapezoid with its main façade oriented to the south. Along with the rooms of the library, the building also houses the music school and its concert hall. The interior design takes up the curvature of the outside. The heart of the building is at the same time its structural backbone: the curving staircase in the middle which links the foyer, the library and the gallery above it. A precisely-placed skylight with emphasised edges floods the stairwell with light. The library area incorporates the first floor and the gallery. Rectangular windows let in plenty of light, which reaches right to the back of the interior. The classic forms of the fixtures and furnishings and the rows of shelves help to create a quiet air of concentration. The colour chaos of countless book spines is held in check by the dark coral-red of the furniture. Green-shaded reading lamps are a nostalgic nod in the direction of the classic library. As dusk settles, they transform the desks into islands of undisturbed reading.

Fotograf/photographer:
Stefan Müller

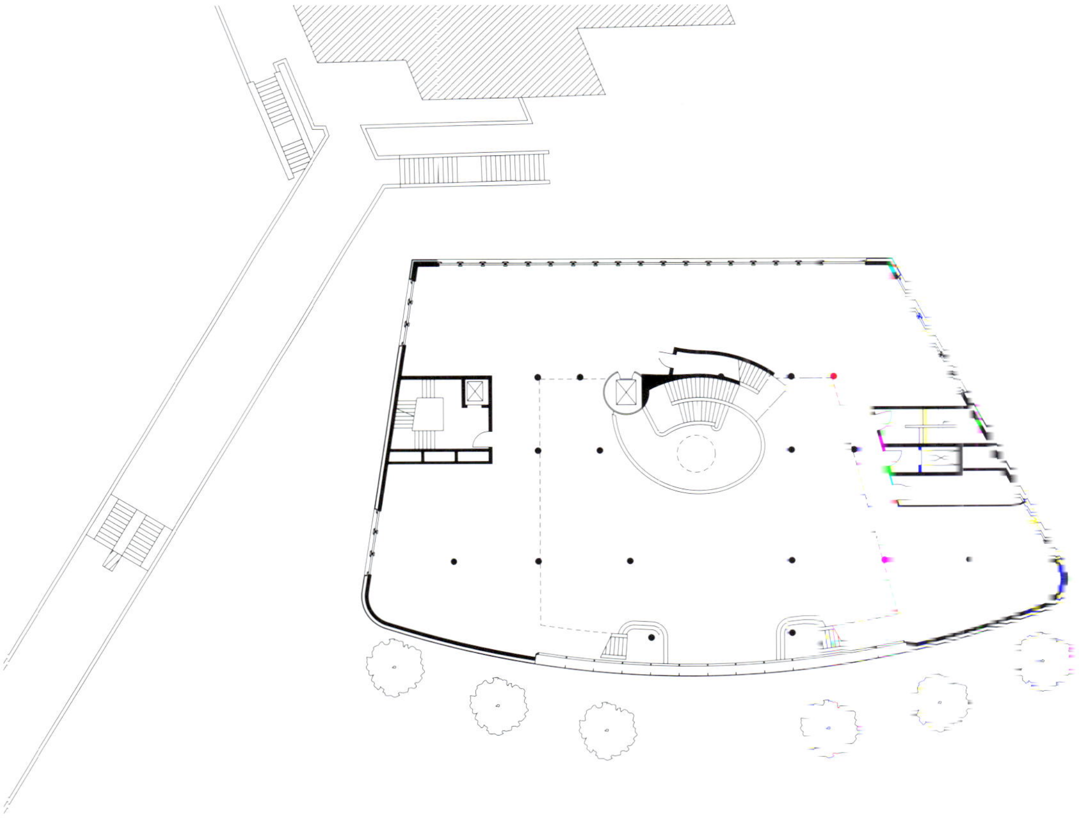

Die inneren Strukturen des Gebäudes nehmen mit ihren abgerundeten Formen den sanften Schwung der Fassade auf.

The rounded forms within the building echo the gentle curve of the façade.

KAHLFELDT ARCHITEKTEN

Klassisches Programm. Der ehemalige Presseraum wird nach dem Umbau als Lounge für Gesprächsrunden und kleine Empfänge genutzt.

Die Moderne ist in die Jahre gekommen. So auch das Gebäude der Philharmonie in Berlin, 1963 errichtet von Hans Scharoun. Umbau und Sanierung sollen das weltbekannte, denkmalgeschützte Bauwerk um zeitgemäße technische und infrastrukturelle Standards ergänzen sowie eine ansprechende Lösung funktionaler Provisorien finden. Das Konzept für eine gestalterische Überholung des Foyers konzentrierte sich auf die Erhaltung des frei fließenden Raums, der durch Einbauten nicht blockiert werden soll, sondern den Hauptströmen der Besucher gemäß geordnet wird. Formen und Farben der neuen Strukturen orientieren sich dabei an den architektonischen Konstanten des Gebäudes, sind aber keine Kopien oder nostalgische Epigonen. Um mit dem Wildwuchs an Verkaufsständen aufzuräumen, wurde im nordöstlichen Bereich des Erdgeschosses ein kleiner Laden eingerichtet. Dabei handelt es sich um einen verglasten Raum, der sich angemessen verhalten in den Gesamteindruck fügt. Um eine V-Stütze des Konzertsaales wurde ein zusätzlicher Getränkeausschank installiert, da die vorhandenen Tresen bei weitem nicht mehr ausreichen. Eine farbig lackierte Holzkonstruktion birgt hinter ihrer unauffälligen Optik alle notwendigen Funktionen. Eine Bereicherung stellt zweifellos der »Green Room« dar: Ein ehemaliger Presseraum, bis vor kurzem als Abstellkammer genutzt, verwandelte sich in eine Lounge. Er lässt sich nun für kleine, geschlossene Runden ebenso nutzen wie für größere Stehempfänge oder Festessen.

Eingangsfoyer der Philharmonie in Berlin

Lobby of the Berlin Philharmony

Classical repertoire. The former press room has been converted into a lounge for discussions and smaller receptions.

Modernism is not as young as it used to be, and that also goes for the famous home of the Berlin Philharmonic, built in 1963 by Hans Scharoun. Cautious adaptation and modernization are now to adjust the historical listed building to up-to-date technical and infrastructure standards and to find attractive solutions for the current, improvised functional arrangements. The concept for overhauling the foyer focused on preserving the freely flowing space. New fittings do not obstruct but channel the streams of patrons; while shapes and colours are oriented on the basic architectural themes of the building, they are more than mere copies or nostalgic epigones. To prune back the wild growth of sales stands, a small shop selling CDs and books was planted in the north-eastern part of the ground floor. Housed within glass walls, it melts discreetly into its surroundings. As the number of existing counters was too small to quench the concert-goers' thirst, an additional bar was installed around one of the V-supports of the concert hall. A similar wooden construction with a coloured lacquer finish was used in the CD shop; its inconspicuous shape accommodates all required functions. The new Green Room enriches the concert-going experience. Used until recently as a lumber room, this former press room has been transformed into a lounge. It adapts equally well to small, private functions as to large receptions and banquets.

Fotografen/photographers: Maximilian Meisse, Stefan Müller

Die neuen Einbauten im Foyer fügen sich auf dezente Art in den offenen, fließenden Raum. Ihre Gestaltung orientiert sich an den Ideen Scharouns.

The new fittings in the foyer harmonize tastefully with the flowing, open space. Their design follows Scharoun's ideas.

Neu auf dem Spielplan. Das Foyer des modernen Bühnengebäudes bleibt einer sachlichen, klaren Formensprache verpflichtet.

Der Marstallplatz in München ist die letzte, durch den Zweiten Weltkrieg gerissene Lücke im verdichteten Gefüge der Innenstadt. Diese Brache, flankiert von der Münchner Residenz und der Bayerischen Staatsoper, soll sich mit den Neubauten eines neuen Operngebäudes sowie zweier Geschäftshäuser zu einem kompakten kulturellen Zentrum entwickeln. An der Stelle des historischen Bürkleinbaus entsteht ein modernes Laden- und Bürogebäude, das zur Maximilianstraße eine historische Fassade erhält, auf der Rückseite jedoch ganz mit Glas verkleidet wird. Der Maximilianhof umschließt auf einem quadratischen Grundriss einen grünen Innenhof. Eine verglaste, historische Säulenhalle vermittelt zwischen dem Gebäudeinneren und dem Straßenraum. Die darüber liegenden Büroetagen sind raumhoch verglast. Im Zentrum der Neubaupläne steht die neue Probebühne der Oper mit vier großen Sälen und Bibliotheksräumen sowie Werkstätten und Verwaltungsbereich. Die Säle nehmen naturgemäß den größten Raum des Gebäudes ein. Die klare, sachliche Gestaltung ermöglicht zusammen mit der modernen Technik eine vielfältige Bespielung und verschiedene Veranstaltungsformen. Das Foyer ist in der gleichen Sachlichkeit gehalten und nimmt mit seiner Transparenz, den geometrischen Formen und großzügigen Proportionen die Grundidee des modernen Neubaus auf.

Veranstaltungszentrum in München
Multipurpose Venue in Munich

New in the programme. The foyer of this modern theatre complex adheres to a clear, functional formal language.

Munich's Marstallplatz was the last gap left by the bombs of World War II in the heavily built-up inner city. This space is fringed by the residence of the former rulers, the Wittelsbach family, and the Bavarian State Opera House. It is to be developed into a compact cultural centre, with a new opera building and two office blocks. A modern shopping and office complex has recently been completed on the site of the historical Bürklein building. While this building's historical façade on the main thoroughfare of Maximilianstrasse was reconstructed, the back of the complex is of glass. The Maximilianhof folds its four sides around a square green courtyard. A glassed-in peristyle creates a transitional space between the interior and the street. The storeys of office space above that have room-high glass walls. The focus of the new building is the future rehearsal stage for the opera, with four large auditoriums and library rooms as well as workshops and administrative offices. The auditoriums naturally take up most of the space in the building. The clear, unadorned design and modern technology create a venue with a multitude of possibilities for any kind of event. The foyer carries on in this plain style, its transparency geometric shapes and generous proportions reflecting the basic principles of the whole new building.

Fotograf/photographer: Claus Graubner

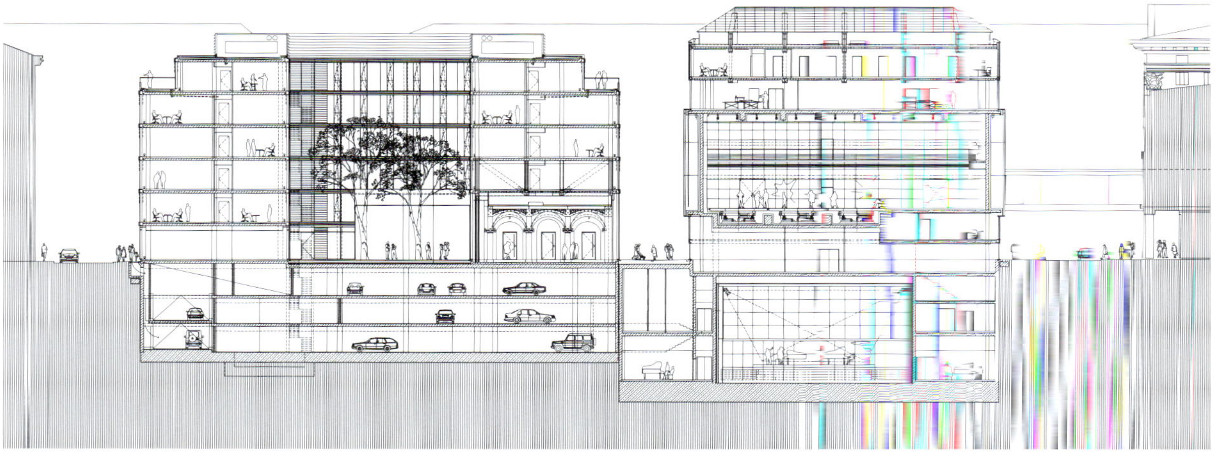

Der technisch bestens ausgerüstete Bühnenraum mit Auditorium ist dank seiner flexiblen Bespielbarkeit für verschiedenartige Aufführungen geeignet.

The stage and auditorium are excellently equipped and their flexibility makes them suitable for many different types of performance.

Die landläufigen Vorstellungen vom Inneren einer Motoryacht lassen sich wahrscheinlich auf Filme zurückführen, in denen James Bond eine Rolle spielt, oder die Côte d'Azur, oder beides. Wie nahe sich cineastische Phantasie und Wirklichkeit kommen können, zeigt sich am Interieur der 31 Meter langen »Baron 102«. Die Gestaltung der drei Decks folgt dem Algorithmus von Außen nach Innen, von offenen hin zu geschlossenen, privaten Rückzugsmöglichkeiten. Die Großzügigkeit der Privatyacht spiegelt auch das Design der Innenräume wider. Die speziell gefertigten Einbauten garantieren eine optimale Ausnutzung des begrenzten Raums. Dass der charakteristischen Atmosphäre auf einem Schiff besondere Beachtung geschenkt wurde, zeigen die mit Bedacht geplanten Ausblicke, vor allem im club-ähnlichen Hauptdeck und im Essbereich auf dem darüber liegenden Zwischendeck. Sämtliche konstruktiven Elemente des Schiffs, also Spanten, Bootswände und Fenster, werden als Determinanten der Gestaltung genutzt. Kantenschwünge wiederholen die Stromlinien des Bootskörpers, Fensterformen werden durch Lichtakzente betont. Der Entwurf zeichnet sich durch eine sehr zurückhaltende Farb- und Formgebung aus. Die Möbel sind konsequent im sachlich-modernen Stil der Sechzigerjahre gehalten. Sie wurden aus mehrfach lackierten Satin-Nussbaum gefertigt und kontrastieren mit dem maritimen Weiß der Plafonds und Schiffswände.

Interieur einer Motoryacht
Interior of a Motor Yacht

North by Northwest.
Der Entwurf geizt nicht mit distinguierter Atmosphäre und ist von der schönen Sachlichkeit der Sechzigerjahre inspiriert.

North by Northwest.
The design refuses to scrimp on distinguished atmosphere, and is inspired by the functional beauty of the 1960s.

The landlubber's ideas about the inside of a yacht are probably drawn from old movies in which James Bond appears, or the Côte d'Azur, or both. And just how close reality comes to cinema fantasy may be seen in this interior of the 102-foot »Baron 102«. The design of the three decks follows an algorithm of outside to inside, from open and public to closed-off, private spaces. The generous proportions of this private yacht are also reflected in its interiors. The fittings and fixtures were all specially made so as to guarantee an optimal use of the limited space available. Carefully planned views to the outside demonstrate that the characteristic atmosphere of a boat has been accorded particular attention – especially on the club-like main deck and in the dining area on the 'tween deck above it. All the construction elements of the yacht – the ribs, the hull and portholes – are used to determine the interior design. Curves and edges echo the streamlining of the body of the boat; windows are accentuated by light fittings. A restrained use of colours and shapes characterizes the design. The furnishings are consistently kept in the plain, modern style of the 1960s. They are made of multiple varnished satin-walnut and create a contrast with the maritime white of the ceilings and the hull.

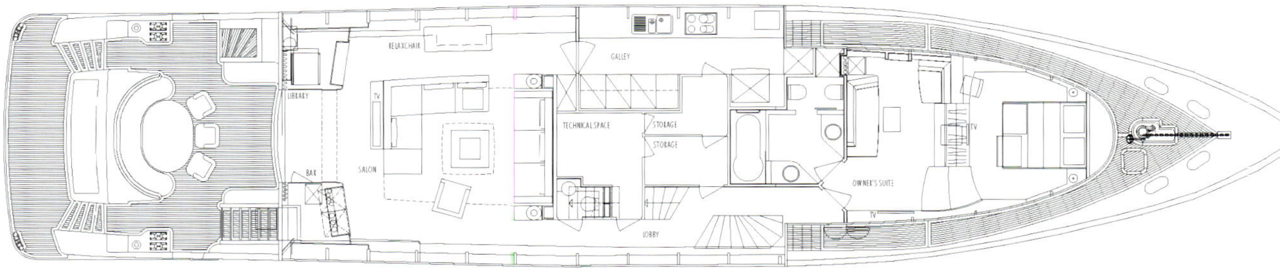

MAIN DECK

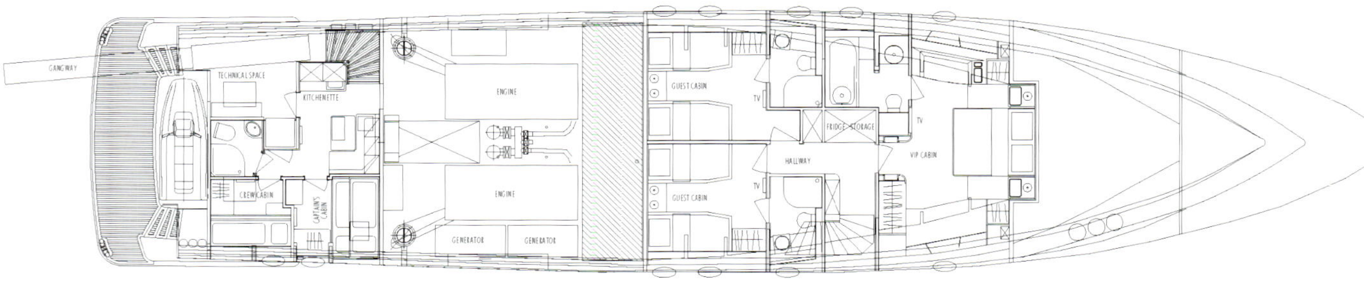

LOWER DECK

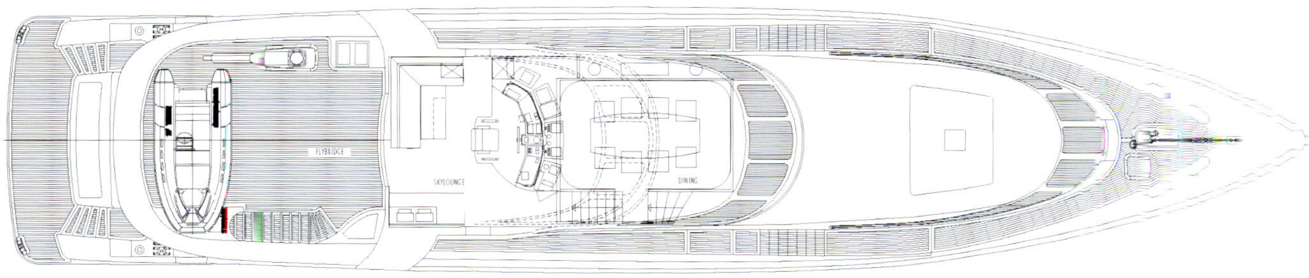

UPPER DECK

Die drei großzügig gestalteten Ebenen der Yacht zeichnen sich durch eine optimale Ausnutzung des vorhandenen Raums aus.

The yacht's three spacious decks make the best possible use of the available space.

EGG AND DART DESIGN CORPORATION

Fasten Seat Belts? Das war einmal. Die Flugreise wird zu einer Passage ohne Turbulenzen. Geschüttelt wird hier nur noch der Cocktail.

Es erinnert an eine Mischung aus Science Fiction und Dekadenz. Es taugt als Filmkulisse, könnte aber auch der ganz reelle Privatbesitz eines hochmögenden Vielfliegers sein. Das 1:1-Modell einer Passagierflugzeugkabine präsentiert eine neue Auffassung vom Fliegen. Der Passagier von morgen soll nicht mehr zu festgeschnallter Passivität gezwungen sein, sondern einen Langstreckenflug als entspannte, abwechslungsreiche Reise erleben. Das Interieur erinnert einer an windschnittig-schnelle Yachten. Doch Licht, Luft und Leichtigkeit bilden einen Dreisatz, ohne den auch Fliegen nicht vorstellbar scheint. Mit den gewohnten Strukturen eines Flugzeugs wird hier radikal gebrochen. Es gibt eine Bibliothek, eine »Shopping Plaza« sowie eine Bar mit Lounge im Oberdeck. Der Passagier kann zwischen den verschiedenen Bereichen auf zwei Ebenen flanieren und sich die Zeit auf kommunikative Weise vertreiben. Fensterflächen werden zu Projektionsflächen von Lichtstimmungen eines virtuellen Tag-und-Nacht-Rhythmus'. Die hier futuristisch gehaltene Ausstattung lässt sich ohne weiteres auch in andere Stile übersetzen: klassisch in Palisander, modern in Glas und Edelstahl oder zeitgeist-typisch im Retro-Design. Wahrscheinlich erinnert bald nur noch das Signal »Fasten Seat Belts!« daran, dass es ein Flugzeug ist.

Lounge für den Airbus A380

Lounge Area for the Airbus A380

Fasten seat belts? Those days are over. Flying will be plain sailing, and the only thing shaken here will be the cocktail.

It's a little bit of science fiction and a little bit of decadence. It would make a good movie set, but could just as well be the real property of a very wealthy frequent flyer. The one-to-one model of a passenger plane's cabin presents a new concept of flying. The passenger of tomorrow will no longer be forced into fettered passivity. Instead, he will regard long-haul flights as part of a relaxed and varied travel experience. The interior is rather like that of a fast yacht. But light, air and lightness form a trinity equally essential to flying. This design represents a radical break with the usual structures of aeroplanes. There is a library, a »shopping plaza« and a bar lounge on the upper deck. The passenger can stroll back and forth between the various areas over two levels, killing time in a sociable manner. Windows become projection areas for lighting in a virtual day and night rhythm. The futuristic look here could just as easily be translated to other styles: classic in palisander, modern in glass and stainless steel, or contemporary in a retro design. The only remaining reminder that one is in an aeroplane will probably be the »fasten seatbelts« sign.

Fotograf/photographer: Stephan Sahm

Der Langstreckenflug der Zukunft bietet Flaniermöglichkeiten zwischen Bar und Shop und verbindet die Vorzüge vom Fliegen mit der Annehmlichkeit einer Kreuzfahrt.

The long-haul passenger of the future will be able to saunter from the bar to the shop, combining the speed of flying with the pleasures of a cruise.

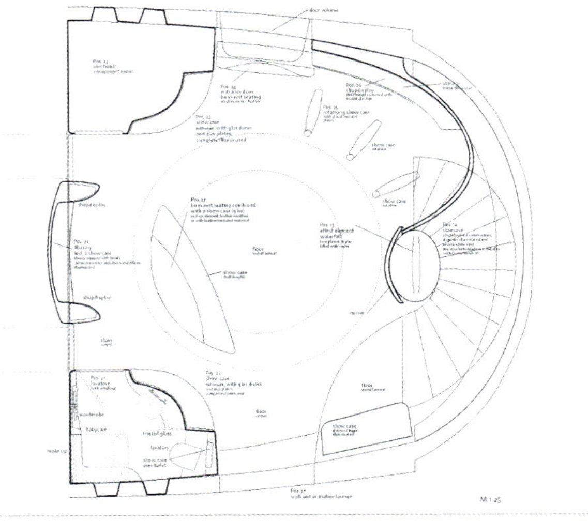

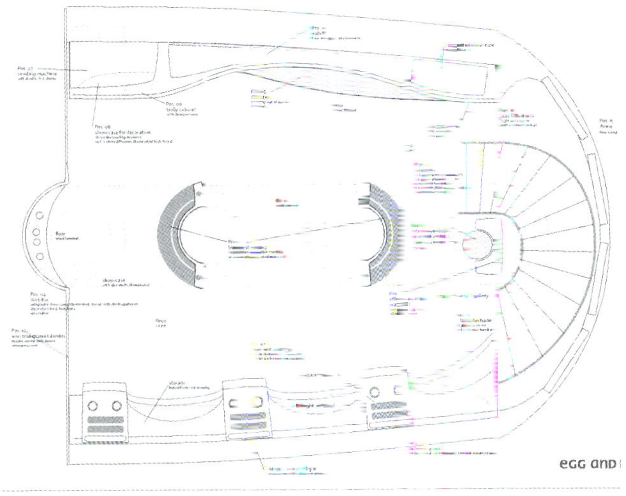

Home and Living

Wohnen

Dynamik: Die Treppe ist Skulptur, die über das Treppenauge den vertikalen Raumbezug gestaltet.

Die 16 Stadthäuser am Baumplatz bieten die Möglichkeit, innerhalb eines Ensembles von Privathäusern die Grundrissanordnung je nach Nutzerwünschen individuell zu realisieren. Die Ebenen sind als frei gestaltbare Lofts angelegt. Einziger Fixpunkt ist die skulpturale Treppe. Die Fassaden der Stadthäuser sind aus rotem Klinkermauerwerk. Weiße Holzfenster nehmen die Farbe des Fugenmaterials auf und kontrastieren mit den roten Klinkerflächen. Das Haus erstreckt sich über vier Ebenen. Kommunikatives Zentrum ist die große Wohnküche im Erdgeschoss, die sich über die Terrasse zum Garten öffnet. Die Treppe in der Diele erschließt die oberen Ebenen; Im ersten Obergeschoss befinden sich ein bis drei Zimmer mit Bad, wobei die Anordnung von Türen und Fenstern Blickbeziehungen zwischen den Räumen ermöglicht. Der zur Treppe offene Wohnraum im zweiten Obergeschoss geht in eine große Terrasse mit Blick in die Baumkronen über. In der dritten Ebene befindet sich ein Atelier- und Schlafraum, der durch den Dachgiebel überhöht wird. Besonderer Wert wurde auf das Angebot privater Freiräume gelegt: der halböffentliche Vorgarten, der Garten, angrenzend an die benachbarten Grundstücke und die introvertierte Terrasse im zweiten Obergeschoss.

Stadthäuser in Berlin

Townhouses in Berlin

Dynamic: The staircase is a sculpture, which creates the vertical spatial connection through the open stairwell.

The 16 townhouses on Baumplatz offer the chance to individually realise plans in accordance with user requirements within a collection of private houses. The levels are designed as freely designable lofts. The only fixed point is the sculptural stairway. The facades of the town houses are made from red clinker brickwork. White wooden windows incorporate the colour of the joint material and contrast with the red clinker surfaces. The house stretches over four levels. The communicative centre is the large kitchen-cum-living-room on the ground floor, which opens onto the garden over the terrace. The stairs in the hallway connect the upper floors; in the first floor, there are between one and three rooms with bath. The arrangement of doors and windows allows glimpses between the rooms. The living space in the second floor, which is open up to the staircase, leads into a large terrace with a view into the treetops. On the third level, there is a studio and sleeping area, which extends over the roof gable. Particular value was laid on the offer of private free space: the half-open front garden, the garden, adjoining the neighbouring plot and the introverted terrace in the second storey.

Fotografen/photographers: KSV Krüger Schuberth, Vandreike, Berlin

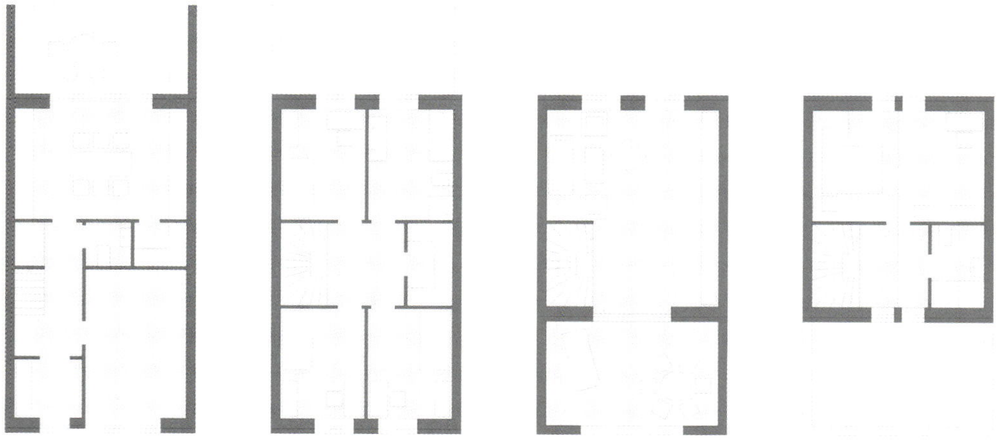

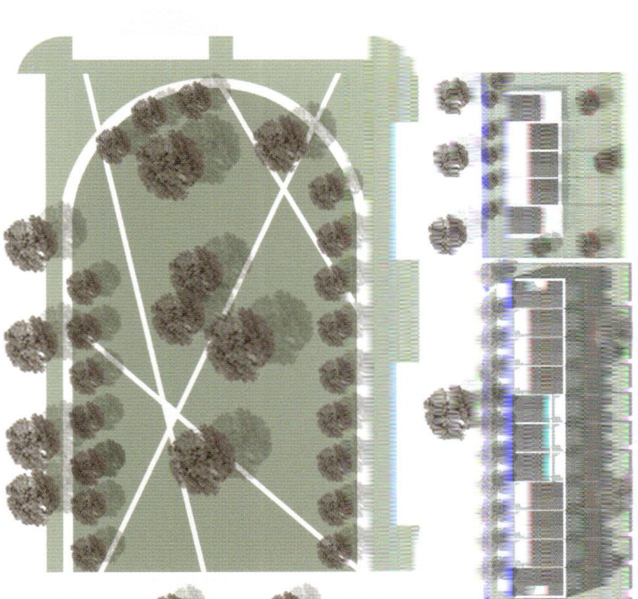

Individuelle Grundrissgestaltung durch nicht tragende Innenwände

Individual layout design through non-supporting interior walls.

H O L G E R K L E I N E

Das holzverkleidete Sommerhaus, in dem Creative-Writing-Seminare stattfinden, erhielt ein entsprechendes Raumprogramm. Der Wohn-, Ess- und Kochbereich wurde in einem Salon mit Treppe und Galerie zu einem Kontinuum zusammengefasst und ein Turmzimmer als Schreibraum eingerichtet. Die Räume sind kreisförmig bzw. zylindrisch angelegt und ruhen konzentrisch in sich selbst; sie werden jeweils über zwei notenhalsähnliche „Vorräume im Raum“ erschlossen und durch Ausbuchtungen und Nischen aufgebrochen. Einzig im Bad wurde der Raummittelpunkt durch eine zylindrische Waschsäule markiert. Der doppelgeschossige Wohnraum mit Galerie ist in konvergierenden Kreissegmenten gestaltet, das über die Galerie zugängliche Turmzimmer mit einem gebogenen Langfenster an die Natur angebunden. Bei der Innenausstattung wurden Farben beim Mobiliar nur punktuell eingesetzt – etwa die rot lackierte Nische des Schlafzimmers oder das helle Grün der Garderobe – und auf die Kontinuität der lehmverputzten Wände und weiß getünchten Decken abgestimmt. Die Ausstattung arbeitet bewusst mit harmonisierenden Kontrasten wie eng und weit, offen und geschlossen, gestreckt und gebogen, hervortretend und sich zurückziehend.

Schreibhaus am Steinhuder Meer
Writing House on the Steinhuder Meer

Der große, von konvergierenden Kreissegmenten geformte Salon wird von vier Seiten natürlich belichtet. Die an der Außentreppe beginnende Wand steigt kontinuierlich an und wickelt sich um das Haus.

The large salon, made from converging circle segments, is lit naturally on four sides. The wall, which starts at the outside step, rises continuously and winds around the house.

Fotograf/photographer: Werner Huthmacher

The wood-clad summerhouse, in which creative writing seminars take place, received a corresponding room arrangement. The living, dining and cooking area was integrated into one salon with staircase and gallery to a continuum and a tower room was fitted out as a writing room. The rooms are circularly and cylindrically designed and lean concentrically into themselves; they are each made accessible by two note-stem-like "vestibules in the room" and broken up by projections and recesses. As a unique feature in the bathroom, the room's central point was marked by a cylindrical wash column. The two-storey living room with gallery is designed in converging circular segments. The tower room, which is accessible through the gallery, is connected to nature with a long arched window. Colours have only been selectively used in the interior furnishings – for example the red painted recess of the bedroom or the light green of the cloakroom – and were tuned to the continuity of the clay plastered walls and whitewashed ceilings. The furnishings work deliberately with harmonising contrasts such as near and far, open and closed, stretched and arched, striking and subdued.

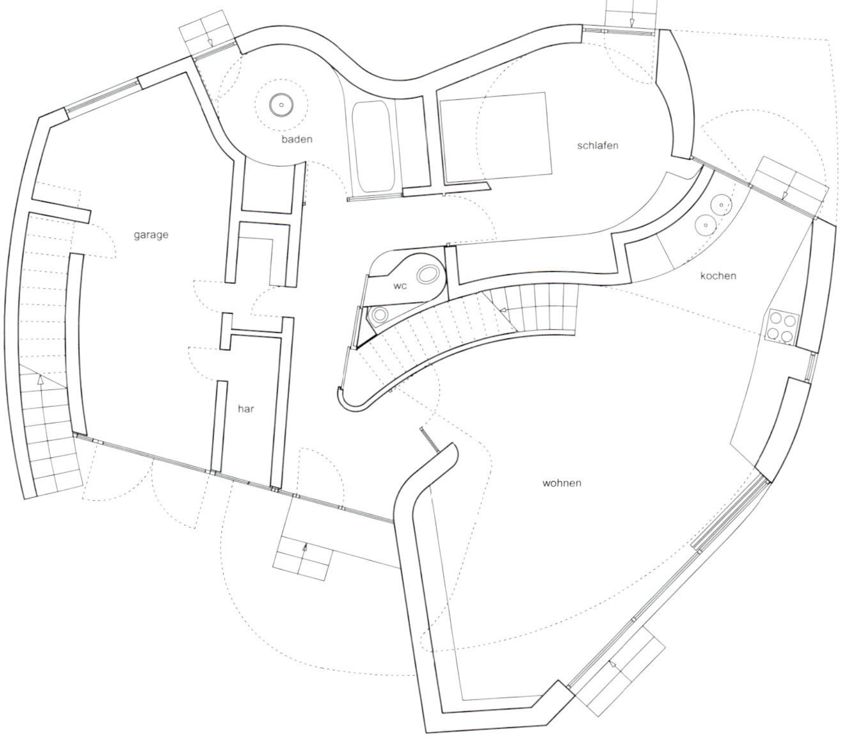
baden
schlafen
garage
kochen
wc
har
wohnen

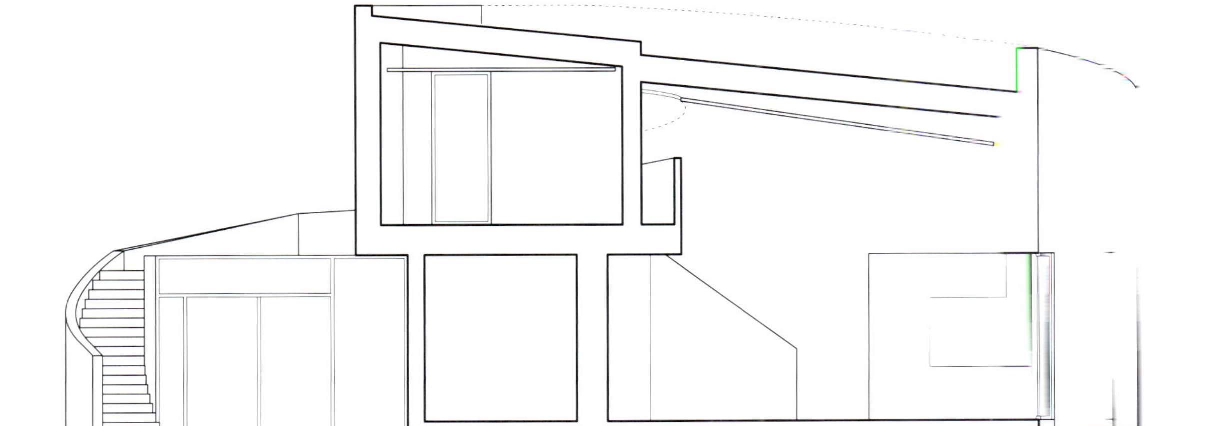

Der bewegten Geometrie der Räume steht Zurückhaltung in Material- und Farbgebung gegenüber.

The exciting geometry of the rooms contrasts with the modesty of the material and colour scheme.

Das am Berg liegende Bauernhaus von 1593 wurde bis auf die natürlich belassene Holzbalkenkonstruktion von Wänden und Decken zurückgebaut, wobei die ausgebauten alten Dachbalken bei der Gestaltung von Möbelelementen im Inneren Einsatz fanden. Das Dachgeschoss-Appartement kombiniert in seiner gehobenen Ausstattung moderne und traditionelle Elemente auf gelungene Weise. Es wurde in zwei Grundformen geteilt, den horizontal gelagerten Wohnraum mit weiß verputzten Wänden und den darüber liegenden Dachstuhl mit einer vertikalen Brettvertäfelung; beide Raumabschnitte sind durch ein umlaufendes Holzgesims verbunden. Bei der Raumausstattung wurde das ausgebaute Altholz mit Möbeln in Anthrazit und Weiß kombiniert. Auch bei Kamin und Bad wurden naturnahe Materialien eingesetzt, wobei das Bad in charakteristischem „Tauerngrün", einem örtlichen Serpentinitgestein, gefliest wurde. Dusche und Badewanne aus Naturstein verschmelzen zu einem skulpturalen Ensemble. In der Küchennische des offenen Wohn-, Ess- und Kochbereichs findet sich ein Esstisch aus Altholz mit einem Stahlschwert als Fuß. Die vorwiegend indirekte Beleuchtung und die akzentuierenden Stehleuchten runden den wohnlichen Gesamteindruck ab.

Haus in Lech am Arlberg

House in Lech am Arlberg

Das Bauernhaus, zurückgebaut bis auf die natürlich belassene Holzbalkenkonstruktion von Wänden und Decken.

The farmhouse, scaled back to the natural wood beam construction of walls and ceilings.

Fotograf/photographer: Hendrik Müller

The farmhouse, situated on a mountain, was scaled back to the natural wood beam construction of walls and ceilings, where the old converted roof balcony found use in the design of furniture elements in the interior. The attic apartment successfully combines modern and traditional interior elements. It was separated into two basic forms, the horizontally supported living space with white plastered walls and the above roof area with a vertical board panelling; both room segments are connected through a circular wooden moulding. The finished old wood was combined with furniture in anthracite and white for the room's furnishings. Natural materials were used for the chimney and bathroom as well; the bathroom was tiled in characteristic "Tauerngrün", a local Serpentinite marble. The shower and bathtub made from natural stone fuse together to form a sculptural ensemble. In the kitchen recess of the open living, eating and cooking area, there is a dining table made of old wood with a steel centrepiece as the foot. The predominantly indirect lighting and the accentuating standing light round off the cosy overall impression.

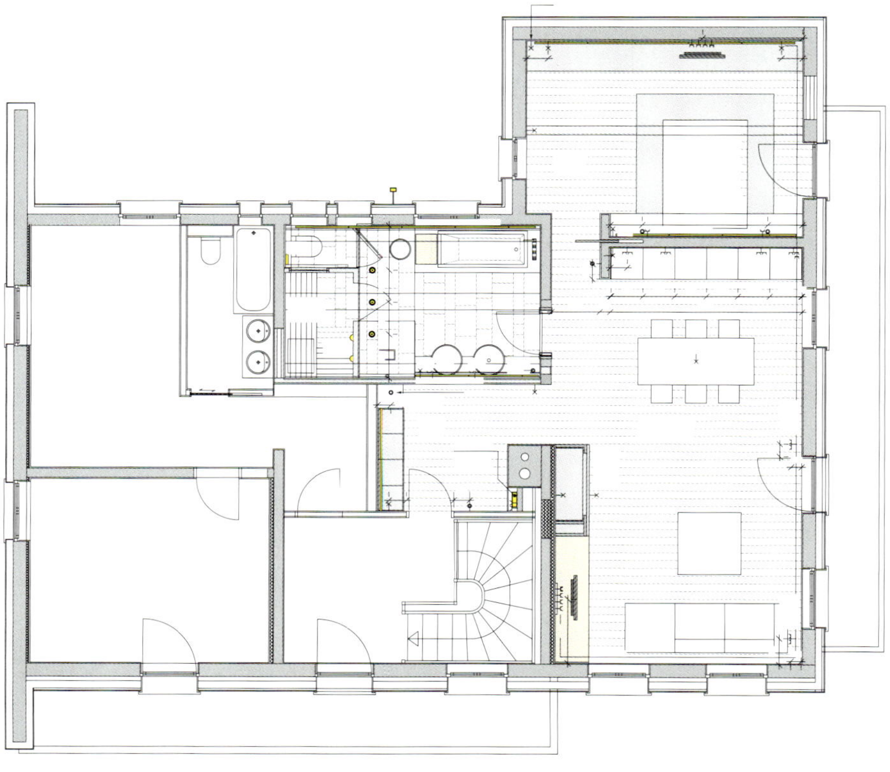

Gelungene Kombination moderner und traditioneller Elemente in gehobener Ausstattung; naturnahe Materialien und vorwiegend indirektes Licht erzeugen einen wohnlichen Charakter.

Successful combination of modern and traditional elements in luxurious fittings; natural materials and predominantly indirect light create a cosy character.

Massiv wirkt die schwarze Scheidewand, die sich durch das ganze Gebäude zieht. Sie lässt das Büro verschwinden, sobald die schwarzen Türen geschlossen werden.

The black partition has a solid effect, which stretches through the entire building. It allows the office to disappear as soon as the black doors are closed.

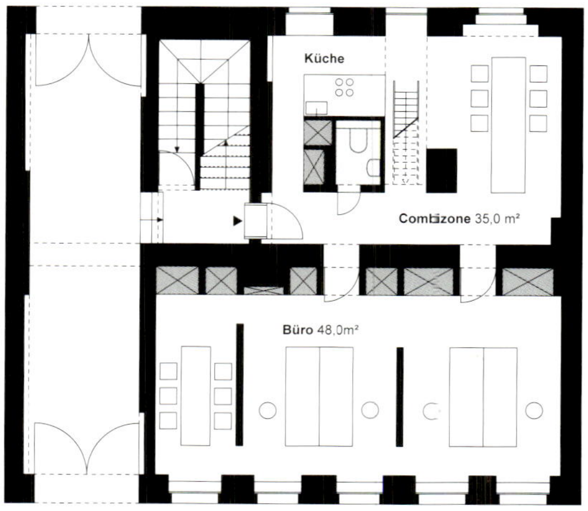

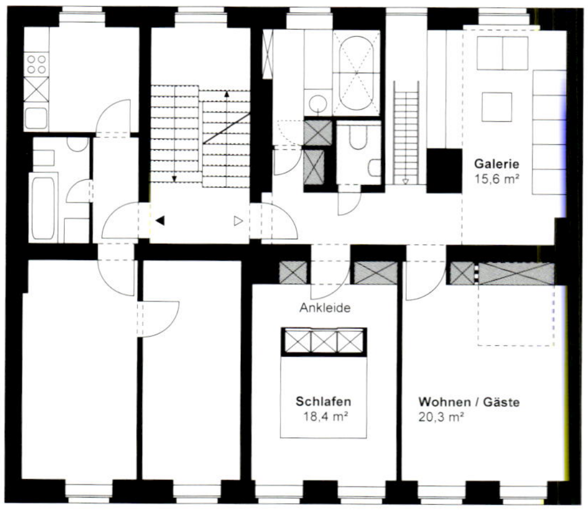

HENRI
Cartier
15. Mai–15. August 2004

MARMOLEUM

Eine neue innerstädtische Wohn- und Erlebnisqualität vermittelt das Falkenried-Quartier in Hamburg-Eppendorf; hier finden sich fast ausschließlich Eigentumswohnungen und Stadthäuser gehobener Art, die eine entsprechende Ausstattung verlangen. AGK gestalten und richten eines der obligatorischen Musterhäuser ein, indem sie mit einer raffinierten Spannung von Opulenz in der Ausstattung und Reduktion der Materialien auf das Wesentliche operieren. Dadurch bietet jede Etage Unerwartetes und immer neue Überraschungen für Bewohner und Besucher und erzählt ihre jeweils eigene Geschichte über das Wohnen. Bei der Innenausstattung werden divergierende Stile bewusst miteinander kombiniert und einander kontrastiert, wodurch sie pointierte Akzente setzen – wie etwa goldschimmernde Tapeten, Lüster über der Badewanne oder Flachbildschirm und Kamin im Bad. Diese beleben den kompletten Wohnraum und schaffen eine Transparenz, die das Gebäude in seinem Gesamteindruck „atmen" lässt.

Townhouse in Hamburg

Townhouse in Hamburg

Eine gekonnte Mischung divergierender Stile überrascht auf jeder Etage des Wohnhauses neu.

A skilful mixture of diverging styles surprises you again on every level of this residential building.

Fotograf/photographer: Jochen Stüber

The Falkenried Quartier in Hamburg Eppendorf is providing a new urban quality of living and experience; it is almost exclusively privately owned flats and townhouses of superior quality which can be found here, demanding corresponding furnishings. AGK designed and organised one of the obligatory show houses, by providing sophisticated opulence in the furnishings and reducing materials down to the essential. This means that every storey offers the unexpected and more and more surprises for residents and visitors, each telling its own story about living there. Diverging styles are deliberately combined and contrasted with one another in the interior design, setting pointed courses – such as opalescent gold wallpaper, chandeliers over the bath or flat panel displays and chimneys in the bathroom. These invigorate the complete living space and create a transparency which lets the building's general impression "breathe".

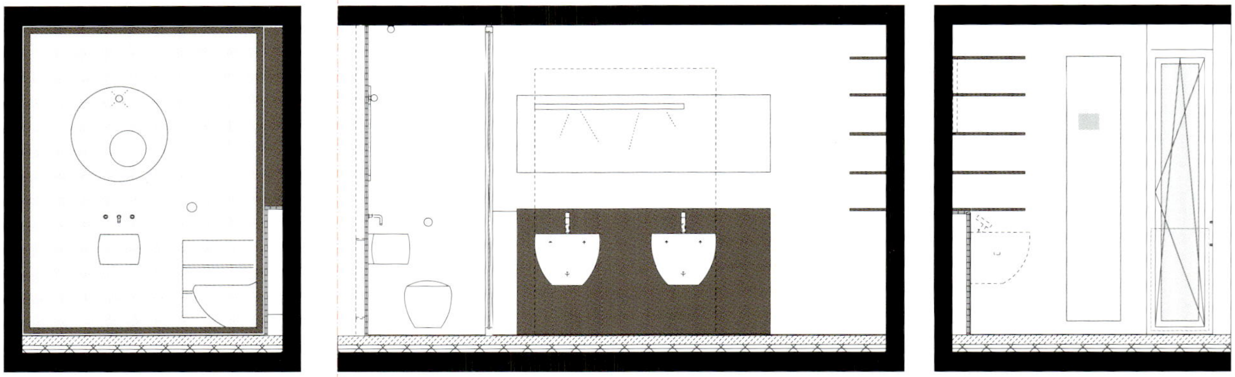

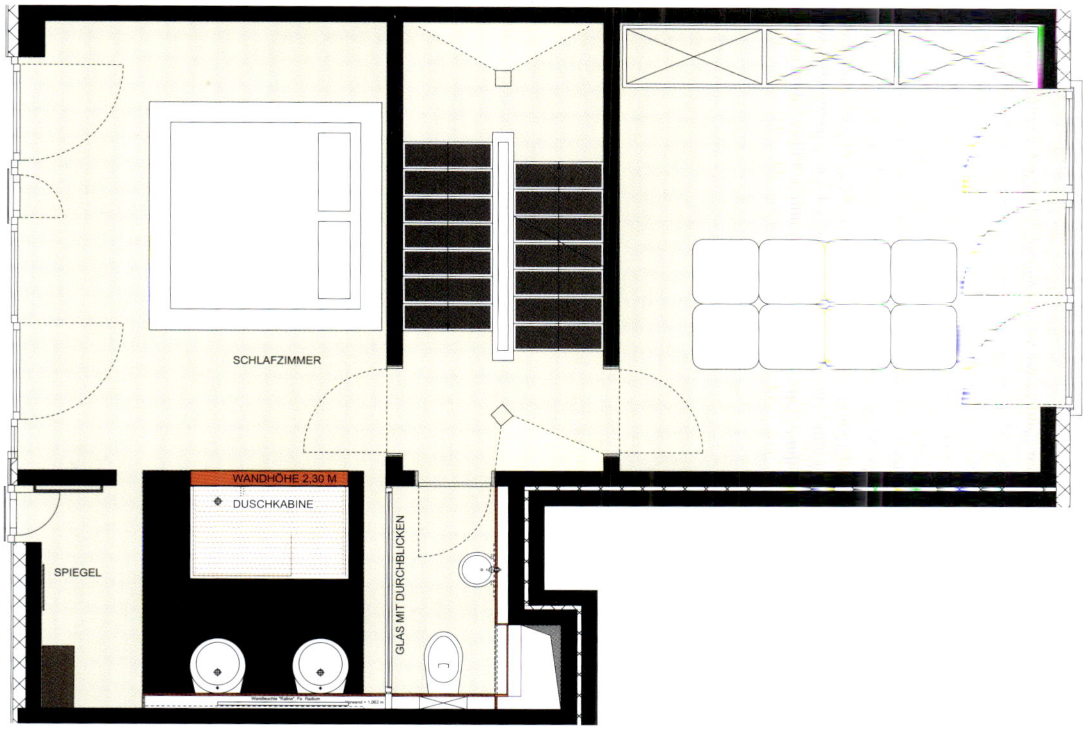

Bestechend die Spannung zwischen Reduktion und Opulenz in der Auswahl von Material und Objekt. Goldschimmernde Tapeten, Kamin im Bad und Lüster über der Wanne setzen Akzente.

The tension between reduction and opulence in the selection of material and objects is fascinating. Opalescent gold wallpaper, chimney in the bathroom and chandelier over the bath set a course.

Das dreigeschossige Haus wird penthouseartig aufgestockt und der nordseitige Zwischerbau im 2. Obergeschoss zum Appartement umgestaltet. Durch ein Wärmeverbundsystem sind Altbestand und Erweiterungen zu einer optischen Einheit zusammengefasst, darüber hinaus wurde eine Begrünurg der Dachterrasse vorgenommen. Das aufgestockte Dachgeschoss, ausgeführt als Stahltragwerk, ist auf den drei sonnigen Himmelsrichtungen von der Gebäudekante eingerückt. Die Inneneinrichtung wurde bis hin zu Küche, Bad und Gäste-WC auf die individuellen Wünsche des Bauherren abgestimmt. Wohnen, Essen und Kochen verschmelzen zu einem gemeinsamen Bereich, während Bad, Ankleide- und Schlafbereiche als Rückzugsrefugien räumlich abgetrennt sind. Die wenigen Türen aus transluzentem Glas sitzen in eigens entwickelten Zargen aus Aluminiumprofilen. Warme Farbtöne (Ahorn-Dielenboden, Einbauten) kontrastieren mit matt lackiertem Stahl, transluzentem bzw. opakem Glas, Aluminium, Naturstein und weißem Stucco lustro. Die Möbel setzen charakteristische Farbakzente. Das Zusammenspiel von natürlicher Lichtführung und künstlicher Beleuchtung prägt den stimmigen Gesamteindruck des Hauses.

Wohn- und Geschäftshaus in Remshalden

Residential and Commercial House in Remshalden

Ansicht Straßenseite:
das ehemals dreigeschossige Wohn- und Geschäftshaus mit der penthouseartigen Aufstockung ist durch die Renovierung der Fassade zu einer Gesamteinheit verschmolzen.

View from the street side:
the former three-storey residential and commercial house with the penthouse-style extension is merged into a single unit by the renovation of the facade.

Fotograf/photographer:
Guido Kasper Photographers

The three-storey house is extended penthouse-style and the north-side intermediate building on the 2nd storey converted into apartments. Through a thermal installation system, the old building and extensions are united into a single optical unity. In addition, the roof terrace has been planted with greenery. The raised top floor, in steel structure, is indented on the three sunny compass points by the building's edge. The interior furnishings along with the kitchen, bathroom and guest toilet were designed to the individual wishes of the property owner. Living, dining and cooking are fused into one communal area, while the bathroom, dressing and sleeping areas are spatially separated as retreats. The few doors, made from translucent glass, sit in specially developed frames made from aluminium profiles. Warm colour tones (maple floorboards, internally) contrast with matt painted steel, translucent or opaque glass, aluminium, natural stone and white stucco lustre. The furniture sets the characteristic colour accent. The interplay of natural light and artificial lighting characterise the harmonious overall impression of the house.

FONDATION BEYELER

Ausblick vom Wohnbereich: die dreiseitig umlaufende Terrasse dient im Sommer der Erweiterung der Wohnfläche, die großzügige Verglasung bezieht die umliegende Landschaft in die Architektur mit ein.

View from the residential area: the three-sided circular terrace acts as an extension of the residential surface in the summer, the generous glazing incorporates the surrounding landscape into the architecture.

DOPO DOMANI

Die Einrichtung einer Wohnung hat durchaus Ähnlichkeiten mit einem chemischen Versuch. Wie reagieren die Komponenten unter exklusiv definierten Bedingungen in unterschiedlicher Stofflichkeit, wenn man sie risikofreudig vermischt? Entweder passiert etwas Schlimmes, oder sie neutralisieren einander. Im günstigen Fall entsteht etwas Neues. Die Innenausstattung einer Berliner Altbauwohnung verknüpft Elemente bürgerlicher Wohnkultur des ausgehenden 19. Jahrhunderts mit zeitgeistigem Clubdesign. Dabei werden die alten architektonischen Strukturen zum Hintergrund eines Retro-Stils, der kräftige Anleihen bei den vergangenen Sechziger- und Siebzigerjahren nimmt und sich mit den physischen Eigenschaften der Wohnung – also ihren großzügigen Raumzuschnitten, hohen Wänden, Stuckdecken sowie Originaltüren und Originalfenstern – sehr eigenwillig ins Benehmen setzt. Der Schlafbereich befindet sich hinter einer frei stehenden, groß gemusterten Trennwand, vor der ein Sechzigerjahre-Sesselarrangement platziert wurde. Konsequent ersetzt eine abgehängte, moderne Decke mit flächigen Lichtinstallationen hier den fehlenden Stuck. Die Küche ist aus einzelnen, flexiblen Modulen zusammengesetzt, die sich problemlos an anderer Stelle einsetzen lassen. Im sehr sachlich gehaltenen Badezimmer lässt sich die Atmosphäre durch den Einsatz von Licht verändern.

Einrichtung einer Wohnung in Berlin

Interior of a Flat in Berlin

Drei Farben Rot.
Die Formen der in lebendigen Farben gehaltenen Möbel oszillieren fröhlich zwischen Retro-Design und sachlich modern.

Three colours red.
Furniture in lively colours with forms oscillating cheerfully between retro and modern functionalism.

Fotograf/photographer:
Atila Hartwig

An interior undoubtedly has similarities with a chemical experiment. Different elements are chosen and combined under specifically defined conditions. There is a certain risk involved: how will they react? Does the mixture start to smell and stink? Do the elements neutralize each other? Or combine into something totally new? That is the best result, and that is what happened in this flat in a late-nineteenth-century building in Berlin. The interior combines elements of the original upper-middle-class style with modern club décor. The old architectural structures provide the background for a retro style that draws heavily on the 1960s and 1970s to produce a highly idiosyncratic reaction to the flat's physical characteristics, i.e. its spacious rooms, tall walls, stuccoed ceilings and original doors and windows. The sleeping space is concealed behind a boldly patterned, free-standing partition which itself is the backdrop for a group of 1960s armchairs. It is only consistent that a modern suspended ceiling with two-dimensional light fittings should make up for the absence of traditional stucco here. The kitchen consists of individual, flexible modules that can easily be moved around. The atmosphere in the businesslike bathroom changes depending on the use of light.

Die Einrichtung ist ein absichtvolles Wechselspiel zwischen zeitlos klassischer Formensprache und ironischem Zitat.

The interior is a deliberate interplay between the timeless language of classical forms and ironic allusion.

Das 1912 errichtete Reihenhaus gehört zu einem denkmalgeschützten Architekturensemble in Berlin. Sanierung und Umbau wurden deshalb mit besonderer Rücksicht auf die historischen baulichen Strukturen und den ursprünglichen Entwurf durchgeführt. Das dreigeschossige Wohngebäude wird von einer Treppe erschlossen, die nicht nur die augenfälligste Neuerung ist, sondern auch Ausgangspunkt für die Re-Interpretation der Grundidee des Architekten Heinrich Schweitzer. Die Treppenanlage wird wieder von einem Oberlicht erhellt und wirkt dank ihres filigranen Geländers aus schlanken Edelstahlstäben als atmosphärisches Element. Die auskragenden Treppenläufe und Podeste aus Eichenholz fügen sich perfekt in die Raumgrenzen. Das ordnende Moment der Restrukturierung spiegeln auch die neu gestalteten Wohn- und Aufenthaltsräume wider. Klare Linien, einfache geometrische Volumina und eine reduzierte Material- und Farbwahl sorgen nicht nur für eine angenehme, zurückhaltende Stimmung, sondern geben dem Haus auch einen einheitlichen, ausgesprochen bürgerlichen Charakter. Die Böden aus grauem Naturstein strahlen zusammen mit den gemaserten Oberflächen und Fronten aus Holz eine Art Sanftheit aus, während die Edelstahlelemente, Gerätefronten und Glasmosaikfliesen in Küche und Bad diese Anmutung mit nüchterner, moderner Technik kontrastieren.

Umbau eines Wohnhauses in Berlin

Reconstruction of a House in Berlin

Bürgerliche Ordnung.
Edle Materialien, klare Linien und Farben sowie Großzügigkeit prägen den Charakter des Wohnhauses.

Respectable order.
The character of this residence is defined by choice materials, spaciousness, and clear lines and colours.

Fotografin/photographer: Simone Rosenberg

This terrace house built in 1912 is part of a heritage-listed architectural ensemble in Berlin. The renovation and reconstruction have therefore had to respect the original design and historical structures of the building. The staircase providing access to the rooms of the three-storey residential property is not simply the most noticeable new addition, it is also the starting-point for the reinterpretation of the basic concept by architect Heinrich Schweitzer. The staircase is illuminated by a skylight; a delicate rail of slim, stainless-steel bars gives it an atmospheric quality. The oaken stairs and landings are a perfect fit. Restructuring has also clarified the redesigned rooms for living and recreation. Clear-cut lines, simple geometric spaces and a minimalist choice of materials and colours do not merely create a pleasant, quiet mood – they give the building a uniform, dignified character. The floors of grey stone and the texture of the wooden surfaces emanate a softness contrasted by the cool, modern technology of the stainless steel elements, appliance parts and glass mosaic tiles in the kitchen and bathroom.

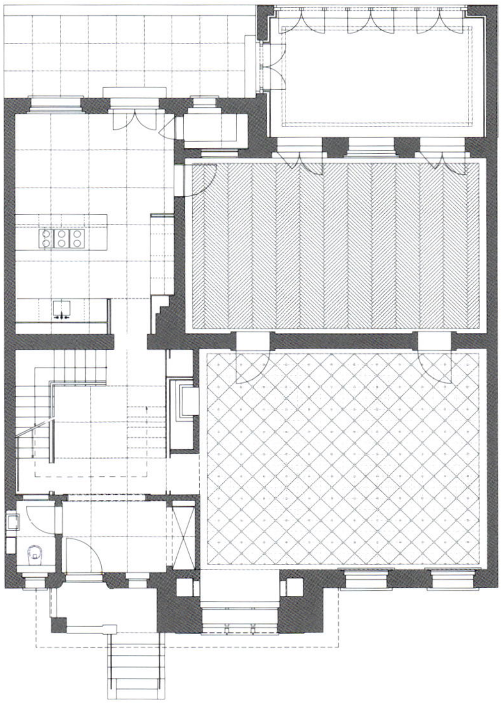

Der einfache Grundriss findet in der sachlichen Einrichtung seine Entsprechung. Die disziplinierte Geometrie des Entwurfs bleibt auch im Detail sichtbar.

The simplicity of the ground plan is reflected in the functional interior decor, while the design's disciplined geometry is discernible even in the details.

Beim Umbau eines Reihenhauses aus den Dreißigerjahren ließ der städtebauliche Kontext die Möglichkeit zu, das alte Dachgestühl abzutragen und durch ein weiteres Geschoss zu ersetzen. Dieses neue, gläserne Element verleiht dem Haus eine sehr eigenwillige und unverwechselbare Außenwirkung. Die Neustrukturierung des Hauses erfolgte nach den Bedürfnissen seiner Bewohner: So wurde im tiefer gegrabenen Untergeschoss mit separatem Eingang ein Büro eingerichtet. Das Erdgeschoss bleibt der Küche sowie dem Bereich für Wohnen und Essen vorbehalten, während das erste Obergeschoss für Kinder und Au-pair-Mädchen reserviert ist. Im gläsernen Implantat wohnen die Eltern in einem komplett ausgestatteten Loft, das sich mit großen Schiebetüren zum Garten hin öffnen lässt. Einbaumöbel und Sanitärgegenstände wurden nach Entwürfen des Architekten gefertigt. Badewanne, Waschtische und Küchenarbeitsplatte bestehen aus gegossenem Werkstein und wurden für jedes Geschoss in unterschiedlicher Farbmischung angefertigt. Die Gegensätze von Alt und Neu, Tradition und zeitgenössischer Moderne werden im gesamten Haus spürbar, vor allem beim Gegensatz zwischen dem offenen Raum des neuen Stockwerks und der konventionellen Zimmeraufteilung im Obergeschoss. Auch die Materialien bringen dieses Prinzip zum Ausdruck: ein geordnetes Miteinander von Holz und Beton, Dielen und Industrieestrich, Mattglas und Mauerwerk, Stahl und Ziegelsteinen.

Einfamilienhaus in Köln

House in Cologne

Basis und Überbau.
Schon von außen ist die moderne Erweiterung des bürgerlichen Wohnhauses nicht zu übersehen.

Base and superstructure.
This comfortable home's modern extension is impossible to overlook, from the inside or the outside.

Fotograf/photographer:
Florian Holzherr

The urban context of this 1930s terraced house offered the possibility of taking down the old truss and replacing it with an additional storey. This new, glass element gives the house a highly unusual and unique outward appearance. The interior was restructured to meet the owners' needs and requirements: an office with a separate entrance was established in the basement. The ground floor accommodates the kitchen as well as the living and dining rooms, while the first floor is the domain of the children and their au pair. The parents have their rooms in the glass implant at the top of the house; the fully-equipped loft has large sliding doors that open to the garden. All fittings and fixtures were manufactured according to designs by the architect. The bathtub, washstands and the kitchen worktop are made of cast stone which has a different colour on each floor. Contrasts of old and new, traditional and modern are evident throughout the house, and especially in the juxtaposition of the open plan of the loft extension and the conventional layout of the first floor. Following a similar principle, contrasting materials are made to coexist: timber and concrete, floorboards and composite flooring, matte glass and stone walls, steel and brick.

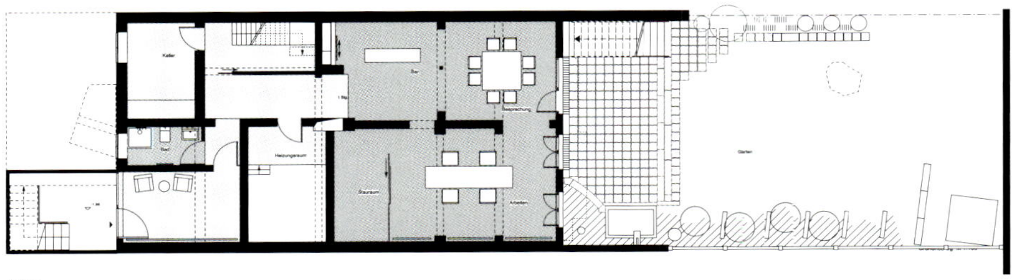

UG

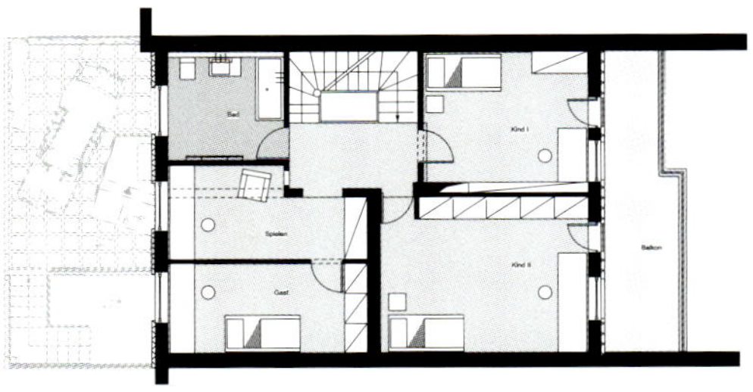

1. OG

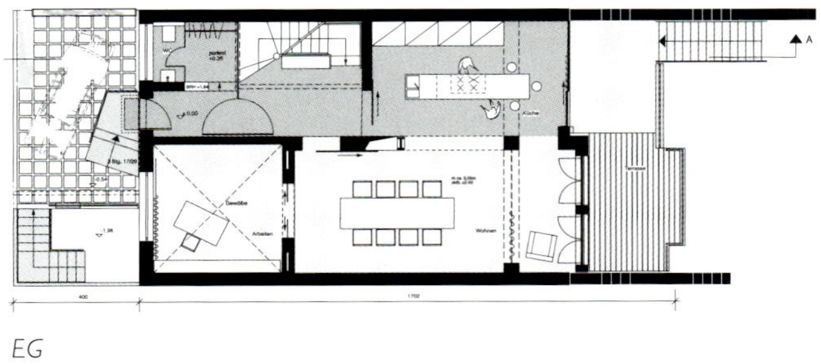

EG

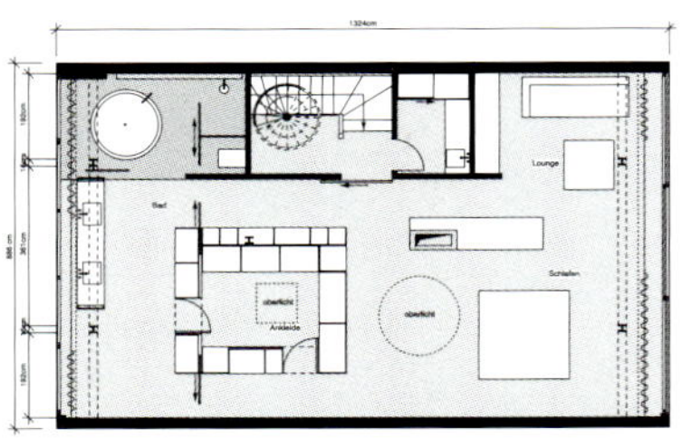

2. OG

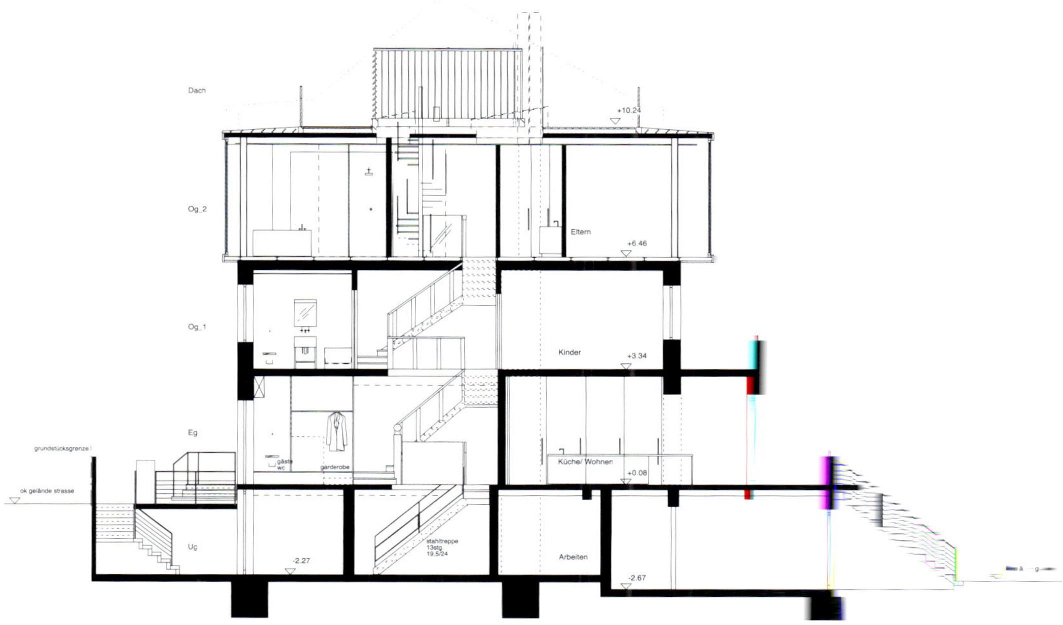

Der aufgestockte Kubus birgt in seinem Inneren klar geschnittene Räume, die von zeitgenössischen Formen und Materialien geprägt sind.

Inside the extended cube we find clearly defined rooms whose character is shaped by contemporary forms and materials.

Eine um 1920 errichtete Kölner Reihenvilla wurde für einen neuen Eigentümer so umgebaut, dass sie nun für vielfältige Formen des Wohnens und Arbeitens Raum bietet. Gemäß dem Wunsch nach Stille sollten die zahlreichen Zimmer des dreigeschossigen Gebäudes durch den Umbau einen diskreten Zusammenhang bilden, gleichwohl jedoch auch als private, abschließbare Rückzugsmöglichkeiten für die Bewohner des Hauses zur Verfügung stehen. Alle tragenden Strukturen der Villa erscheinen einheitlich in gedecktem Mattweiß – Wände und Decken erhielten eine gewachste Spachtelung, während für die Böden feinkörniger Betonwerkstein verwendet wurde. Auch bei den original erhaltenen Sprossenfenstern und Türen entschied man sich für eine weiße Lackierung. Die neuen Einbauten aus dunklem Holz folgen einer schlichten, klaren Linienführung und wirken dank ihrer einfachen Formen und sinnhaft strukturierenden Platzierung eher wie Teile der architektonischen Gliederung. Bestimmende Intervention ist ein imposanter Schrank, der sich über 13 Meter vom Eingang aus durch das ganze Haus bis unter die Dachschräge zieht. In diesem Korpus aus dunklem Nussbaumholz und grünem Mattglas sind die Treppenpodeste verankert. Elemente dieses Schranks dienen auch einer flexiblen Raumaufteilung. So lässt sich im Erdgeschoss ein in Deckenschienen laufendes raumhohes Element so verschieben, dass der Wohnbereich je nach Bedarf größer oder kleiner wird.

Sanierung und Umbau einer Villa in Köln

Renovation and Reconstruction of a Villa

Dialektik des Raums.
Durch die Restrukturierung der Wohnfläche entstand aus vielen kleinen Zimmern ein räumliches Ganzes.

Dialectic of space.
The living area with its many subdivided rooms was restructured to create a spatial whole.

Fotograf/photographer:
Christian Richters

A villa in Cologne, built around 1920, was reconstructed for new owners so as to create a space for multiple forms of living and working. The many rooms of this three-storey building were intended to come together in an discreet context, but at the same time, they were to serve as places that could be private and closed off, »withdrawing rooms« in the original sense of the word. All the villa's supporting structures appear in a uniform matte white. Walls and ceilings were given a coat of waxed primer, while the floors received a layer of fine-grained artificial stone. The original windows and doors also received a white finish. New fixtures of dark wood follow simple, clear lines and – because of their simple shapes and intelligent placement – fit well into the overall architectural structure. A veritable novelty is a screen wall that runs over thirteen metres from the entrance, through the whole house, and up into the edge of the roof. This creation of dark walnut and grey matte glass also supports the staircase landing. Parts of this unit can be employed in various ways to divide up the room. For instance, on the ground floor, a hanging cabinet suspended from a ceiling rail can be pushed to and fro to make the living area larger or smaller.

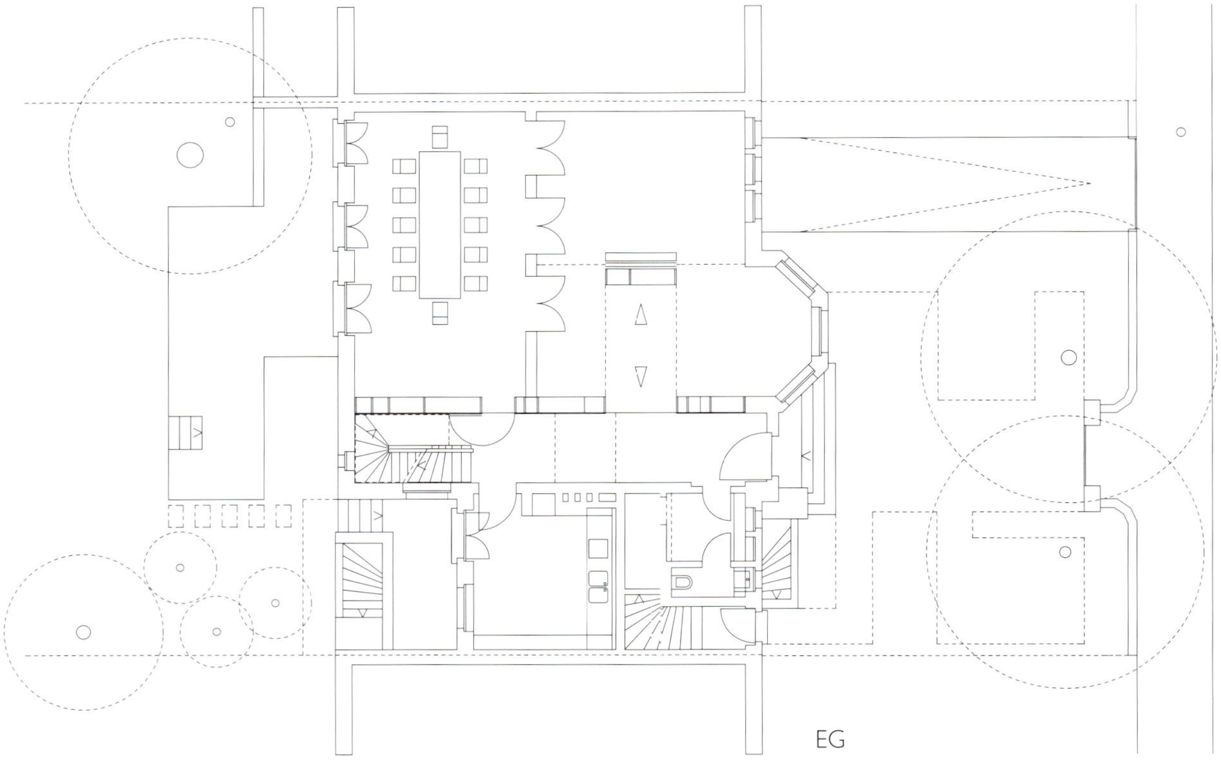

EG

Die geometrischen Einbauten gliedern den Raum auf mannigfaltige Weise. Ihre einfachen Formen unterstützen den klaren Gesamteindruck.

The geometrical fittings structure the space in many different ways. Their simple forms reinforce the clear overall impression.

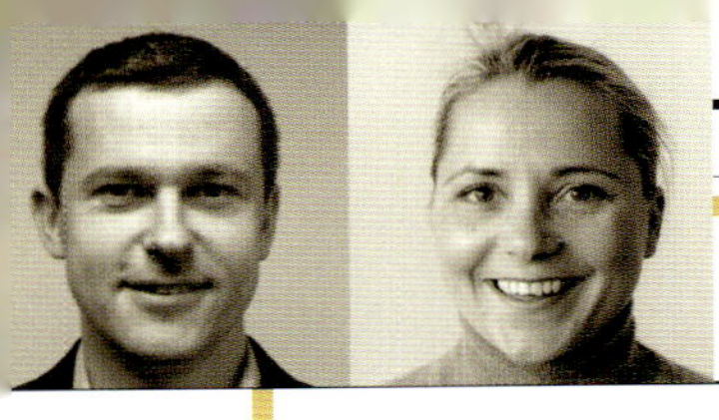

Wasser und Licht.
Die Travertinverkleidung der Dusche wirkt fast wie Holz. Der sanfte Eindruck wird durch das weich einfallende Tageslicht verstärkt.

Eingedenk der Tatsache, dass der Mensch ungefähr ein Sechstel seiner Zeit mit Verrichtungen im Badezimmer ausfüllt, ist es durchaus verwunderlich, wie nachlässig man über Jahrzehnte hinweg mit der Gestaltung dieses Raums umging. Denn nicht selten wurde dem Bad nur ein lichtloser, aseptisch gekachelter Verschlag zugewiesen, den man schlechterdings als Raum mit Aufenthaltsqualität bezeichnen konnte. Die Zeiten haben sich geändert. So setzt auch der Entwurf für das Badezimmer in einer großzügigen Berliner Altbaubauwohnung zuvorderst auf eine behagliche, schmeichelnde Stimmung. Boden, Waschbecken, die Verkleidung der Badewanne und der Dusche wurden aus Travertin gefertigt, das in Farbe und Textur an die warmen, freundlichen Eigenschaften von Holz erinnert. Mit Mattglas ausgefüllte, schmale Fassadenöffnungen versorgen den Raum mit Tageslicht. Die mit raumhohen Travertinplatten ausgekleidete, lang gezogene Duschkabine wurde mit einer durchgehenden Steinbank ausgestattet. Eine Glasscheibe trennt die Dusche von der im Zentrum des Raums stehenden Badewanne. Klare Formen und ein stimmiges Kolorit verleihen dem Badezimmer eine großzügige, entspannende Atmosphäre. Es war übrigens der Architekt Adolf Loos, der einmal bemerkte, dass man die Kultur eines Volkes an der Art der Waschgelegenheiten erkennt.

Badezimmer in Berlin-Charlottenburg
Bathroom in Berlin Charlottenburg

Water and light.
The travertine panels of the shower almost look like wood. This gentle impression is reinforced by soft natural light.

Given that human beings spend about one-sixth of their lives using the various facilities in the bathroom, it is quite surprising how little attention has been paid to the design of this room over the years. A bathroom is frequently little more than a lightless, white-tiled cell which could hardly be described as a place to spend quality time in. Times have changed. The design for this bathroom in a generously-proportioned Berlin apartment aimed above all to create a comfortable, luxurious atmosphere. The floor, the washbasin, the bath and the shower are made of travertine, whose colour and texture recall the warmth and cosiness of wood. Narrow, frosted-glass openings in the façade let in natural light. The shower stall is clad with long panels of travertine and has a stone bench running along one side. A sheet of glass separates the shower from the bathtub, which stands in the centre of the room. Clearly-defined shapes and a well-matched colour scheme give this bathroom a generous, relaxed atmosphere. It's not surprising that the architect Adolf Loos once said that one can understand the culture of a people by looking at their sanitary facilities.

Fotograf/photographer: Philipp Meuser

Links: Durch die exakt ausgeführten Fugen wirkt die Wannenverkleidung aus Travertin wie ein massiver Block.
Rechts: Sitzbank aus Travertin.

Left: Precise fitting of travertine panels makes the bathtub surround look like a single block of stone.
Right: Washbasin of travertine.

M O D E R S O H N & F R E I E S L E B E N

Der Vierseithof im brandenburgischen Seebeck liegt am Dorfanger und grenzt mit seiner Rückseite an das Ufer eines Sees. Die Scheune und ein ehemaliges Ferienhaus wurden zum Landsitz einer Familie ausgebaut. Der große Raum der Scheune sollte dabei als charakteristische architektonische Qualität des neuen Landsitzes erhalten bleiben. Aus diesem Anspruch ergab sich die Entwicklung eines Raumkontinuums, das den komplexen Abläufen und Ansprüchen gerecht wird. Die bestehenden Balken und Ständer der Konstruktion sowie die Treppen mit ihren massiven Holzbrüstungen lösen sich von den raumbildenden Elementen und geben der räumlichen Weite eine Struktur. Die Privaträume befinden sich an den Giebelwänden. Weiß verputzte Flächen mit hölzernen Einbauten und ein durchgehender Natursteinboden lassen eine Atmosphäre der Ruhe und Einfachheit entstehen. Der Bungalow an der Seeseite öffnet sich mit seiner durchgängigen Glasfront vor dem schmalen Raum zu Wasser und Sonne. Die Qualität des Bungalows am See ist in seiner Orientierung zu Wasser und Sonne zu suchen. Hierhin öffnet sich der schmal proportionierte Raum über seine gesamte Flanke. Das Gebäude wird von der Terrasse in einzelnen Horizontalen nach Innen entwickelt, die nur durch die Einbauten unterbrochen werden. Sie bergen verschiedene Funktionen und können dank ihrer Schwingtüren den Raum in kleinere Einheiten unterteilen.

Landgut in Seebeck/Brandenburg

Villa in Seebeck/Brandenburg

Terrasse mit Seeblick.
Die lange Glasfront mit vorgelagerter Terrasse versorgt das Innere des Hauses mit reichlich Tageslicht.

Lakeside terrace.
At the back of the terrace, the long glass front floods the house with daylight.

Fotografen/photographers:
Stefan Müller,
Annette Kisling

Built around a courtyard, this farm in Seebeck (Brandenburg) lies idyllically between a village green and a lake. The large barn and a building formerly used as a holiday cottage have been converted into a family country house. The architects sought to preserve the large space in the barn as a characteristic architectural feature. This requirement determined the development of a spatial arrangement that would accommodate complex routines and demands. The existing beams and supports of the construction as well as the staircases with their solid wood banisters stand out from the delimiting elements and structure the open spaciousness. The bedrooms are at the gable ends. White-plastered surfaces with wood fittings and an end-to-end stone floor create an atmosphere of calm and simplicity. A continuous glass front opens the narrow lakeside bungalow to the water and the sun. The distinguishing trait of the bungalow on the lake is its orientation toward light and water with the open front expanding the narrow proportions of the room. From the terrace to the interior the building develops along individual horizontal lines broken only by multi functional fittings.

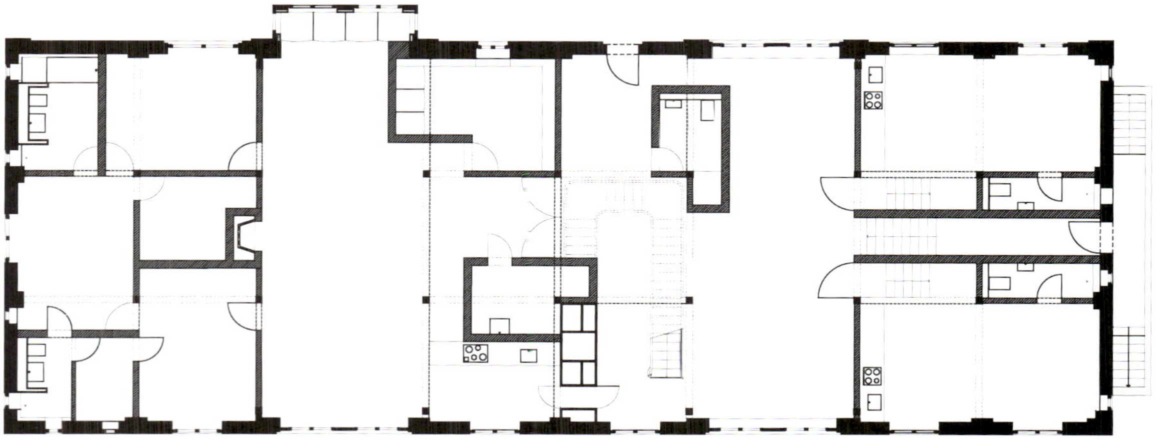

Während die Strukturen der alten Scheune noch deutlich erkennbar sind, präsentiert sich der Trakt zur Seeseite hin klassisch-modern.

Although the structures of the old barn are still clear to be seen, the lakeside façade shows a classical Modernist side.

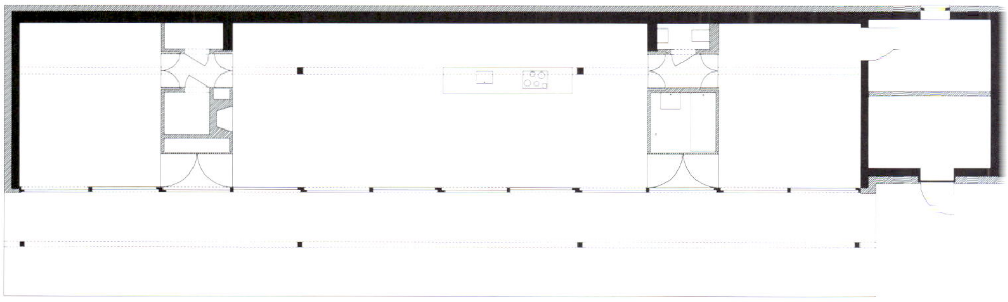

Das Haus im rheinländischen Erftstadt wurde im Lauf der Jahrzehnte von drei Generationen immer wieder überformt und sukzessive erweitert. Für die heutigen Bewohner wurde auf einem kleinen Grundriss ein Neubau errichtet, der vom Elternpaar genutzt wird. Die bauliche Ergänzung ging mit einer Restrukturierung, Renovierung und funktionalen Konzentration der vorhandenen Substanz einher. In die wellenförmige Wand des Altbaus wurde ein Durchbruch geschlagen, von dem aus eine rampenartige, neun Meter lange Treppe nach oben führt. Die verglaste Front entlang dieser barock bemessenen Passage lässt viel Tageslicht in die Räume fluten. Eine mächtige, leicht gekippte und konisch geformte Wand aus rohem Beton schließt einen Teil des Wohnbereichs von dieser Offenheit ab und definiert eine Sphäre der Privatheit. Die gespachtelten und geschliffenen Wandflächen und der profilierte, portugiesische Schiefer wirken mit ihrer warmen Textur als beruhigender Kontrapunkt zu den Schrägen der architektonischen Strukturen. So wird das kleine Elternschlafzimmer von vier Meter hohen, fächerförmig angeordneten, schrägen Wänden umgeben, die dank ihrer ziegelroten Farbe Behaglichkeit vermitteln. Der wohlgeratene Eklektizismus des Hauses wird im Wortsinne von Kunst gekrönt: Auf dem Dach des neuen Anbaus thront eine venezianische Bronzeskulptur.

Einfamilienhaus in Erftstadt

House in Erftstadt

Von Wellen getragen.
Der moderne Gebäudeteil ist vom Altbau durch eine wellenförmig geschwungene Wand getrennt.

Carried by waves.
The modern part is divided from the original building by a wave-like, curving wall.

Fotograf/photographer:
Gerhard Zerbes

As the decades passed, three generations of the family living in this house in the Rhineland town of Erftstadt kept altering and adding to their home. The present owners contributed an annex rising from a relatively small ground plan. This is where the parents live. The addition went hand in hand with the restructuring, renovation and functional refocusing of the existing building. The undulating wall of the old house is now penetrated by an opening from which a ramp-like, nine-metre-long flight of steps leads upwards. A glass front running along this capacious passage floods the rooms with natural light. A massive, slightly inclined and conically shaped wall of rough concrete divides part of the living area off from the open space and defines a private sphere. The warm textures of plastered and polished wall surfaces and profiled Portuguese slate form a soothing counterpoint to the sloping architectural structures. The small master bedroom, for instance, is enclosed by four-metre-high walls fanning out from above, but their brick-red colour makes for a cosy atmosphere. The illumination of the rooms is characterized by an easy alternation between sources of artificial light and daylight flooding in through windows, a glassed-in oriel and narrow glazed slits. A small number of glazed wall openings also link the various rooms. The house's successful eclecticism is quite literally crowned by art: a Venetian bronze sculpture adorns the roof of the new annex.

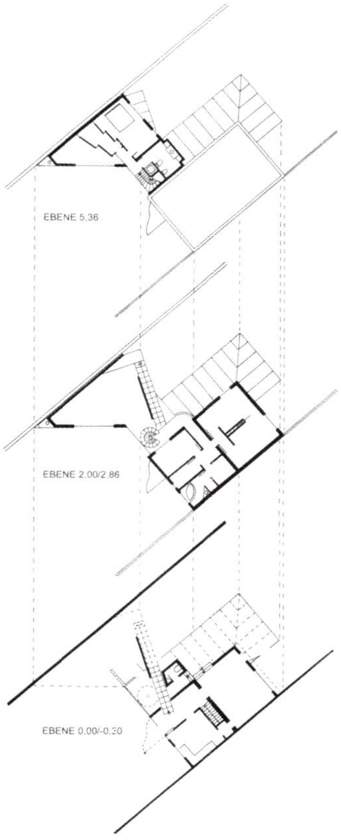

Im Neubautrakt dominieren geometrische, klare Formen und helle, moderne Materialien. Die Glasfront sorgt für reichlich Tageslicht in den Räumen.

Clear, geometrical forms and light, modern materials dominate in the extension. The glass façade provides the rooms with plenty of natural light.

Bourgeoisie en vogue.
Die klassische Einrichtung der Villa wurde wie der Kamin mit mutigen, modernen Akzenten versetzt.

Der Umbau einer denkmalgeschützten Bauhaus-Villa in Berlin sollte die Bedürfnisse ihrer neuen Bewohner beherzigen und gleichzeitig die ursprüngliche Atmosphäre der großzügigen Räumlichkeiten bewahren. Den individuellen Reiz bezieht die Neugestaltung des Hauses vor allem durch die Kombination von dezidiert modernem Material mit den wertvollen Antiquitäten, aber auch durch die Öffnung des Inneren zum parkähnlichen Garten. Der Eingangsbereich ist ebenso wie die Küche im unteren Geschoss durch großflächige Glaspaneele vom Treppenhaus getrennt. Die integrierten Regale füllen persönliche Erinnerungsgegenstände und kleine Trouvaillen der Hausbewohner. In den Wohn- und Essbereichen dominieren helle Farben und Materialien, wiewohl die antiken Einzelstücke augenfällige Akzente setzen. Ein Kaminplatz ist durch eine moderne, teilverglaste Bücherwand mit dem Wohnbereich verbunden. Das Interieur in seiner unaufgeregten Bürgerlichkeit besticht denn auch weniger durch den avancierten Entwurf oder die ästhetisch zwingende Idee, als vielmehr durch eine Atmosphäre, die von einer Art vorzeigbaren Privatheit und den persönlichen Vorlieben der Bewohner geprägt ist.

Einrichtung einer Villa in Berlin

Interior of a Villa in Berlin

Bourgeoisie en vogue.
The classical interior of the villa features audacious modern touches. Just look at the fireplace ...

The renovation of this heritage-listed Bauhaus villa in Berlin aimed to accommodate the needs of its inhabitants while preserving the atmosphere of the generous living space. The new design of the building draws its charm largely from the combination of decidedly modern material with valuable antiques, but also from the way the interior opens onto the park-like garden. On the ground floor, large glass panels separate the entrance hall and the kitchen from the stairwell. Integrated shelves are filled with the personal mementoes and small treasures of the inhabitants. Light colours and materials dominate in the living and dining areas. Rare antiques set eye-catching accents. A modern, partially glazed wall of shelves links the intimate space before the open fire to the living area. The quiet dignity of the interior is less notable for advanced design or compelling aesthetic ideas than for its atmosphere of refined privacy and the personal taste of the people who live in it.

Fotograf/photographer:
Alexander Gnädiger

Transparente Flächen, unverstellte Sichtachsen und Durchblicke lassen eine Atmosphäre der Großzügigkeit entstehen.

Transparent surfaces, unhindered visual axes and long views produce an atmosphere of spaciousness.

AAG LOEBNER SCHÄFER WEBER

*Schöner Kontrast.
Der historischen Substanz wurden selbstbewusste Gegenspieler zur Seite gestellt.*

Drei Apartments und ein ehemaliger Mehlspeicher in einem Heidelberger Gründerzeithaus wurden zusammengelegt und in eine neue Maisonette-Wohnung für eine Familie mit zwei Kindern umgewandelt. Der Entwurf für den Umbau setzte auf das Spannungsverhältnis von zunächst abstrakt scheinenden Gegensätzen: alt und neu, glatt und rau, offen und geschlossen. Dieser Idee entsprechend kontrapunktieren Neuerungen die vorhandenen, recht verwinkelten Strukturen, Materialien und Formen. So wurde den historischen Stuck- und Lamberieverkleidungen roher Sichtbeton zugemutet, und unter der ochsenblutfarbenen Balkendecke des einstigen Mehlbodens befindet sich nun eine modernistisch-kühle Küche mit Edelstahleinbauten und Arbeitsplatten aus Ortbeton. Speziell angefertigte Einbauschränke und glatt verputzte, weiße Wände verbinden die vorher separierten Räumlichkeiten miteinander. Satinierte Glaswände und -türen sowie indirekte Beleuchtung lassen einen großzügige, helle Atmosphäre entstehen. Mit dem Badezimmer der Eltern ist zweifellos ein Refugium gelungen, das in seiner Klarheit an fernöstliche Traditionen anknüpft. An einer Palisanderschrankwand vorbei gelangt man in einen Raum mit einem Boden aus schwarzem, warmen Schiefer. Hinter satinierten Glaswänden befinden sich Fenster und Leuchten, eine Badewanne mit Birkenholzverkleidung ist wie der Waschtisch als Solitär platziert. Hier stört nichts mehr.

Wohnung in Heidelberg

Residential Conversion in Heidelberg

*Pretty contrast.
Forceful counterpoints complement the original material.*

Three apartments and a disused flour loft in a late-nineteenth-century house in Heidelberg were amalgamated and converted into a new maisonette for a family with two children. The design for the conversion exploits tensions between opposites that might initially appear rather abstract: old and new, smooth and rough, open and closed. Following this idea, the new additions counterpoint the existing, rather intricate structures, materials and forms. The historical stucco and wall panelling were made to coexist with rough exposed concrete, while the ox-blood red, beamed ceiling of the former flour loft now looks down on a coolly modernistic kitchen with stainless steel fittings and in-situ concrete work surfaces. Specially-made cupboard units and smooth-plastered white walls connect previously separate spaces. Satinized glass walls and doors and indirect lighting create a generous, cheery mood. The parental bathroom is without a doubt a real refuge, whose clarity falls back on Far Eastern traditions. After passing by a long rosewood cupboard unit one enters a room with a floor of warm black slate. The windows and lights are hidden behind satinized glass walls, and the washstand and birch-panelled bathtub form stand-alone features. A place of absolute peace.

*Fotograf/photographer:
Thomas Ott*

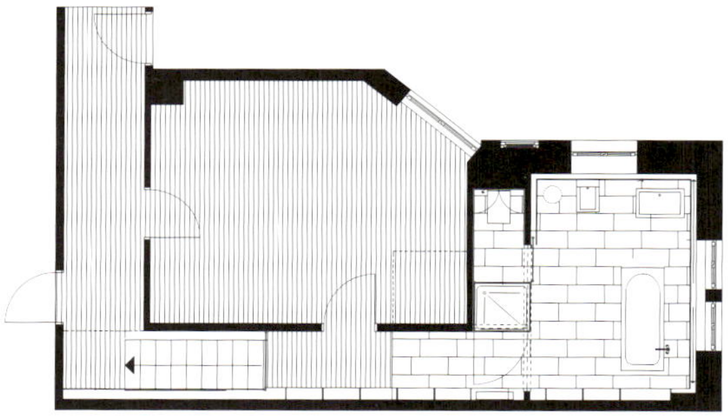

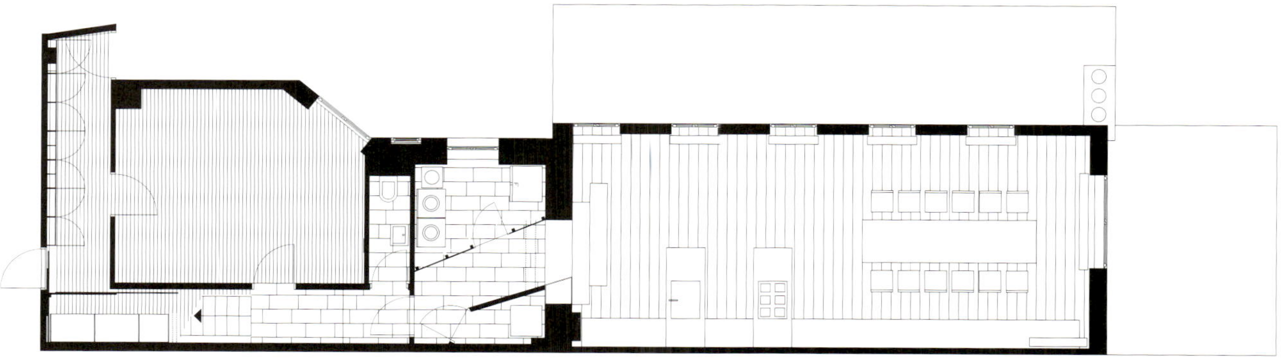

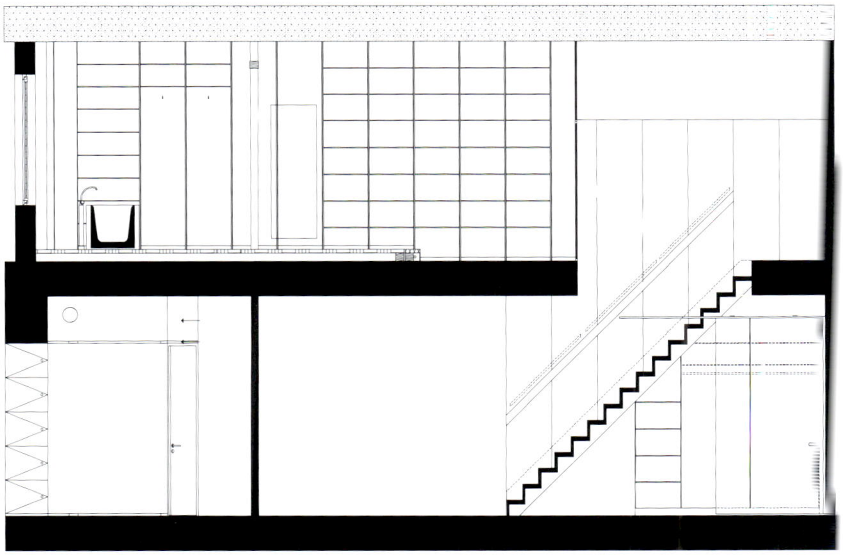

Die Einbauten sind klare, kantige Volumina, die den großzügigen Raum strukturieren und gleichzeitig spezielle Funktionen aufnehmen.

The fittings are clear, angular structures that define the space and fulfil particular functions.

Filmstar meets Architecture meets Design. Wir sind in Hollywood. Für den Schauspieler Brad Pitt wurde hier ein Haus aus den Sechzigerjahren zu einem bewohnbaren Kunstatelier umgebaut. Das ehrgeizige Raumprogramm erforderte eine vollständige Entkernung des Gebäudes, in dem Arbeiten und Wohnen auf relativ kleinem Raum möglich sein sollten. Die neuen Wände wurden daher als »Service Walls« konzipiert, die wie ein Schrein das Innenleben des Hauses bergen. In den Ruhephasen bilden diese Wände klar geschnittene, weiße Räume, die an die auratische Leere einer Galerie erinnern. Bei Bedarf geben die Wände ihr Inneres preis und entfalten sich zu dreidimensionalen Strukturen, sogenannten »Tool Boxes«, die den funktionalen Ansprüchen des Bewohners gehorchen. Boden und Wände haben zementgebundene Estrich- oder Putzoberflächen, denen der Travertinstaub der Renovierungsarbeiten aus dem benachbarten Gästehaus beigemischt wurde. Ein frei stehender Travertinkamin stärkt als Spolie das Wechselspiel zwischen Farben und Materialität. Die Einbauten aus Edelstahl und warmem Walnuss verbinden die Klarheit des japanischen »Chigadana« mit der europäischen Harmonie des Goldenen Schnitts. Myca-Lampenschirme des Art Deco verschmelzen zu einer Lichtfläche, die nachts frei durch die Räume zu schweben scheint. Dann weht der kühle Hauch des Canyons durch das Haus und die Stadt schimmert in der Ferne.

Studio in Los Angeles

Studio in Los Angeles

Kalifornische Moderne. Die transparenten Quader in den Hügeln über Los Angeles sind Ikonen der Architektur des 20. Jahrhunderts.

Californian Modernism. The transparent blocks in the Hills above Los Angeles are icons of twentieth-century architecture.

This is a case of movie star meets architecture meets design. Here in the Hollywood Hills, actor Brad Pitt had a house from the 1960s converted into a live-in artist's studio. The ambitious interior design required the building to be gutted completely so that working and living could come together within the fairly limited space. The new walls now enclose the house's inner workings like a shrine. In quiet moments, they outline clear-cut, white rooms that recall the aural emptiness of art galleries. When duty calls, however, they expose their innermost core and unfold into three-dimensional tool-box environments that fulfil various functional needs. The floors and walls are covered respectively in cement-bound composite flooring and plaster mixed with travertine dust obtained from the neighbouring guest house following renovations there. The free-standing travertine fireplace, transplanted from an older building, enhances the interplay of colours and materials. Furnishings of stainless steel and mellow walnut combine the clarity of Japanese chigadana with the European notion of mathematical harmony, the Golden Section. Mica and rice paper lampshades appear to melt into an illuminated surface that at night seems to float freely through the rooms. That is when a cool breeze from the canyons wafts through the house and the city glows in the distance.

Fotograf/photographer: Ricardo Ridecos

concept

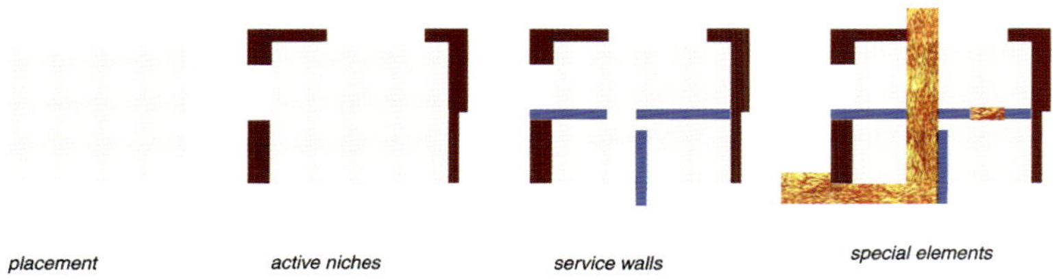

structure

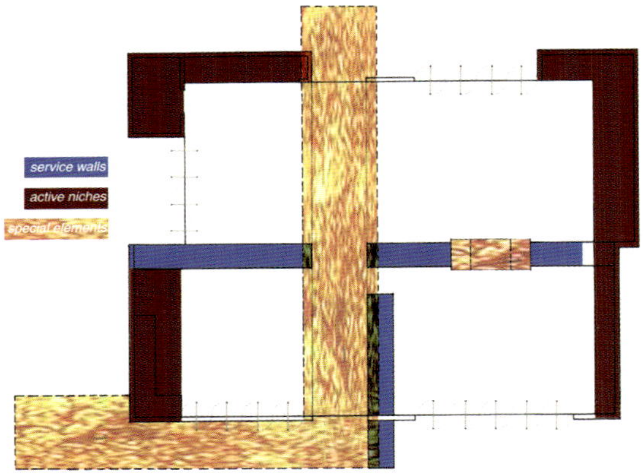

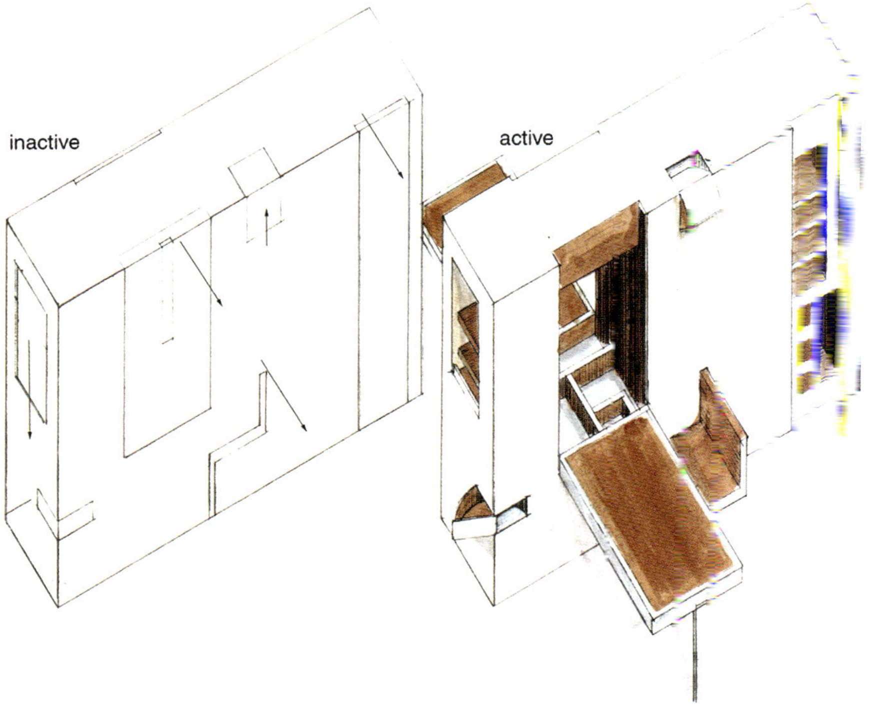

Sämtliche Einbauten sind mehr als nur Raumteiler. Sie bergen ein komplexes, funktionales Innenleben, das je nach Bedarf im Unsichtbaren versenkt werden kann.

The fittings are all more than room dividers. They conceal complex functional workings that can be made to disappear as required.

Grandezza mit Schwung. Die architektonischen Strukturen modellieren einen weiten, offenen Raum, in dem durch Einbauten autonome Sphären entstehen.

Von außen ist es ein ganz normales Einfamilienhaus. In der eher dörflichen Umgebung eines Kölner Vorortes fällt es jedenfalls nicht auf. Doch die unscheinbare Hülle birgt ein Raumgefüge, das mit seinem unregelmäßigen Rhythmus versetzter Wände und dem konkurrierenden Wechselspiel von direkt und indirekt einfallendem Tageslicht dem Haus auch seinen Namen gab: Licht und Schatten. Die zentrale Wohnhalle erstreckt sich über drei Ebenen, die von einer frei gespannten Treppe verbunden werden. Um diese Sphäre ordnen sich die anderen Räumlichkeiten des Hauses. Tageslicht strömt sowohl von den Fenstern an Ost- und Westseite, einer lang gezogenen Loggia als auch von einem Oberlicht ins Innere, wo weiße Wände und transparente Flächen diese Helligkeit zu binden scheinen. Eine durch das ganze Haus gezogene, geschwungene Galerie gibt der durch Entkernung gewonnenen Weite eine Struktur, ohne jedoch den Eindruck von Großzügigkeit zu schwächen. Es entstehen Räume im Raum, die dank der differenzierten Lichtstimmungen eine gewisse Eigenständigkeit erlangen. Die kühlen Texturen und Farben der verwendeten Materialien Marmor und silberfarbener Lack für die Einbaumöbel balancieren warme Schurwollteppiche, bequeme Polstermöbel und antike Einzelstücke aus.

Einfamilienhaus bei Köln

House near Cologne

Grandeur going strong. The architectural structures model a wide, open space, where the fittings create autonomous spheres.

From the outside it looks like the standard single-family dwelling; at least it does not stand out in the rather rural surroundings of this suburb of Cologne. But the space hiding behind these inconspicuous walls is distinguished by a syncopating rhythm of staggered walls and the alternating rivalry of direct and indirect natural light that gives the building its name: Light and Shade. The central living hall encompasses three levels linked by a free-floating staircase around which the other rooms are arranged. The windows on the eastern and western front, an elongated loggia and a skylight flood the interior with daylight; white walls and transparent surfaces seem to capture this brightness. A gallery curving through the entire house gives structure to the spaciousness that resulted when the original building was gutted. Without detracting from the atmosphere of generous openness, it creates spaces within the space, giving rooms a certain individual touch by illuminating them differently. The cool textures and colours of the materials used – marble and silver-coloured lacquer for the fittings – are balanced by warm pure-wool carpets, comfortable upholstery and antiques.

Fotograf/photographer: Gerhard Zerbes

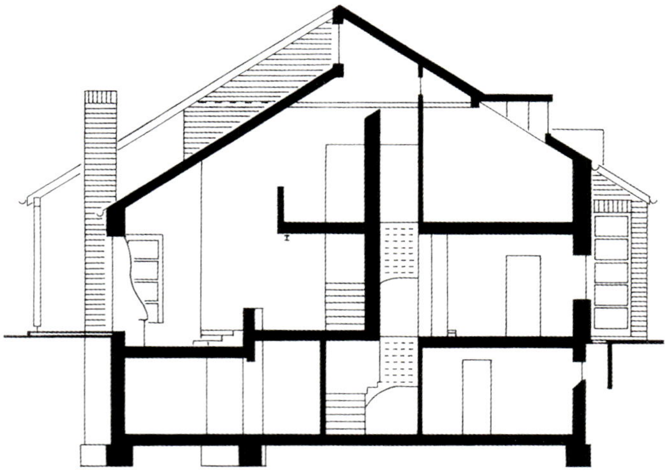

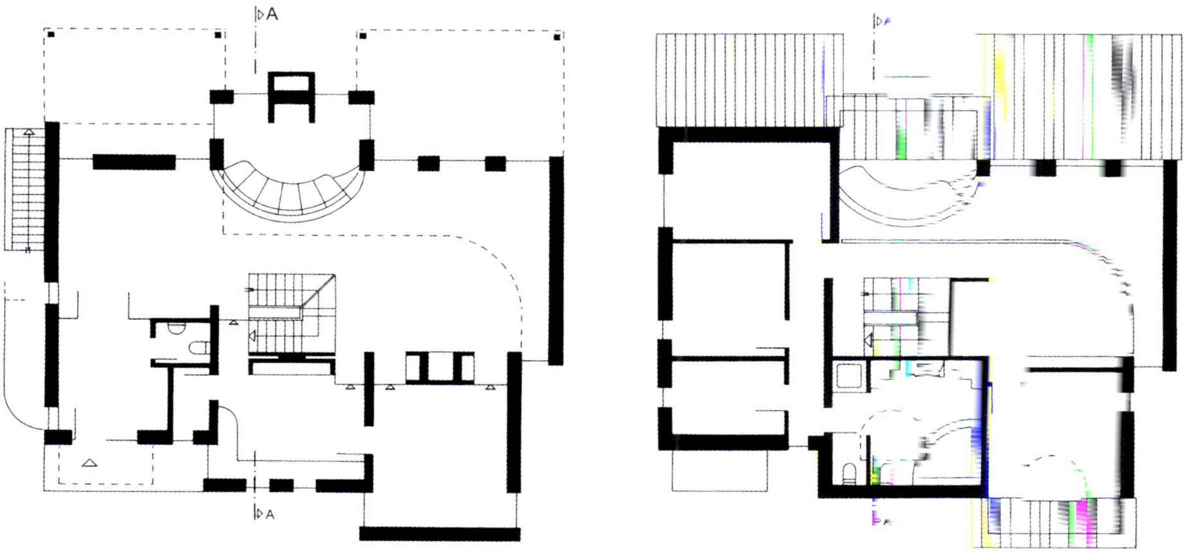

Die ursprüngliche Struktur wurde den Bedürfnissen der heutigen Bewohner entsprechend überformt und lässt sich nur noch erahnen.

The original structure was reshaped to meet the needs of today's residents. Now only traces of it can still be seen.

Shops & Stores

Läden & Geschäfte

B L A U R A U M

Alle Funktionsbereiche eines Shops in einer hochpolierten Box

Für den Kuriertaschen-Designer „Freitag" galt es, einen produktnahen Flagship Store mit Modellcharakter zu entwickeln. Der Akzent lag auf Installationen, die auch auf andere Örtlichkeiten übertragbar sind. Daher wurde der Baubestand lediglich verschönert, die Ladenfläche erhielt jedoch eine schräge Asphaltfläche, die die Straßenneigung aufnimmt und den Außenraum im Innern weiterführt. Auf dieser Fläche wurden Kassen- und Werkstattbereich kombiniert und sind nur durch eine Stufe getrennt. Der Raum ist geprägt durch einen auf einer Stahlkonstruktion aufgebockten und in die Waagerechte gebrachten Produktcontainer („F-Box") aus Zementspanplatten. Der betretbare Container ist außen mit Edelstahl verspiegelt, wodurch er seine Umgebung aufnimmt. Durch diese Transponierung des sich stets verändernden Außenraums betont der Kubus eine besondere Lebendigkeit. Im Innern befinden sich gepolsterte, aufklappbare Bänke und Stauraum für die zu präsentierenden Taschen. In die Innenwände wurden die eigens für „Freitag" entworfenen Displays und das Firmenlogo „F" integriert und durch Lichtschienen inszeniert. Die Box als einzige Lichtquelle sorgt für eine indirekte Ausleuchtung des Raumes.

Taschenladen in Hamburg

Bag Shop in Hamburg

All functional sections of one shop in a highly-polished box

For the courier bag designer "Freitag", the aim was to develop a flagship store with design character, which is close to the product. The accent was on installations, which are transferable to other places. Therefore, the building supplies were only refurbished, the shop surfaces have a sloping asphalt surface, which incorporates the street's incline and continues the external area on the interior. On this surface, tills and workshop areas were combined and are only separated by a level. The room is characterised by a cement board product container ("F box"), jacked up on a steel construction and aligned horizontally. The accessible container is covered with stainless steel on the outside, so that it incorporates its environment. Through this transposition of the ever-changing outer room, the cube emphasises a particular vitality. On the inside, there are covered, folded benches and storage area for the bags which are to be displayed. On the inside walls, displays which were specially designed for "Freitag" and the "F" company logo were integrated and stages through light rails. The box, as the only source of light, provides the room with indirect lighting.

Fotograf/photographer: Oliver Heissner

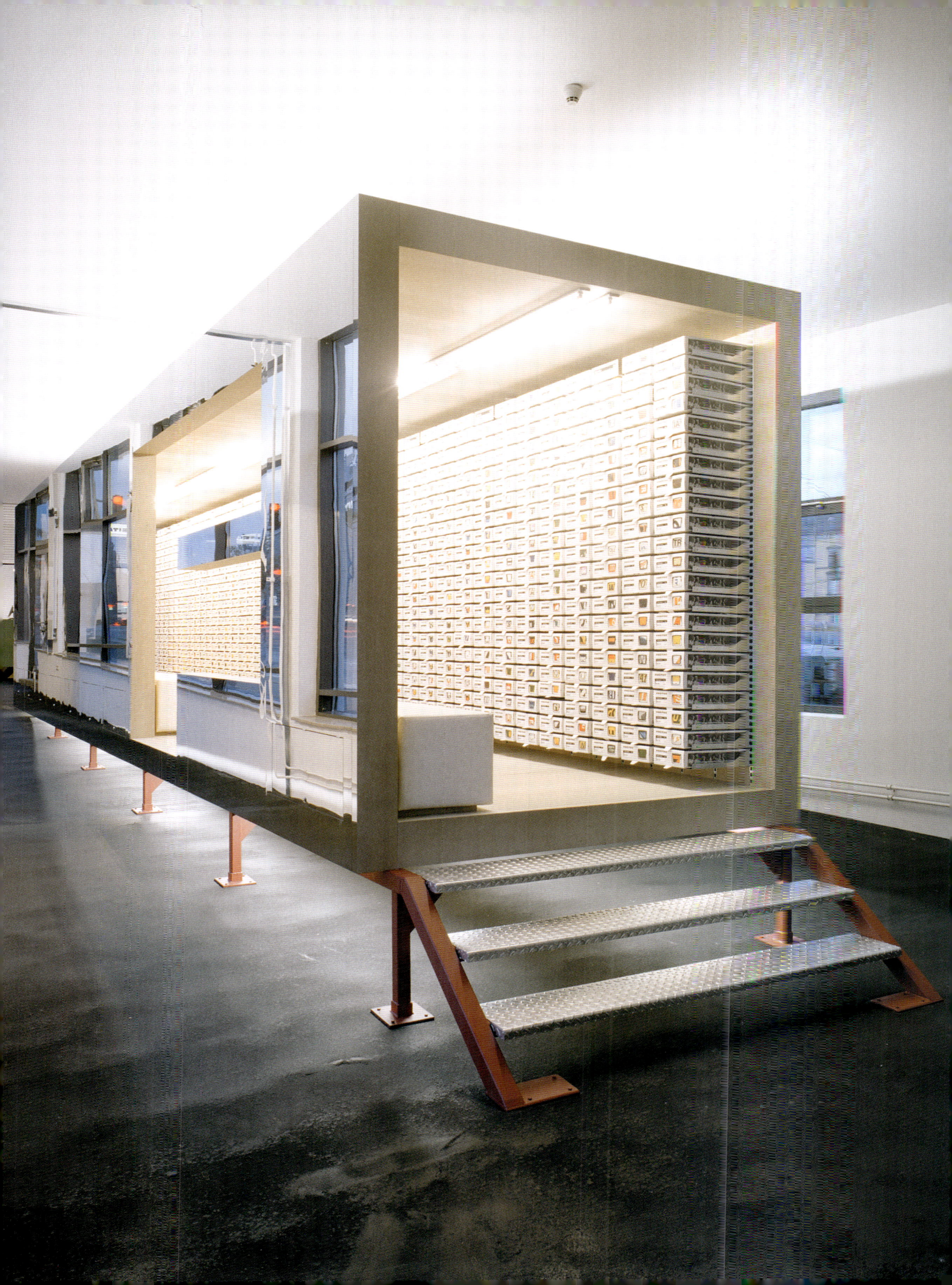

Links: Produktpräsentation und Lager in Schubladen, Stauraum unter mit Planen bepolsterten Sitzbänken Rechts: „Truckwalk" entlang eines Regals mit über 1000 verschiedenen Taschen

Left: Product presentation and stocks in drawers, storeroom under benches covered in tarpaulin Right: "Truckwalk" along a shelf with over 1000 different bags

FREITAG

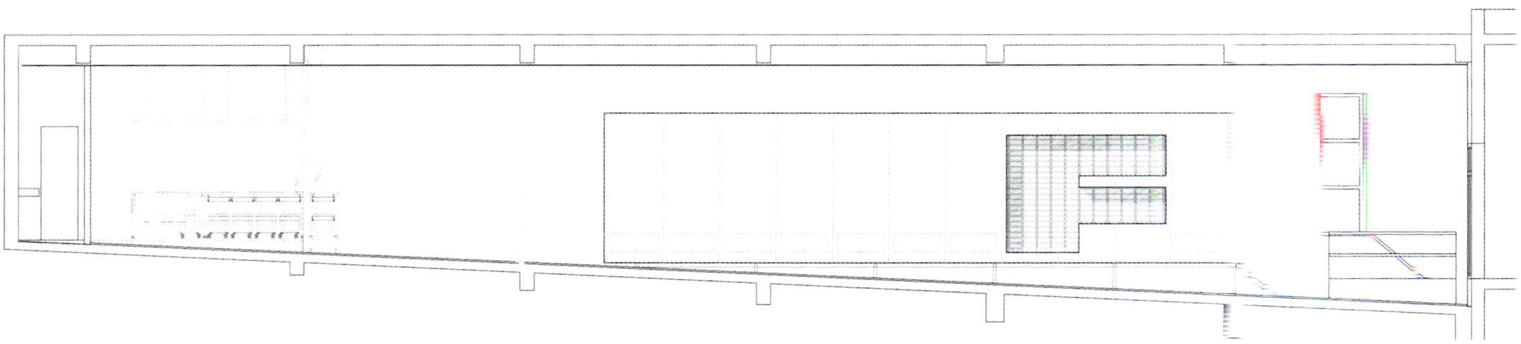

Ganz im Sinne der Kernkompetenz von Grohe Water Technology wurde das „strömende Wasser" zum wesentlichen Gestaltungsmotiv des Messestandes auf allen Ebenen. Das Bewegungsmotiv „Strömung" erfuhr eine zweidimensionale Umsetzung in der Wellengrafik sowie eine dreidimensionale Umsetzung im „Fluid" und den „Streamlines", die als Ordnungsprinzip der Präsentationsmodule den Stand gliedern. Das mit Lichtführung arbeitende „Fluid" in der Deckengestaltung des Standes wurde Träger des unverwechselbaren Grohe-Logos und wirkte als weithin sichtbares Zeichen, das Neugierige und Interessierte anzog. Durch das Farbklima Blau-Grün und eine an- und abschwellende Lichtintensität wurde das „Strömen des Wassers' augenfällig umgesetzt. Die unterschiedlich hohen, linear aufgestellten und dreidimensional geschwungenen „Streamlines" präsentierten die Armaturen, oft aktiv mit Wasser, und vertieften so das Leitthema. So entstand eine innovative und identifizierbare Markenarchitektur, die durch ihren hohen Wiedererkennungswert auch bei anderen Veranstaltungen und Präsentationen eingesetzt werden kann.

Messestand in Frankfurt
Exhibition Stand in Frankfurt

Inspiriert vom Wassertropfen schwebt der „Fluid" als atmosphärisches Symbol über den Köpfen der Besucher.

Inspired by water drops, the "liquid" is suspended over the heads of the visitors as an atmospheric symbol.

Fotograf/photographer: Eberhard Franke

Completely in the concept of the core competence of Grohe Water Technology, "running water" became the fundamental design motif of all levels of the exhibition stand. The space motif "current" experienced a two-dimensional conversion in the wave graphic and a three-dimensional conversion into "fluid" and "streamlines", which structured the stand as a system of presentation modules. The "fluid", acting with the distribution of light in the ceiling design of the stand carried the unmistakable Grohe logo and, to a great extent, acted as a visible sign, attracting the curious and interested. Through the blue-green colour scheme and a swelling and subsiding light intensity, the "stream of water" was strikingly converted. The "streamlines", which weare of different heights, arranged upright and curved in three-dimension, presented the fittings, often active with water, and deepened the leitmotif. This created an innovative and identifiable brand architecture, which can also be used for different events and presentations due to its high recognition value.

GROHE

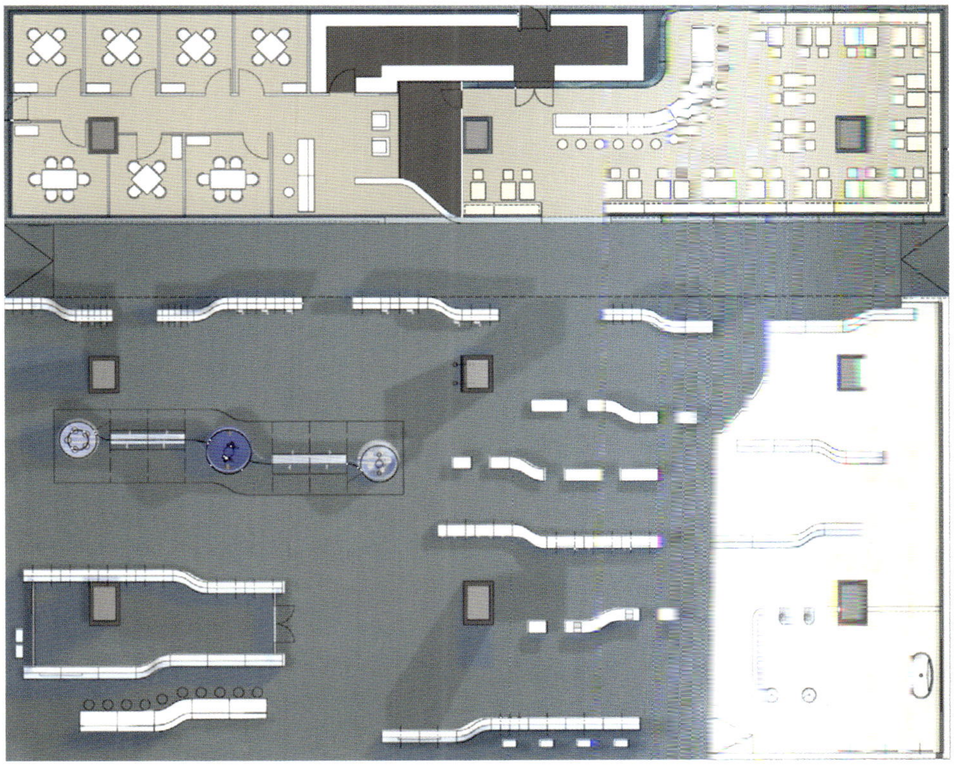

Die dreidimensionalen Streamlines und grafische Motive erzeugen in allen Bereichen eine Dynamik und vermitteln das Leitmotiv „Strömung".

The three-dimensional streamlines and graphical motifs create a dynamic in all areas and convey the leitmotif of "current".

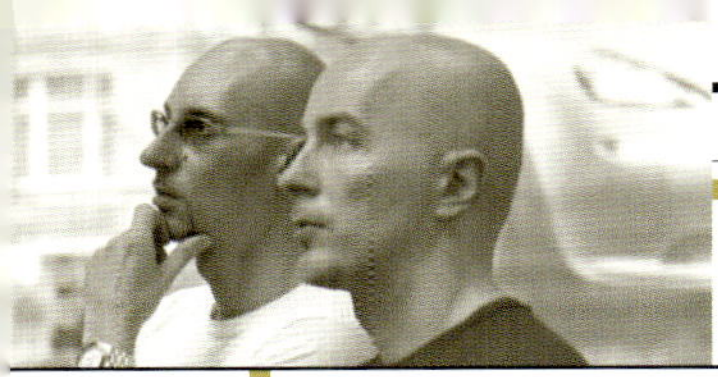

Mit Blick für das Detail. Die kühl-reduzierte Einrichtung des Ladens nimmt sich zugunsten der zerbrechlichen Ware zurück.

Es liegt sozusagen im Wesen seines Kerngeschäfts begründet, dass gerade ein Optiker viel Wert auf eine visuell ansprechende Ladeneinrichtung legt. Das Berliner Brillengeschäft richtet sich mit seinem Angebot vornehmlich an eine modebewusste, junge Kundschaft und suchte nach einer innenarchitektonischen Lösung, die der filigranen Ware eine ideale Kulisse schafft. Die Linse diente dem Entwurf als biomorphe Ausgangsform. Sie findet sich in verschiedener Weise wieder: als konkave Prägung der feingewellten Aluminiumpaneele des Tresens und als dreidimensionale Öffnungen einer Rauminstallation, hinter der sich wie in einem optischen Fokus die Messgeräte für Sehtests befinden. Die minimalistische Ladeneinrichtung beschränkt sich auf die unmittelbar notwendigen Einbauten. Weder Zierrat, Werbung oder Möbel lenken ab. Zu betrachten gibt es hier bloß die fragilen Produkte aus Edelmetall, Horn und Glas. Hinter dem langen, schmalen Tresen, der auf einem Lichtsockel schwebt, erstrecken sich gleichmäßige Reihen einfacher Glasträger, auf denen die Brillengestelle ruhen. Die glatten Wände sind in Oliv und hellem Beige gehalten; eine beleuchtete Barisol-Front bildet den Hintergrund der Brillenpräsentation.

Brillengeschäft in Berlin

Interior for an Optician's Shop in Berlin

The cool, reductionist decor serves as a gentle backdrop for the delicate merchandise.

It could be said that placing great import on visually attractive retail premises lies in the nature of an optician's business. This optician in Berlin concentrates primarily on a young, fashion-conscious clientele, and was looking for an interior design solution that would provide the ideal backdrop for the filigree product. The lens was chosen as the biomorphic starting point for the design. It appears in various forms: as a concave pattern in the finely undulating aluminium panels of the counter, and as three-dimensional openings in an installation behind which the measuring instruments for eye tests are to be found, as if in optical focus. This minimalist shop interior restricts itself to the absolutely necessary, with no distracting ornamentation, advertising or furniture. All there is to see here are the delicate products made of precious metal, horn and glass. The spectacle frames rest on identical rows of simple glass elements that range out behind the long, narrow counter, which hovers above an illuminated pedestal. The smooth walls are done in olive and light beige, while illuminated Barrisol forms the background for the display of frames.

Fotograf/photographer: Fritz Busam

BRILLE 54

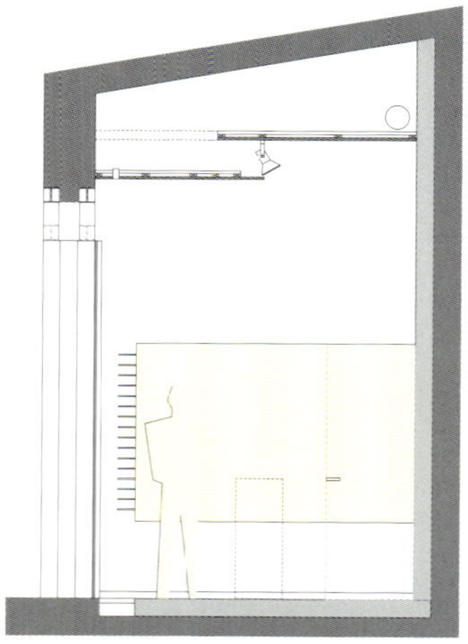

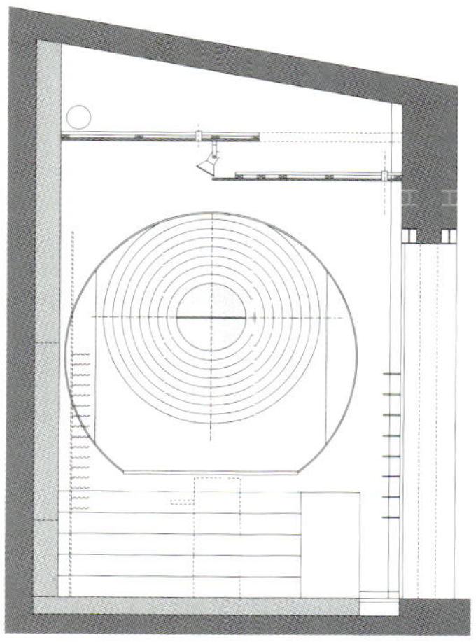

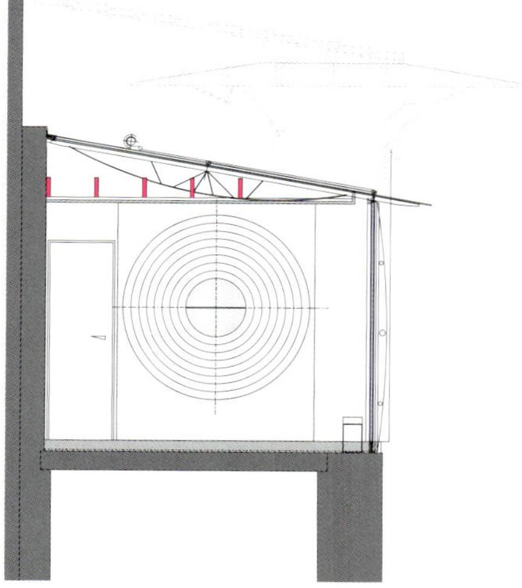

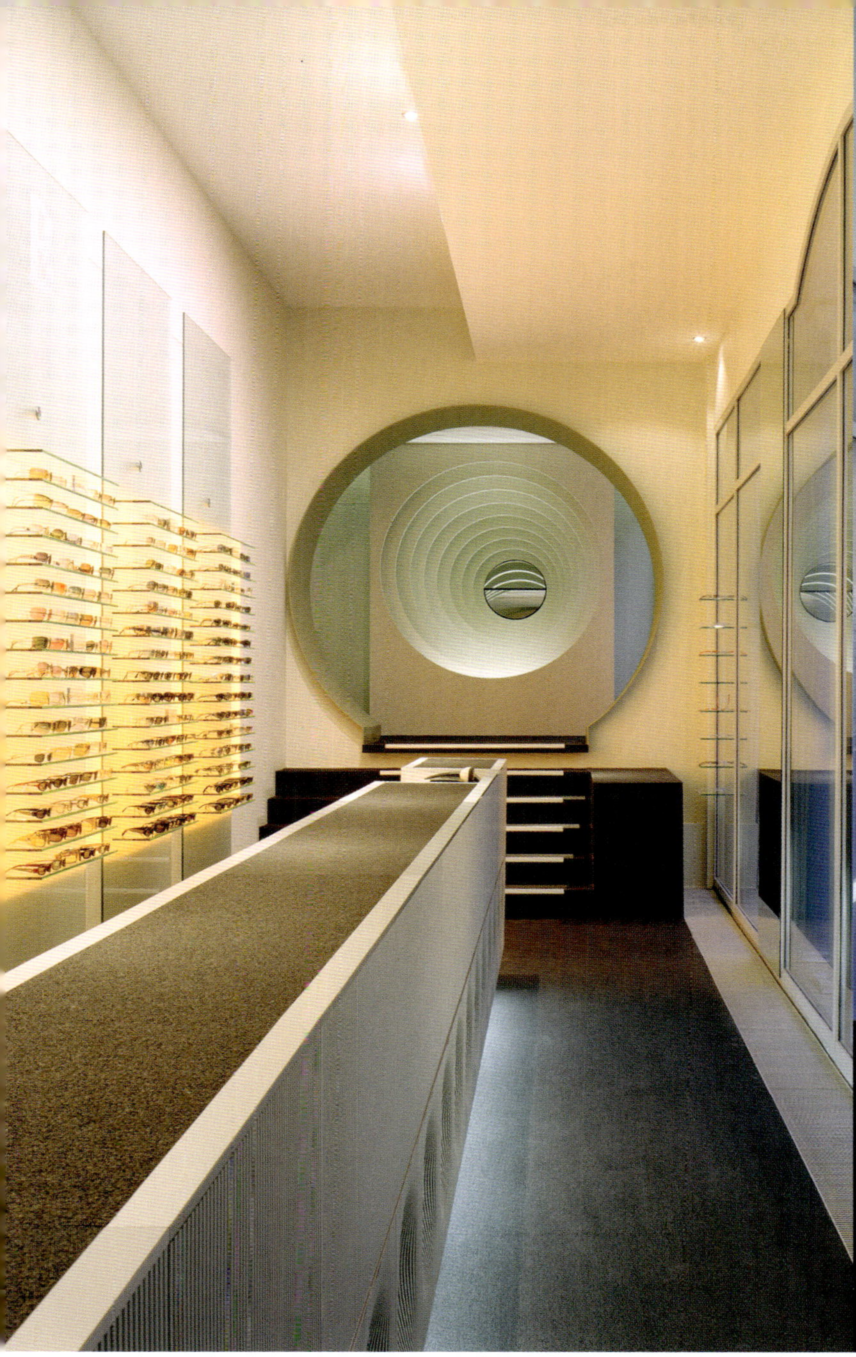

An der Stirnseite des lang gestreckten Raums befindet sich hinter einem optisch verspielten Durchgang der Platz für Seh- und Augentests.

The playful optical illusion at the end of the long, narrow room is the entrance to the booth for eye tests.

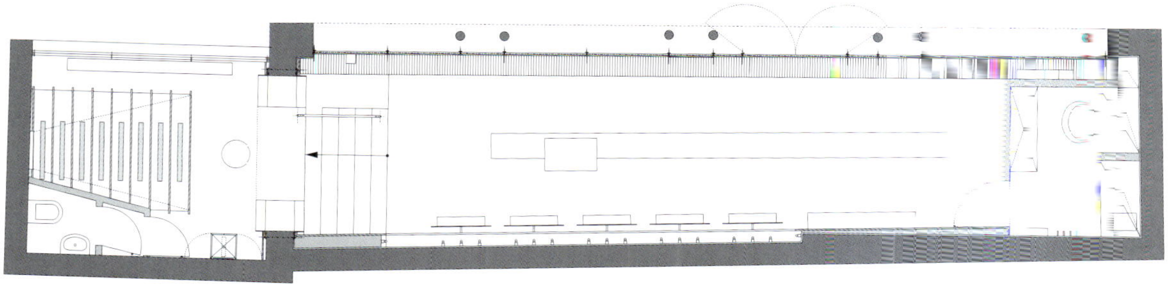

Inszenierung des Objekts. Die Einrichtung des Modegeschäfts ist sehr darauf bedacht, die feine Waren als Kostbarkeiten zu präsentieren.

Die Präsentation von Mode ist immer auch der Versuch, sich der Selbstwahrnehmung ihrer Träger auf möglichst schmeichelhafte Weise anzunähern ohne anbiedernd zu wirken. Feine Damen- und Herrenkonfektion, deren Stil-Spektrum von ausgesuchter Eleganz bis zu – bestenfalls – sehr gepflegter Lässigkeit reicht, verlangt demzufolge eine Kulisse, die diesen Attributen gerecht wird. Ein internationales Modeunternehmen suchte für seine Filialen in Deutschland nach einem Gestaltungskonzept, das diesen Kriterien standhält und eine gewisse Wiedererkennbarkeit sichert. Die geradlinige Ladenarchitektur korrespondiert mit klassischen Schnitten ebenso wie die gedeckten Farben und hochwertigen Materialien der Einbauten und Möbel mit den feinen Stoffen der hier präsentierten Mode. Der wählerische Kunde wird weder von Schnörkeln noch grellen Überraschungen irritiert: Der kalkulierte Purismus der Verkaufsräume wirkt wie eine Garantie für die erwartete zuverlässige Qualität. Die hellen Beige- und Brauntöne von Holz und Naturstein, das matte Schimmern von Edelstahl und geätzten Glasflächen lassen eine ruhige Atmosphäre entstehen. Die schlicht gehaltenen Vitrinen, Regale und Kleiderstangen sind nicht mit der größtmöglichen Zahl an Produkten gefüllt, sondern gestatten eine bedächtige, eingehende Betrachtung der Stücke. Weiche, indirekte Beleuchtung und reichlich Platz zwischen den einzelnen Bereichen verstärken den Eindruck von großzügiger Noblesse.

Geschäftsausbauten für ein Modelabel

Shop Design for a Fashion Label

The stock is the star. The interior of this fashion boutique presents its precious goods as if they were jewels.

The presentation of fashion always involves the attempt to reflect the wearer's self-image as flatteringly as possible, but without appearing sycophantic. Therefore, fine ladies' and gentlemen's fashions, whose spectrum ranges from high elegance to – at most – very elegant casual, demands a backdrop to match. For its German branches an international fashion house was looking for a design concept that satisfies these criteria and guarantees a certain recognition factor. The linear shop architecture corresponds to the classical cuts, just as the subdued colours and high-quality materials of the fittings and furniture echo the fine fabrics of the displayed garments. Neither ornaments nor garish surprises irritate the fastidious customer. The calculated purism of the salesrooms acts like a guarantee of the expected dependable quality. The bright beiges and browns of wood and stone, etched glass and the matte sheen of stainless steel generate an atmosphere of calm. The customer retains a distinct sense of orientation thanks to the clear presentation of the wares. The plain showcases, shelves and racks are not stuffed with the maximum number of products, but allow a thorough, considered examination of the pieces. Soft indirect lighting and generous space between the sections amplifies the impression of grand noblesse.

Fotograf/photographer: Tomas Riehle/artur

Klarheit und Geradlinigkeit zeichnen nicht nur die Räumlichkeiten aus, sondern prägen auch das Image des Labels

Clarity and straightforwardness are the watchwords for both the decor and the label's image.

windsor.
windsor.

Die offenen Räume empfangen den Kunden mit einer distinguierten Atmosphäre, in der viel Wert auf individuelle Beratung gelegt wird.

The open-plan rooms welcome customers with a distinguished atmosphere, where individual attention is the order of the day.

Anspielungsreich. Die Einrichtung setzt sich selbstbewusst und ironisch von den landläufigen Dessous-Geschäften ab.

Waren dieser Art präsentiert man hierzulande immer noch entweder mit anrüchig-verschwitzter Diskretion oder aseptischer Belanglosigkeit. Dass der Verkauf von Dessous durchaus ironisch und stimmungsvoll inszeniert werden kann, zeigen die Berliner Läden des Labels »blush«. In den als Schlafzimmer ausstaffierten Verkaufsräumen gruppiert sich alles um Siebzigerjahre-Betten, die zusammen mit den Bildern und nostalgischen Raumaccessoires ein atmosphärisches Tableau provozieren. Ob mit Uschi-Obermeier-Porträt oder verspiegeltem Kopfteil – hier wird noch dem verschämtesten Kunden ein Lächeln auf die Lippen gezaubert. Der Mittelpunkt der Aufmerksamkeit verschiebt sich auf die Kulisse, in der die Vielzahl der luftig-leichten Kreationen als kongeniales Arrangement funktioniert. Beleuchtung, Tapeten und Teppiche spielen mit: Die Farben, Stoffe und Gewebe der Einrichtungsgegenstände korrespondieren mit den angebotenen Dessous auf dezente Weise. Da trifft zart und durchsichtig auf wollene Robustheit, Brokat auf Organza, transluzent auf blickdicht. Hingehauchte Vorhänge nehmen die haptische Qualität der edlen Dessous vorweg, schimmernde Kissenbezüge und gewirkte Überwürfe sind stoffliche Vorboten teurer Winzigkeiten. Die Beleuchtung unterstreicht die Leichtigkeit der feinen Ware. In den »Hinterzimmern« befinden sich die Anproberäume hinter schweren Stoffvorhängen. „Blush" heißt „erröten".

Modegeschäfte in Berlin

Lingerie Stores in Berlin

Rich in allusion.
With its confident irony, this design is streets ahead of the run-of-the-mill underwear store.

In these parts, wares of this kind are still presented either with an air of disreputable discretion or in a setting of aseptic triviality. But the blush label's Berlin stores prove that underwear really can be marketed with humour and style. The salesrooms are furnished as bedrooms, with everything grouped round 1970s beds. The combination of beds, pictures and almost nostalgic accessories creates an atmospheric tableau. Be it the Uschi Obermeier portrait or the mirrored headboard – the setting will charm a spontaneous smile to the lips of even the most bashful customer. The centre of attention simply shifts to the backdrop for the delightful arrangement of diaphanous creations. Lighting, wallpaper and carpeting all play along, the colours, materials and fabrics of the furnishings tastefully corresponding with the lingerie on show. Delicate transparency meets woollen robustness, brocade with organza, translucent on opaque. Gossamer curtains anticipate the haptic quality of the exquisite garments, shimmering cushions, covers and knitted wraps are the material harbingers of expensive little purchases. The lighting brings out the elegance of the fine products. At the back, the changing rooms are cloaked behind heavy curtains. Here, too, diffuse indirect light from floor and table lamps flatters the discerning eye. Might even make you blush.

Fotografen/photographers:
Frank Hülboemer,
Thorsten Klapsch

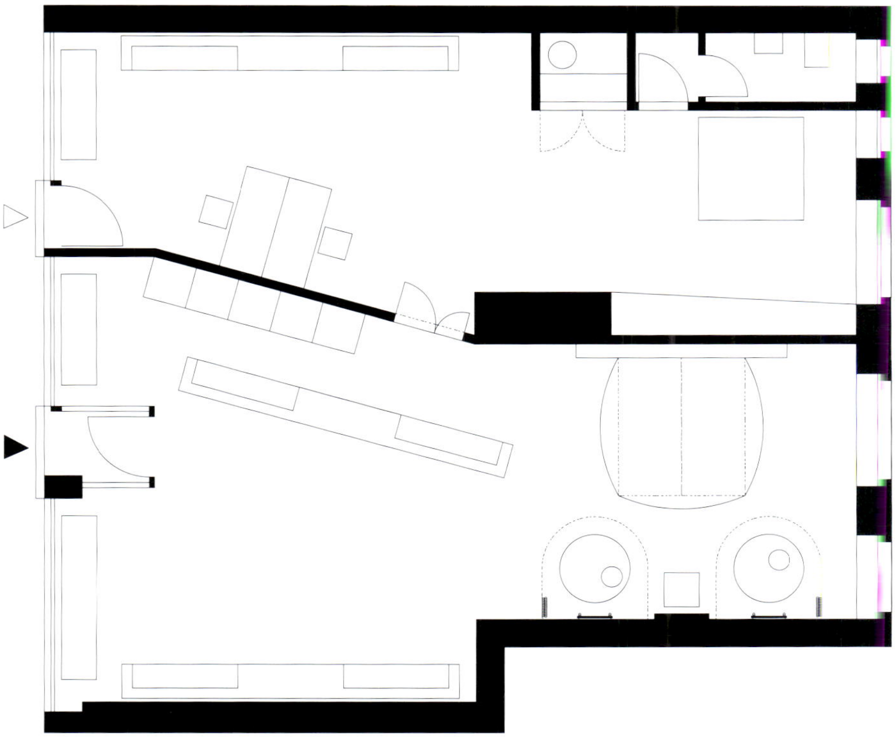

Die absichtliche Boudoir-Stimmung wird mit den sachlichen Einbauten für Verkauf und Präsentation konterkariert.

The intentional boudoir ambience contrasts with the functional fittings for presentation and sale.

Prêt-à-porter.
Das Geschäft erinnert an die großzügige Eleganz der Showrooms von Pariser Couturiers.

Man kann wahrscheinlich mit Fug und Recht behaupten, dass die Düsseldorfer Königsallee das berühmteste Modepflaster in Deutschland ist. Wer hier residiert, kann sich einer sehr verwöhnten und anspruchsvollen Kundschaft sicher sein. Diese Bedingungen waren denn auch Ausgangspunkt für die Ladengestaltung eines alteingesessenen Modegeschäfts. Es bietet die Kollektionen verschiedener ausgesuchter Hersteller an und bedurfte daher eines Konzepts, das zurückhaltend genug ist, um den einzelnen Designern eine angemessene Präsenz zu garantieren, gleichzeitig aber auch dem unbedingten Anspruch von Exklusivität genügen muss. Der Entwurf setzt auf reduzierte, klare Formen, ausgewählte hochwertige Materialien sowie lichte Farben. Die Möbel wurden aus heller Senn-Esche gefertigt, die sich auch in den Bodenbelägen und der Treppe wiederfindet. Der fast weiße Kalkstein der massiven Tresenplatte wurde auch für Bodenelemente verwendet. Schlanke Vierkantprofile aus geschliffenem Edelstahl bilden die tragenden Strukturen der Vitrinen, während die Einlegeböden und die Brüstung der Treppe aus geätztem Glas sind. Durch die konsequente Beschränkung auf diese wenigen Materialien entsteht so etwas wie eine wahlverwandtschaftliche Geschlossenheit der weitläufigen Räumlichkeiten.

Modegeschäft in Düsseldorf
Fashion Shop in Düsseldorf

Prêt-à-porter.
The store recalls the grand elegance of top Parisian fashion showrooms.

The claim that Düsseldorf's Königsallee is Germany's number one fashion mile is perfectly justified. An address here is a guarantee of a very well-heeled and discriminating clientele, and the new design for a long-established fashion store takes this into account. It offers the collections of several select fashion houses and consequently requires a concept that is reserved enough to guarantee the individual labels a fitting presence, while still satisfying the demand for absolute exclusivity. The design builds on clear, reduced forms, selected high-quality materials and light colours. The furniture was made from light-coloured ash, which recurs in the flooring and staircase. The almost white limestone of the solid counter top also reappears in the floor fittings. Slim, square rods of polished steel form the frames of the showcases, while the shelves and the balustrade are of etched glass. A strict limitation to this small range of materials creates a kind of congenial affinity throughout the extensive premises.

Fotograf/photographer:
Tomas Riehle/artur

So fein und erlesen wie das Angebot sind auch die verwendeten Materialien und Möbel auf den beiden Etagen.

The materials and furnishings used on the two floors are just as fine and exquisite as the wares.

RKW ARCHITEKTUR | STÄDTEBAU | INNENARCHITEKTUR

Manhattan ist gnadenlos. Inquisitorische Stilkritiker, unbarmherzige Kunden und ein wetterwendischer Zeitgeist würfeln täglich um die Deutungshoheit in Sachen Trend, und wer da bestehen will, muss gewaltig auftrumpfen und Glück haben. Doch die zeitlos-klassische Pose der vornehmen Zurückhaltung wurde bislang noch nie abgestraft. So passt es zum europäischen Stil, sich eine gute Adresse inmitten der Stadt zu suchen. Auf zwei Etagen eines denkmalgeschützten Altbaus in der Madison Avenue residiert ein vornehmes Schweizer Modehaus. Die Einrichtung des Geschäfts sollte vor allem die Philosophie des eidgenössischen Stammhauses widerspiegeln: Eleganz und Leichtigkeit, Stil und Qualität. Die Möblierung beschränkt sich auf das Wesentliche und unterstreicht die räumliche Tiefe. Ein über die gesamte Hausbreite reichendes Schaufenster vermittelt den Eindruck von Großzügigkeit und Offenheit. Für die harmonische Sanierung der historischen Stahlfassade sowie die Treppen und Sitzmöbel zeichnet der Architekt Christoph Sattler (Hilmer & Sattler und Albrecht) verantwortlich. Die Umkleidekabinen befinden sich hinter einem großen, gewölbten Paravent aus Ahorn. In der oberen Verkaufsetage bildet die mit dunklem Rosshaar bespannte Wand einen sehr eigenwilligen Hintergrund für die Modepräsentation.

Modeboutique in New York

Fashion Shop in New York

Flagship Store.
Die Adresse des europäischen Labels präsentiert sich in Midtown mit Eleganz und Zurückhaltung.

Flagship store.
The European label displays elegance and reserve at its Midtown address.

Manhattan is merciless. Inquisitorial style critics, unforgiving customers and a capricious zeitgeist vie with one another to stay abreast of the trend, and if you want to survive you need a classy show and a good portion of luck. However, the timeless attitude of classic reserved elegance has always held its own. So it fits with the Old European attitude simply to find a good address and present a fine range of products in attractive surroundings. On two floors of a historical listed building on Madison Avenue resides a Swiss fashion house whose New York branch represents a venture into the New World. Objective number one for the store design was to reflect the philosophy of the Swiss parent firm - elegance and lightness, quality and class. Furniture is reduced to the essentials. A showcase extending the whole length of the façade amplifies the impression of open spaciousness (Design: Christoph Sattler/Hilmer & Sattler und Albrecht). The changing rooms are behind a long curving maple screen. The arrangements in the sale areas make an airy impression, and keep life easy for the viewer. Upstairs, a wall hung with dark horsehair offers a very original backdrop for the fashion displays.

Fotograf/photographer:
Stefan Müller

AKRIS
punto

EXIT

Großzügigkeit und freundliche Farben verleihen den Verkaufsflächen eine angenehme Atmosphäre.

Spaciousness and friendly colours give the sales areas a pleasant atmosphere.

CAROLA SCHÄFERS UND JAMIE FOBERT

Früher sagte man Schönheitsfarm, und es klang nach Kureinrichtungen in landschaftlich reizvoller Umgebung. Heute heißt es Lifestyle Salon & Spa und liegt mitten in der Stadt. Die Berliner Dependance des internationalen Beauty-Spezialisten Aveda befindet sich am Kurfürstendamm und will das entspannend Entrückte einer Schönheitsfarm mit den belebenden Annehmlichkeiten einer Metropole verbinden. Daher musste die Einrichtung der drei Etagen eines denkmalgeschützten Hauses einen Spagat bewältigen: urbanes Design, entspannende Atmosphäre, ruhige Abkehr und boulevardtaugliche Geschäftstüchtigkeit. Der gesamte Raum wurde in unterschiedliche Ebenen geteilt, die eine Stahltreppe in beruhigendem Blau verbindet. Das Erdgeschoss ist dem Verkauf von Kosmetika vorbehalten und beherbergt im rückwärtigen Bereich einen kleinen Herrensalon. Im Obergeschoss befinden sich der große Salon und der Spa-Bereich. Frei stehende Frisierstationen, ebenfalls aus Blaustahl, lassen sich verschieben, so dass der flexibel strukturierbare Raum auch als Veranstaltungsort nutzbar ist. Eine kleine Terrasse lädt zum Aufenthalt an der frischen Luft ein. Im dritten Geschoss liegen Personal- und Büroräume. Der Philosophie des Hauses entsprechend fanden naturbelassene, unbehandelte Materialien Verwendung. Regale aus nacktem Stahl, massive Eichenschränke und Naturasphalt geben dem Erdgeschoss einen eher rauen Charakter, während das Kirschholzparkett im Obergeschoss eine warme Note verströmt.

Lifestyle Salon und Spa in Berlin

Lifestyle Salon and Spa in Berlin

Entspannt zurücklehnen.
Die Räume sorgen mit ihrer gelassenen, aufgeräumten Atmosphäre für die nötige Ruhe.

Sit back and relax.
The calm, cheerful atmosphere of the rooms conveys the essential tranquility

Fotograf/photographer:
Stefan Müller

It used to be called a beauty farm, which made it sound like a spa resort in attractive countryside surroundings. Today it is called Lifestyle Salon and Spa and is located in the middle of the city. On Kurfürstendamm in Berlin the international beauty specialist Aveda aims to combine the relaxed detachment of a beauty farm with the lively, invigorating attractions of the metropolis. That means that the facility, spread over three floors of a listed building, has to juggle competing demands: urbane design, relaxed atmosphere, calm contemplation and sharp business acumen. The facility is divided into different levels linked by a steel staircase in soothing blue. The ground floor is reserved for the sale of cosmetics and care products, and accommodates a small men's salon at the back. On the first floor is the larger salon and the spa area. The free-standing hairdressing stations, also in blue steel, can be pushed to the side to allow this flexible room to be used for events. The waiting area then becomes a stage. The small terrace is a good place to catch a little fresh air between treatments. The personnel rooms and offices are on the second floor. In line with the company's philosophy, untreated and natural materials predominate. Shelves of bare steel, cupboards of solid oak and floors of natural asphalt give the ground floor a rather robust character, while the cherry parquet upstairs emanates cosy warmth. Indirect lighting and sparingly applied grass wallpaper immerse the rooms in a snug, intimate atmosphere.

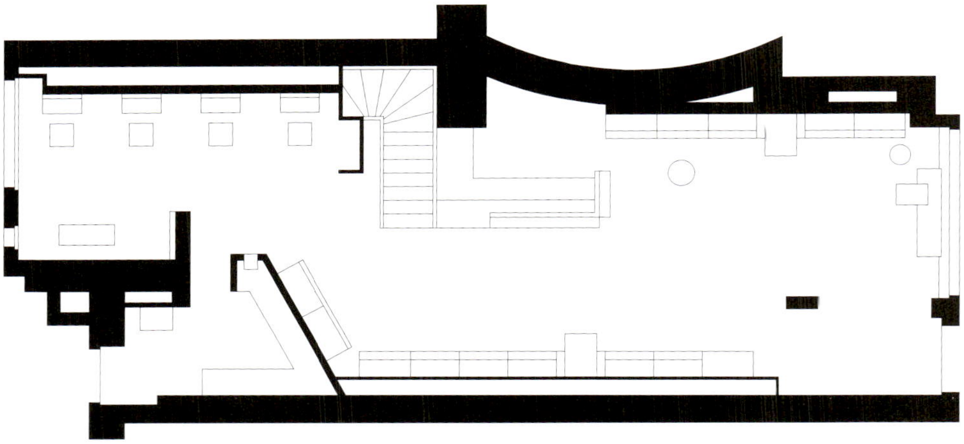

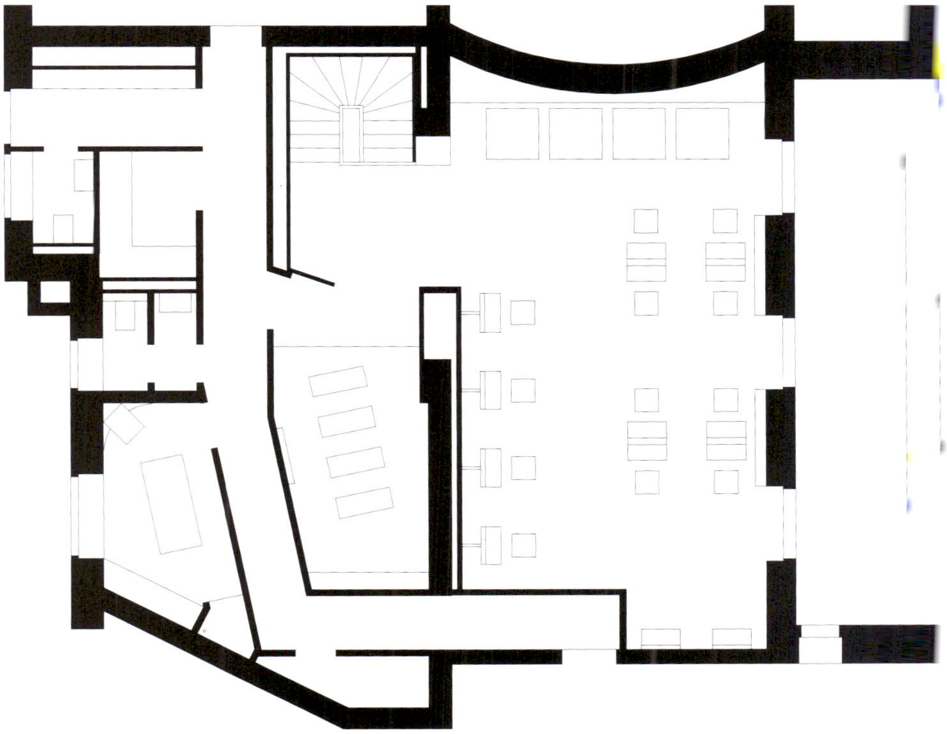

Die eingesetzten Materialien entsprechen mit ihrem natürlichen Charakter auch der Geschäftsphilosophie des Betreibers.

The natural character of the materials used corresponds with the operator's business philosophy.

Der Friseurbesuch ist ein Ereignis, bei dem man meistens wartet, etwas trinkt, in Journalen blättert und sich über neue Moden in Kenntnis setzt. Dann werden die Haare gewaschen, geschnitten und geföont. Dass diese Abfolge unterschiedlicher Tätigkeiten auch eine räumliche Entsprechung benötigen, wurde bei der Gestaltung eines Friseursalons in der Mannheimer Innenstadt berücksichtigt. Die einzelnen Stationen eines Friseurbesuchs sollten für den Kunden so angenehm wie möglich sein. Raumteiler, verschiedene Beleuchtungssituationen und Möbel dienen auf der einen Seite als differenzierende Elemente und sorgen andererseits für optimale Arbeitsabläufe. Die Einbauten wurden einheitlich aus kastanienbraunen Betoplanplatten gefertigt. An den Schnittstellen zwischen den neuen Strukturen und dem alten Bestand aus den Fünzigerjahren wurde die Beleuchtung verankert. Die Arbeitsplätze der Friseure liegen auf einem Deck mit dunklen Wengeparkett, während in den Nassbereichen ebenso wie beim Eingang beschichteter Estrich Verwendung fand. Die einzelnen Schneidetische laufen flexibel an einer Deckenschiene und lassen sich problemlos zur Seite schieben. Diese Installation ist eine qualitative Besonderheit, durch die sich der Laden auch für alternative Nutzungen und Veranstaltungen außerhalb der Öffnungszeiten eignet. Eine Cocktailparty zum Beispiel.

Friseursalon in Mannheim

Hairdressing Salon in Mannheim

Waschen, Schneiden, Föhnen.
Bei der Einrichtung wurde Wert darauf gelegt, dem Kunden einen entspannten Aufenthalt zu verschaffen.

Wash, cut, dry.
Making sure that the customer's visit is as relaxed as possible was top of the list in this design.

Fotograf/photographer:
Thomas Ott

Going to the hairdresser's is an occasion where you normally wait around, have something to drink and leaf through magazines catching up with the latest in the world of fashion, before your hair is washed, cut and dried. This design for a hairdressing salon in Mannheim city centre recognizes that this sequence of different activities needs its own spatial counterparts. The different stages of a visit at the hairdresser's should be as pleasant as possible for the customer. Room dividers, varied lighting configurations and furniture all serve the dual purposes of acting as differentiating elements and optimizing work routines. All the fittings are made of chestnut-brown Betoplan. The lighting is anchored at the interfaces between the new structures and the pre-existing elements from the 1950s. The hairdressers' workstations are on a deck of dark wenge parquet, while composite flooring was used in the wet areas and at the entrance. The individual tables run on a flexible ceiling rail arrangement and are easy to push to the side. The special installation allows the rooms to be used for other purposes and for evening events – a cocktail party for example.

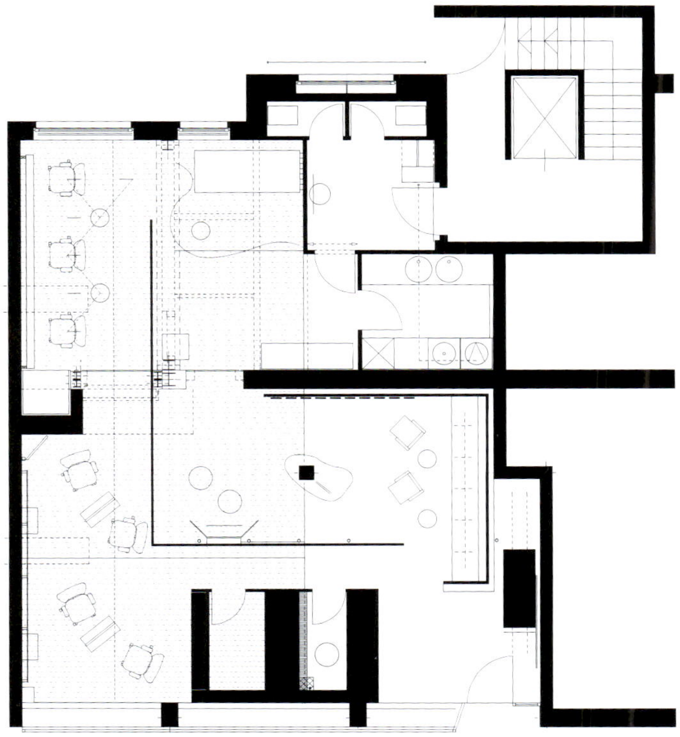

Der Raum sollte sich auch für andere Zwecke nutzen lassen. Deshalb wurden die Frisierplätze als flexible Inseln an Laufschienen montiert.

The tools of the trade are kept on mobile, rail-mounted islands to allow the room to be used for other purposes too.

Architekten-Porträts
Portraits Architects

100% interior
Sylvia Leydecker, Innenarchitektin BDA

→ 10

Johannes-Müller-Straße 25
50735 Köln
T +49.221.736383
F +49.221.736318
interior@netcologne.de
www.100interior.de

Mit den Schwerpunkten Corporate Interiors und designorientierte Entwürfe mit individuellem Profil berät das 1997 in Köln gegründete Büro Unternehmen bei der Gestaltung ihrer Innenarchitektur. Sylvia Leydecker ist Fachautorin, Dozentin und ausgewiesene Expertin auf dem Gebiet Nano-Oberflächen in der Architektur.

With its focal point on corporate interiors and design-oriented plans with individual profiles, the office, founded in 1997 in Cologne, advises companies on the design of their interior architecture. Sylvia Leydecker is a specialist author, lecturer and proven expert in the field of nanosurfaces in architecture.

4000architekten
Prof. Georg Giebeler

→ 84, 92

Schanzenstraße 21
51063 Köln/Cologne
T +49.221.4000971
F +49.221.4000981
4000@4000architekten.de
www.4000architekten.de

4000architekten wurde 1995 von Prof. Georg Giebeler (*1963) in Köln gegründet. Das Büro entwickelt individuelle Konzepte im direkten Kontakt mit den Nutzern und bearbeitet dabei das gesamte Leistungsspektrum des Architekten. In den vergangenen Jahren wurden vor allem Umbauten bestehender Industrieflächen realisiert. Dabei werden knappe Baukosten nicht als Hindernis, sondern als Ansporn für besondere Lösungen begriffen.

4000architekten was founded in 1995 by Professor Georg Giebeler (*1963) in the German city of Cologne. The firm develops individual concepts in direct cooperation with its clients and is active across the entire spectrum of architectural services. Recent years have seen the realisation of many projects involving the conversion of existing industrial sites. 4000architekten take tight budgets as an incentive to find unusual solutions.

AAg Loebner · Schäfer · Weber
Freie Architekten BDA GmbH

→ 310, 358

Rohrbacher Straße 18
69115 Heidelberg
T +49.6221.1324-0
F +49.6221.1324-24
info@architekten-ag.de
www.architekten-ag.de

Die AAg Loebner · Schäfer · Weber plant und baut seit 1995 in vielfältigen Bereichen des Hochbaus und der Innenarchitektur. Künstlerische Installationen und Ausstellungen ergänzen die Arbeit der Partner Stefan Loebner (*1966), Armin Schäfer (*1965) und Stephan Weber (*1959). Wettbewerbsbeiträge, Entwürfe und Ausführungsplanung werden im jungen Team entwickelt und eine erfahrene Bauleitung sichert die professionelle Umsetzung der Konzepte.

Since 1995, AAg Loebner · Schäfer · Weber has been planning and building in many different areas of construction and interior design. Art installations and exhibitions also feature in the work of Stefan Loebner (*1966), Armin Schäfer (*1965) and Stephan Weber (*1959). Their young team develops designs, plans of execution and entries for competitions, while their experience in construction site management ensures a professional realisation of the concepts.

Akyol Gullotta Kamps Architekten Hamburg

→ 214, 270

Schaarsteinwegsbrücke 2
20459 Hamburg
T +49.40.3251390
F +49.40.32513929
www.agk-architects.com
office@agk-architects.com

Das Kürzel steht für die Anfangsbuchstaben der Architekten Hakki Akyol (*1958), Giorgio Gullotta (*1968) und Philipp Kamps (*1966), die bei Gerkan, Marg + Partner in Hamburg als Mitarbeiter tätig waren und sich 2000 zu einem eigenen Büro zusammen schlossen. Im Spannungsfeld zwischen Aufgabenstellung, Ort und künstlerischer Zielsetzung werden Lösungen für unterschiedlichste Projekte von Stadien über Wohnbauten bis zum Kapellraum entwickelt.

The abbreviation stands for the first letter of the names of architects Hakki Akyol (*1958), Giorgio Gullotta (*1968) and Philipp Kamps (*1966), who worked at Gerkan, Marg + Partner in Hamburg before starting their own office up together in 2000. In the conflict between task, location and artistic objective, solutions are developed for the most varying of projects, from stadiums and residential buildings through to churches.

BFGF
Büro für Gestaltungsfragen

→ 42

Lippmannstraße 53–55
22769 Hamburg
T +49.40.3178700
F +49.40.310429
design@bfgf.de
www.bfgf.de

„Schön ist, was Probleme macht" – So lautet das Motto des „Büros für Gestaltungsfragen", zu dem sich fünf Industriedesigner in Partnerschaft zusammen taten. Unter Berücksichtigung der Kundenwünsche erarbeiten sie individuelle Lösungen, deren Bandbreite von seriellen Industrieprodukten bis zu handwerklichen Sonderaufträgen reicht. Die Neustrukturierung bestehender Räume gilt als ihre besondere Spezialität.

"Beauty is that which creates problems" – that's the motto of the "Office for Design Questions", which is run by a partnership of five industry designers. Taking into account the customer's wishes, they draw up individual solutions, ranging from serial industrial products to special skilled commissions. Restructuring existing spaces is their particular speciality.

blauraum architekten

→ 324

Wexstraße 28
20355 Hamburg
T +49.40.41916690
F +49.40.41916699
office@blauraum.de
www.blauraum.de

Das 2002 gegründete Büro wird durch ein junges, internationales Team von Spezialisten für Gegenwartsarchitektur, Städtebau und Kulturmanagement geprägt. Im Vordergrund steht die intensive Auseinandersetzung mit dem architektonischen Begriff der Transformation, der Nutzungsdichte und des Ortes. Der Tätigkeitsbereich erstreckt sich von Gewerbe- und Wohngebäuden über Ladenbau/Innenausbau bis zu städtebaulichen Entwicklungsgutachten.

The office, which was founded in 2002, is characterised by a young, international team of specialists in contemporary architecture, urban development and culture management. The intensive discussion with the architectural term of transformation, density of use and location is in the forefront. The field of activity jumps from industrial and residential buildings through to shop design and interior work as well as urban development expertise.

Bottega + Ehrhardt Architekten

→ 14, 202

Rosenbergstraße 46
70176 Stuttgart
T +49.711.63303330
F +49.711.63303333
info@be-arch.com
www.be-arch.com

Das Architekturbüro wurde 1998 in Stuttgart von den selbständigen Architekten Giorgio Bottega (*1967) und Henning Ehrhardt (*1966) gegründet, die vorher Erfahrungen in diversen internationalen Architekturbüros gesammelt haben. Beide bekleiden auch eine Dozentur für Entwerfen an der Universität Stuttgart.

The architecture firm was founded in 1998 in Stuttgart by independent architects Giorgio Bottega (*1967) and Henning Ehrhardt (*1966), who had previously gathered experience in numerous international architecture firms. Both also hold a lectureship for design at the University of Stuttgart.

dopo_domani
International Interior Design

→ 136, 278, 306

Kantstraße 148
10623 Berlin
T +49.30.8822242
F +49.30.8823808
sales3@dopo-domani.com
www.dopo-domani.com

Das Angebot des 1986 gegründeten Berliner Einrichtungshauses dopo_domani reicht von Bürosystemen über Wohnmöbel, Bad- und Kücheneinrichtungen bis hin zu Stoffen, Tapeten, Farben und Accessoires. Eine eigene Planungsabteilung des von Arno Schneider (*1965) geführten Hauses berät seine Kunden, entwirft individuelle Ausstattungen von Wohn-, Büro- und Geschäftsräumen und betreut die Umsetzung ihrer Konzepte auf der Baustelle.

This Berlin-based interior designer, founded in 1986 and headed by Arno Schneider (*1965), offers a range stretching from office systems to home furnishings, bathrooms and kitchens, to fabrics, wallpaper, paints and accessories. dopo_domani's planning department advises customers, designs individual decor for living, office and business premises, and takes care of the implementation of the designs on site.

Egg and Dart
Design Corporation

→ 242, 246

Lindwurmstraße [illegible]
80337 München [illegible]
T +49.89.76[illegible]36[illegible]
F +49.89.76[illegible]36[illegible]2[illegible]
studio@eggand[illegible]
www.eggand[illegible]

Das Münchner Designstudio Egg and Dart erarbeitet seit 1999 anspruchsvolle und außergewöhnliche Interiorkonzepte für internationale Kunden in den Bereichen Yacht, Innenarchitektur und Luftfahrt. Georg Decker leitet ein interdisziplinäres Team aus Architekten, Innenarchitekten und Designern. Allen Projekten gemein ist eine ganzheitliche Betrachtungsweise, die sich von der Recherche über die Konzeption bis hin zur Realisierung erstreckt.

Ever since its foundation in 1999, the Munich-based design studio egg and dart has been developing ambitious and out-of-the-ordinary interior concepts for customers from the fields of yacht design, interior design and aviation. Georg Decker heads an interdisciplinary team of architects, interior designers and industrial designers. From research to conception to realization, these professionals bring a holistic approach to all [illegible] projects.

eins:33
Hendrik Müller

→ 262

Angertorstraße 3
80469 München
T +49.89.23702835
F +49.89.27275579
info@einszu33.de
www.einszu33.de

Ganzheitliche Raumlösungen für Shops, Hotels, Wellness- und Wohnbereiche in enger Abstimmung mit den Bauherren hat sich das Büro zur Aufgabe gemacht und betont dabei den Dialog von Raum und Objekt. Büroinhaber Hendrik Müller (*1973) gründete das Büro, das seinen Sitz seit 2004 in München hat, 1999 in Stuttgart. Er veröffentlichte zahlreiche Fachartikel zur Innenarchitektur, ist Dozent und veranstaltet Ausstellungen zum Thema.

The office has made complete space solutions for shops, hotels, health divisions and residential areas in close coordination with the building owners its profession, thus emphasising the dialogue between space and property. Office proprietor Hendrik Müller (*1973) founded the office, which has been located in Munich since 2004, in Stuttgart in 1999. He has published numerous specialist articles about interior architecture, is a lecturer and holds exhibitions on the subject.

für alle | Frédérique Desvaux
Gestaltung von Raum und Gegenstand

→ 22

Plinganserstraße 150 Haus 7
81369 München
T +49.89.76753388
F +49.89.976753389
info@fueralle.net
www.fueralle.net

Der Name des Büros für die Gestaltung von Raum und Gegenständen von Frédérique Desvaux ist Programm. Das Büro komponiert übergeordnete räumliche Zusammenhänge zu einem ästhetischen Ganzen und berät Firmen bei der Planung und Realisierung von Showrooms und Messeständen. Die Gestaltung von Produktpräsentationen, Ausstellungsräumen und temporären Bauten sowie Innenarchitektur für Gastronomie und Verkauf fallen mit in die Arbeitsfelder.

"For everyone": the name of the office for the design of space and objects by Frédérique Desvaux is also his agenda. The office composes superior spatial connections into an aesthetic entirety and advises companies on the planning and realisation of their showrooms and exhibition stands. The design of product presentations, exhibition spaces and temporary buildings, as well as interior architecture for gastronomy and sales also fall in the scope of activities.

Gewers Kühn + Kühn
Gesellschaft von Architekten mbH

→ 132, 238

Carnotstraße 7/Gemini Quay
10587 Berlin
T +49.30.283082-0
F +49.30.283082-53
Info@gewers-kuehn-kuehn.de
www.gewers-kuehn-kuehn.de

Seit 2000 entwickeln und realisieren Georg Gewers (*1962), Oliver Kühn (*1962) und Swantje Kühn (*1964) ihre innovativen Gebäudekonzepte in interdisziplinärer Zusammenarbeit. Zu ihren realisierten Projekten zählen unter anderem Hochhäuser, Verwaltungsgebäude, Museumsbauten, Bauten für die Luftfahrt und Bahnhöfe.

Since 2000 Georg Gewers (*1962), Oliver Kühn (*1962) and Swantje Kühn (*1964) have been developing and realising their innovative building concepts in interdisciplinary cooperation. Among their realised projects are high-rises, administrative buildings, museums, railway stations and buildings for aviation.

gmp Architekten
von Gerkan, Marg und Partner

→ 170

Elbchaussee 139
22763 Hamburg
T +49.40.88 [illegible]-0
F +49.40.88 [illegible]-177
Hamburg-E@gmp-architekten.de
www.gmp-architekten.de

Meinhard von Gerkan (*1935), Volkwin Marg (*1936) und ihre Partner gründeten 1965 das Architekturbüro gmp. Ihre zahlreichen realisierten Bauten reichen von Einfamilienhäusern, Hotels, Museen, Theatern und Konzerthallen, Bürogebäuden, Handelszentren und Krankenhäusern bis hin zu Verkehrsbauten sowie Forschungs- und Bildungseinrichtungen. International bekannt wurde gmp in erster Linie mit seiner Flughafen-Architektur und zahlreichen städtebaulichen Planungen.

Meinhard von Gerkan (*1935), Volkwin Marg (*1935) and their partners founded the gmp architects' office in 1965. Their wide range of realised commissions reaches from detached houses, hotels, museums, theatres and concert halls, office buildings, commercial centres and hospitals to transport buildings and research and education facilities. Above all, gmp has won international renown with its airport architecture and many town planning projects.

GRAFT GbR

→ 128, 314

Borsigstraße 33
10115 Berlin
T +49.30.24047985
F +49.30.24047987
berlin@graftlab.com
www.graftlab.com

GRAFT wurde 1999 von Lars Krückeberg (*1967) und Wolfram Putz (*1968) in Los Angeles gegründet. Im Jahr 2001 schloss sich Thomas Willemeit (*1968) dem Büro für Architektur, Stadtplanung, Ausstellungs-Design und Musik an, das im selben Jahr eine Dependance in Berlin eröffnete. Neben der Realisierung unterschiedlicher Bauaufgaben liegt das Interesse von GRAFT im Überschreiten der Grenzen zwischen unterschiedlichen Disziplinen und dem daraus resultierenden kreativen Potenzial.

GRAFT was founded in 1999 by Lars Krückeberg (*1967) and Wolfram Putz (*1968) in Los Angeles. They were joined by Thomas Willemeit (*1968) in 2001. The office for architecture, town planning, exhibition design and music opened a branch in Berlin that same year. Along with the realisation of various projects, GRAFT is interested in overcoming the barriers between the different disciplines so as to achieve a greater creative potential.

Hilmer & Sattler und Albrecht
Gesellschaft von Architekten mbH

→ 230

Sophienstraße 33a
10178 Berlin
T +49.30.284954-0
F +49.30.2807133
info@h-s-a.de
www.h-s-a.de

Hilmer & Sattler wurde 1974 in München von Heinz Hilmer (*1936) und Christoph Sattler (*1938) gegründet, eine Niederlassung in Berlin besteht seit 1988. Thomas Albrecht (*1960) ist seit 1993 Partner. Die zahlreichen realisierten Bauten und städtebaulichen Projekte gehen häufig auf erfolgreiche Wettbewerbsergebnisse zurück und befassen sich mit Wohnungs- und Bürohausbau, Museumsbauten, Hotels sowie Umbauten und Generalsanierungen.

Hilmer & Sattler was founded in 1974 by Heinz Hilmer (*1936) and Christoph Sattler (*1938) in Munich. The Berlin branch was established in 1988, and Thomas Albrecht (*1960) has been a partner there since 1993. The company's numerous completed buildings and town planning projects have often been the result of successful competition entries and include areas as residential buildings, office blocks, museums and hotels as well as conversions and modernisations.

Kahlfeldt Architekten

→ 234

Kurfürstendamm 58
10707 Berlin
T +49.30.327798-0
F +49.30.327798-29
mail@kahlfeldt-architekten.de
www.kahlfeldt-architekten.de

1987 von Petra Kahlfeldt (*1960) und Prof. Paul Kahlfeldt (*1956) gegründet, umfasst das Tätigkeitsfeld des Büros Planungsleistungen für vielfältige Bauaufgaben. Einen Schwerpunkt bilden die Realisierung von Büro- und Verwaltungsgebäuden sowie größeren Wohnungsbauten und die Teilnahme an zahlreichen Wettbewerben. Projektleiter für die Umbauten in der Philharmonie in Berlin ist Michael Mertens.

Founded in 1987 by Petra Kahlfeldt (*1960) and Professor Paul Kahlfeldt (*1956), this firm's activities include comprehensive planning for a multitude of building types. One area of specialisation is the realisation of office and administrative buildings as well as large-scale residential projects; another is participation in numerous competitions. Project leader for the alteration work in the Berlin Philharmony is Michael Mertens.

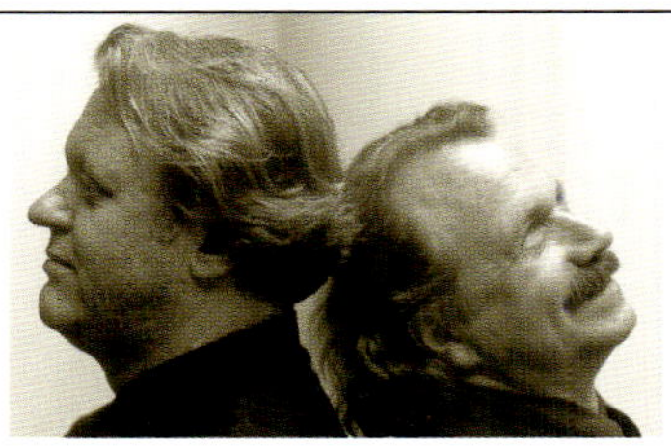

k/h
Büro für Innenarchitektur und Design

→ 188

An der Eickesmühle 30
41238 Mönchengladbach
T +49.2166.9463-0
F +49.2166.9463-22
design@klein-haller.de
www.klein-haller.de

Der Designer Harald Klein (*1953) und der Innenarchitekt Bert Haller (*1956) firmieren seit 1998 unter dem gemeinsamen Namen k/h. Der Schwerpunkt ihrer Planungsaufgaben liegt im Bereich der Gastronomie und Hotellerie. Neben der Erstellung der innenarchitektonischen Raumkonzepte zählt auch die Entwicklung von Geschäftsidee und Corporate Design, Budgetkontrolle sowie Licht- und Einrichtungsplanung zu ihren Aufgaben.

The designer Harald Klein (*1953) and the interior designer Bert Haller (*1956) have been working together since 1998 under the name k/h. Their projects tend to focus on gastronomy and hotels. Along with the creation of interior design concepts, they also develop business ideas and corporate design, budget proposals and light- and furnishing plans.

KEGGENHOFF | PARTNER

→ 206

Karlstraße 10
59755 Arnsberg-Neheim
T +49.2932.902866-18
F +49.2932.9028 66-6
welcome@keggenhoff.de
www.keggenhoff.de

Das 2001 von Sabine Keggenhoff (*1968) und Michael Than (*1965) gegründete Büro versteht die Durchgängigkeit der Gestaltung von Innen- und Außenräumen als übergeordnete Intention. Vielfach ausgezeichnete Projekte dokumentieren betont geometrische Grundformen und das Spiel von Harmonien und Kontrasten. Umbauten, Modernisierungen, Neubauten und Kozeptentwicklung gehören zum Repertoire.

The office, founded in 2001 by Sabine Keggenhoff (*1968) and Michael Than (*1965), sees the continuity of design between interior and exterior spaces as being of overriding importance. Multiple outstanding projects emphatically document basic geometric forms and the game between harmonies and contrasts. Conversions, modernisations, new constructions and concept development are among their repertoire.

Kleihues + Kleihues
Jan Kleihues

→ 162

Helmholtzstraße 42
10587 Berlin
T +49.30.399779-0
F +49.30.399779-77
berlin@kleihues.com
www.kleihues.com

Kleihues + Kleihues geht auf das vor 40 Jahren in Berlin gegründete Büro von Prof. Josef P. Kleihues zurück. Seit dessen Tod im Sommer 2004 führen Jan Kleihues und Norbert Hensel das 1996 in die Gesellschaft von Architekten mbH Kleihues + Kleihues umgewandelte Büro gemeinsam fort. Das Aufgabenspektrum umfasst die Planung und Bauleitung von Hochbauten und Innenräumen, die Konzeption von Freianlagen, die Entwicklung städtebaulicher Planungen und das Erstellen von Gutachten.

Kleihues + Kleihues dates back to the office founded in Berlin 40 years ago by Prof. Josef P. Kleihues. Since his death in the summer of 2004, Jan Kleihues and Norbert Hensel have continued the office, which was converted into the Gesellschaft von Architekten mbH Kleihues + Kleihues in 1996. Their spectrum of tasks comprises the planning and site management of buildings and interior spaces, the conception of outdoor facilities, the development of urban plans and the creation of expert reports.

Holger Kleine
Gesellschaft von Architekten mbH

→ 258

Lützowstraße 102–104c
10785 Berlin
T +49.30.25358930
F +49.30.25358940
info@holgerkleinearchitekten.de
www.holgerkleinearchitekten.de

Holger Kleine (*1962), der das Büro 1999 in Berlin gründete, war u. a. Mitarbeiter von Peter Eisenman und ist Autor zahlreicher Veröffentlichungen zur Phänomenologie des Raumes, zum Bibliothekenbau und zur zeitgenössischen Architektur. Zu den Projekten seines Büros zählen auch die Deutsche Botschaft in Warschau (2002–2007) sowie zahlreiche Bauten und Ausbauten für Bauherren in Frankreich, Polen und Deutschland.

Holger Kleine (*1962), who founded the office in 1999 in Berlin, has worked for Peter Eisenman among others and is the author of numerous publications on the phenomenology of space, library design and contemporary architecture. His office's projects include the German embassy in Warsaw (2002–2007) as well as numerous constructions and developments for property owners in France, Poland and Germany.

Professor Hans Kollhoff
Architekten Kollhoff und Timmermann

→ 120

Kurfürstendamm 17
10707 Berlin
T +49.30.884185-0
F +49.30.884185-96
buero@kollhoff.de
www.kollhoff.de

Hans Kollhoff (*1946) gründete 1978 sein eigenes Architekturbüro in Berlin, das er seit 1984 partnerschaftlich mit der Architektin Helga Timmermann (*1953) führt. Das international erfahrene Büro mit seinen etwa 40 Mitarbeitern sowie Dependancen in der Schweiz und in den Niederlanden ist mit nahezu allen Bauaufgaben vertraut. Dazu gehören neben Geschäfts- und Wohnhäusern auch Um- und Ausbauten sowie städtebauliche Projekte. Hans Kollhoff ist seit 1990 ordentlicher Professor an der Eidgenössischen Technischen Hochschule in Zürich.

Hans Kollhoff (*1946) set up his office in Berlin in 1978. Since 1984, he has been working in partnership with Helga Timmermann (*1953). This internationally experienced firm now has 40 employees and offices in Switzerland and the Netherlands, and operates in virtually all areas of architecture. These include the creation of business and residential properties as well as conversions and extensions of existing buildings. Hans Kollhoff has held a professorship at the Eidgenössische Technische Hochschule in Zurich since 1990.

Büro Korb GmbH
Thomas Korb

→ 198

Altonaer Poststraße 9b
22767 Hamburg
T +49.40.25 30 46-60
F +49.40.25 30 46-86
info@buerokorb.de
www.buerokorb.de

Das 1997 von Thomas Korb (*1963) in Hamburg gegründete Büro für Architektur, Innenarchitektur und Baumanagement, das seit 2001 eine Dependance in Köln hat, widmet sich der Erarbeitung von Entwurfskonzepten und deren qualitativ hochwertiger Realisierung in den Schwerpunktbereichen Hotels und öffentliche Bauten.

The office, founded in 1997 by Thomas Korb (*1963) in Hamburg, for architecture, interior architecture and building management, which has had a branch in Cologne since 2001, dedicates itself to the preparation of design concepts and their high-quality realisations in its focal point areas of hotels and public buildings.

KORB + KORB

→ 274

Schartenstraße 3
CH-5400 Baden
T +41.56.2001420
F +41.56.2001424
info@korb-korb.ch
www.korb-korb.ch

Das Büro realisiert Projekte für private Bauherrn sowie öffentliche Gebäude wie auch Messestände, Showrooms und Restaurants. Das Design von Büromöbeln und Lichtsystemen ist ein weiterer Schwerpunkt. Der Ausdruck individuellen Lebensgefühls und die bauliche Parallelität von Innen und Außen sind dem 1989 von Susan D. Korb (*1963) und Daniel Korb (*1958) in Stuttgart gegründeten Büro, das seit 1999 seinen Hauptsitz in Baden/Schweiz hat, besonders wichtig.

The office realises projects for private property owners as well as public buildings and also exhibition stands, showrooms and restaurants. The design of office furniture and light systems is a further focal point. The expression of individual attitudes to life and the structural parallelism between interior and exterior are particularly important to the office, which was founded in 1989 by Susan D. Korb (*1963) and Daniel Korb (*1958) in Stuttgart.

Krüger Wiewiorra Architekten
Carsten Wiewiorra | Anna Krüger

→ 266, 342

Wolliner Straße 50
10435 Berlin
T +49.30.400567-40
F +49.30.400567-41
mail@wwarchitekten.de
www.wwarchitekten.de

1999 von Carsten Wiewiorra (*1968) in Berlin gegründet, firmiert das Büro seit dem Zusammenschluss mit Anna Krüger (*1971) im Jahr 2004 unter dem Namen Krüger Wiewiorra Architekten. In Arbeitsgemeinschaften mit Designern, Architekten, Stadtplanern und Ingenieuren werden Projekte in verschiedenen Maßstäben vom städtebaulichen Rahmenplan über Architektur, Innenausbau bis hin zum Produktdesign bearbeitet und realisiert.

Started up in Berlin in 1999 by the architect Carsten Wiewiorra (*1968), this firm has been operating under the name Krüger Wiewiorra Architekten since the beginning of the partnership with Anna Krüger (*1971) in 2004. In cooperation with designers, architects, town planners and engineers, the company plans and implements projects of all sizes – from urban masterplans to architecture, interior decoration and product design.

KSV Krüger Schuberth Vandreike

→ 154, 254

Brunnenstraße 19[illegible]
10119 Berlin
T +49.30.28[illegible]031[illegible]
F +49.30.28[illegible]03[illegible]
ksv@ksv-network.de
www.ksv-network.de

Das seit 1990 bestehende Architekturbüro hat das Tätigkeitsfeld von Architektur und Stadtplanung auf die Bereiche Design und Kommunikation ausgeweitet. Das Team um die Architekten Torsten Krüger, Christiane Schuberth und Bertram Vandreike setzt sich interdisziplinär zusammen. Neben der Realisierung von Museums-, Wohn-, Geschäfts- und Forschungsbauten national und international bildet Corporate Design einen weiteren Schwerpunkt.

The architecture office, which was founded in 1990, has expanded its fields of architecture and urban development to the areas of design and communication. The team surrounding Torsten Krüger, Christiane Schuberth and Bertram Vandreike is made up of an interdisciplinary staff. As well as realising museums, residential buildings, commercial buildings and research structures both nationally and internationally, the field of corporate design forms another focal point of the company.

Léon Wohlhage Wernik Architekten

→ 38, 96

Leibnizstraße 65
10629 Berlin
T +49.30.327600-0
F +49.30.327600-60
post@ eonwohlhagewernik.de
www. eonwohlhagewernik.de

1987 gründeten Hilde Léon und Konrad Wohlhage das Architekturbüro léonwohlhage. Seit 1997 firmiert das Büro unter Léon Wohlhage Wernik Architekten. Das breite Spektrum ihrer realisierten Bauaufgaben umfasst Schulbauten, öffentliche Bauten, Büro- und Wohngebäude, wobei eine Reihe ihrer Aufträge aus erfolgreichen Wettbewerbsteilnahmen hervorgingen. Neben Architektenleistungen gehören Projektsteuerung sowie Produktentwicklung und Beratung für Firmen der Bauindustrie zu den Aufgaben des Büros.

In 1987 Hilde Léon and Konrad Wohlhage founded léonwohlhage, since 1997 Léon Wohlhage Wernik Architekten. The broad spectrum of their completed projects includes schools, public buildings, offices and residential premises. A number of their buildings have been the result of successful participation in competitions. Along with architectural services, they offer project guidance, product development and consulting for construction companies.

MARTINI, MEYER
Alexandra Martini | Henrike Meyer

→ 30, 112

Schlesische Straße 26
10997 Berlin
T +49.30.44355909
F +49.30.44355908
mail@martinimeyer.com
www.martinimeyer.com

1999 von Alexandra Martini (*1972) und Henrike Meyer (*1968) gegründet, ist MARTINI, MEYER in den Bereichen Innenarchitektur, Design und Kommunikation aktiv. Das Büro entwickelt maßgeschneiderte Konzepte, die neben einem hohen funktionalen und ästhetischen Anspruch innovative Raumlösungen anbieten und auf überzeugende Weise die Firmenphilosophie ihrer Auftraggeber ausdrücken.

Founded in 1999 by Alexandra Martini (*1972) and Henrike Meyer (*1968), MARTINI, MEYER is active in the areas of interior design, general design and communication. The office develops tailor-made concepts that offer innovative uses of space along with high functional and aesthetic standards, and which are a convincing expression of the client's corporate philosophy.

mar x
visuelle kommunikation

→ 22

Adlzreiterstraße 24
80337 München
T +49.89.76754995
F +49.89.76754997
www.mar-x.com
info@mar-x.com

Die interdisziplinär ausgerichtete Corporate Identity Agentur wurde 2001 in München von den beiden Diplomdesignern Marc Ziegler und Professor Xuyen Dam gegründet. Sie arbeitet mit unterschiedlichen Experten in den Bereichen Architektur, Messebau, Fotografie und Software-Entwicklung zu bereichsübergreifenden Lösungen zusammen.

Qualified designers Marc Ziegler and Professor Xuyen Dam founded the interdisciplinary corporate identity agency in 2001 in Munich. They work with numerous experts in the areas of architecture, exhibition structure, photography and software development to develop cross-discipline solutions.

Meuser Architekten BDA
Natascha Meuser | Philipp Meuser

→ 294

Schlüterstraße [illegible]7
10625 Berlin
T +49.30.31[illegible]531[illegible]
F +49.30.31[illegible]531[illegible]
meuser@[illegible]
www.meuser-architekten.de

Seit Bürogründung 1996 arbeiten Natascha Meuser (*[illegible]) und Philipp Meuser (*1969) an der Schnittstelle zwischen Praxis und Theorie. Neben planerischen Aufgaben im Bereich Innenarchitektur und Möbelentwurf befasst sich das Büro mit der Konzeption von Ausstellungen und Publikationen zu Architektur und Städtebau im internationalen Kontext. Die Projekte werden im In- und Ausland für öffentliche und private Auftraggeber realisiert.

Since the founding of their firm in 1996, Natascha Meuser (*19[illegible]7) and Philipp Meuser (*1969) have been at the cutting edge of practice and theory. Along with projects in the areas of interior decorating and furniture design, the firm concentrates on the design of exhibitions and on publications on architecture and urban planning in an international context. The Meusers design and build projects in Germany and abroad for public and private clients.

Modersohn & Freiesleben Architekten BDA

→ 54, 298

Bayernallee 47
14052 Berlin
T +49.30.21750160
F +49.30.21750161
office@mofrei.de
www.mofrei.de

Das Architekturbüro wurde im Jahr 1994 von Antje Freiesleben (*1965) und Johannes Modersohn (*1961) gegründet. In den vergangenen Jahren realisierten Modersohn & Freiesleben sowohl umfangreiche Bauvorhaben im Bestand und Umbauten denkmalgeschützter Gebäude als auch Neubauten von Bürogebäuden, einen Regional-Bahnhof und verschiedene private Wohnhäuser. Modersohn & Freiesleben wurde der Förderpreis Baukunst 2004 der Akademie der Künste Berlin verliehen.

This architectural firm started up in 1994 under the direction of Antje Freiesleben (*1965) and Johannes Modersohn (*1961). In recent years Modersohn & Freiesleben have completed comprehensive building projects involving the restoration and reconstruction of heritage-listed buildings as well as new projects – including office blocks, a regional railway station and diverse private homes.

Jordan Mozer and Associates

→ 146

320 West Ohio
Chicago, IL 60610
T +1.312.397.1133
F +1.312.397.1233
invention@mozer.com
www.mozer.com

Jordan Mozer and Associates wurde in den 1980er Jahren als Büro für Innenarchitektur und Design in Chicago gegründet. Die Gestaltung von Restaurants Shopping Zonen und Hotels bis hin zur Möblierung und den Lichtkonzepten wird von ihm entworfen und ausgeführt. Jordan Mozer ist für Designfragen, sein Partner Jeff Carloss für die architektonischen Arbeiten und Beverlee Mozer für die Realisierung der Designs verantwortlich.

Jordan Mozer and Associates was founded in Chicago in the 1980s as an office for interior architecture and design. Designing of restaurants, shopping areas and hotels right through to furnishing and light concepts is organised and carried out by the company. Jordan Mozer is responsible for design questions, his partner Jeff Carloss for architectural works and Beverlee Mozer for the realisation of designs.

Nalbach + Nalbach
Johanne Nalbach | Gernot Nalbach

→ 50, 80, 142, 166

Rheinstraße 45
12161 Berlin
T +49.30.8590830
F +49.30.8511210
buero@nalbach-architekten.de
www.nalbach-architekten.de

Nalbach + Nalbach wurde 1975 von Hon. Prof. Johanne Nalbach und Prof. Gernot Nalbach gegründet. Die Tätigkeitsbereiche des Berliner Büros mit Dependancen in Wien und Dortmund sind Städtebau, Architektur und Innenarchitektur. Eine Vielzahl der realisierten Projekte geht auf Wettbewerbserfolge zurück. Neben Wohnbauten, Hotels, Einkaufszentren und Bürogebäuden plant das Büro auch Hotelausstattungen.

The Nalbach + Nalbach firm of architects was founded in 1975 by Adjunct Professor Johanne Nalbach and Professor Gernot Nalbach. This Berlin-based company with branches in Dortmund and Vienna is active in town planning, architecture and interior design. A large number of its completed projects came as a result of successful competition entries. Along with residential properties, shopping centres and office buildings, Nalbach + Nalbach also carries out planning for the interior design of hotels.

netherblu
Ulrich Nether

→ 26

Comeniusstraße 1
40545 Düsseldorf
T +49.211.9304932
F +49.211.5570356
info@netherblu.de
www.netherblu.de

Die Einheit verschiedener Designbereiche als „Crossover", die Verbindung von Innenarchitektur mit Produktdesign, Architektur, Grafik und Kunst – das ist das Konzept des 1992 von Ulrich Nether (*1961) und Jeanette Faust in Düsseldorf gegründeten Studios „netherblu gestalt crossover": vom Design eines einzelnen Produkts oder Raums bis zur Markenentwicklung und -kommunikation.

The unity of different design areas as "crossovers", the connection of interior architecture with product design, architecture, graphics and art – that is the concept of the "netherblu gestalt crossover" studio, founded in 1992 by Ulrich Nether (*1961) and Jeanette Faust in Düsseldorf: from design of an individual product or space to brand development and communication.

nps tchoban voss Architekten BDA
A.M. Prasch P. Sigl S. Tchoban E. Voss

→ 76, 222

Rosenthaler Straße 40/41
10178 Berlin
T +49.30.283920-0
F +49.30.283920-200
mail@nps-tchoban-voss-b.de
www.nps-tchoban-voss.de

Vor über 30 Jahren in Hamburg gegründet, wurde das Tätigkeitsfeld des Büros mit der Eröffnung von Standorten in Dresden 1991 und Berlin 1992 ausgebaut. Sergei Tchoban (*1962) leitet als verantwortlicher Partner das Berliner Büro. Das Spektrum der Bauvorhaben umfasst Büro- und Geschäftsbauten, Wohnungen, Hotels, Kinos, Kultur-, Gewerbe- und Industriebauten, Stadtplanung sowie den Umgang mit denkmalgeschützter Bausubstanz.

Founded in Hamburg more than thirty years ago, this firm has expanded its horizons with the opening of branches in Dresden in 1991 and Berlin in 1992. Sergei Tchoban, born in St. Petersburg in 1962, is the partner in charge of the Berlin office. The spectrum of the firm's activities covers office and business premises, apartments, hotels, cinemas, buildings for culture, trade and industry, town planning as well as working with heritage-listed, historical buildings.

Petzinka Pink Architekten BDA
Technologische Architektur®

→ 46, 226, 336, 346

Cecilienallee 17
40474 Düsseldorf
T +49.211.47871-0
F +49.211.47871-10
sekretariat@petzinka-pink.de
www.petzinka-pink.de

Von Prof. Karl-Heinz Petzinka und Thomas Pink gegründet, realisierte das Architekturbüro in den letzten 20 Jahren über 200 Projekte im Hoch- und Innenausbau. Die vielfältigen Bauaufgaben reichen unter anderem von Büro- und Verwaltungsgebäuden über Geschäftshäuser, Kulturbauten, Wohnanlagen bis hin zu städtebaulichen Planungen. Dabei steht ein Team von Architekten, Bauingenieuren und Innenarchitekten für die Bearbeitung aller Leistungsphasen zur Verfügung.

Founded by Professor Karl-Heinz Petzinka and Thomas Pink, this firm has realised more than 200 construction and reconstruction projects in the last 20 years. These varied projects range from office and administrative buildings to business premises, cultural venues, housing projects and town planning. The Petzinka Pink team includes architects, structural engineers and interior designers to cover every phase of construction.

plajer & franz studio
Alexander Plajer | Werner Franz

→ 108, 184, 332

Erkelenzdamm 59-61
10999 Berlin
T +49.30.616558-0
F +49.30.616558-19
studio@plajer-franz.de
www.plajer-franz.de

Nach einigen Jahren Berufserfahrung in New York gründeten Alexander Plajer und Werner Franz 1996 ihr gemeinsames Büro in Berlin. Mittlerweile auf Retaildesign, Unternehmen in der Medienbranche und Gastronomie spezialisiert, entwickeln und realisieren plajer & franz studio für die meisten ihrer Kunden alle Leistungen vom corporate design bis zur Innenarchitektur.

After several years of working as architects in New York, Alexander Plajer and Werner Franz established their firm in Berlin in 1996. They now specialise in retail design, media companies and restaurants – fields in which they develop and implement all phases of construction for most of their clients, from corporate design to interior decorating.

RaiserLopesDesigners
Prof. Hartmut A. Raiser, Architekt

→ 180, 286

Hauptmannsreute 69
70193 Stuttgart
T +49.711.2483919-0
F +49.711.2483919-99
www.RaiserLopes.com
mail@RaiserLopes.com

1988 begann Hartmut A. Raiser seine selbstständige Tätigkeit und führt sie seit 1998 mit seiner Frau Kristina Lopes unter dem Namen RaiserLopesDesigners weiter. Das Büro entwickelt in seiner Kernkompetenz das innenarchitektonische Corporate Design für Firmen in Shops, Showrooms und repräsentativen Räumen ihrer Verwaltungsgebäude. Projekte in der Gastronomie, im privaten Wohnbereich sowie in der Produktgestaltung ergänzen das Tätigkeitsfeld.

Hartmut A. Raiser began his freelance career in 1988 and since 1998 has been working together with his wife, Kristina Lopes, under the name RaiserLopesDesigners. The firm specialises in developing interior corporate designs for shops, showrooms and the representative rooms in client companies' administrative buildings. They have also carried out projects in restaurants, private homes and in product design.

RKW Rhode Kellermann Wawrowsky
Architektur | Städtebau | Innenarchitektur

→ 58, 100, 350

Tersteegenstraße 30
40474 Düsseldorf
T + 49.0211.4367540
F + 49.0211.4367111
heike.falkenberg@RKWmail.de
www.rkw-as.de

Die Bürogemeinschaft RKW Rhode Kellermann Wawrowsky wurde 1971 gegründet und beschäftigt heute etwa 280 Mitarbeiter. Ihre Tätigkeitsschwerpunkte sind sowohl der Neubau von Handels-, Büro-, und Gewerbebauten sowie Hotels und Wohngebäuden als auch die Sanierung bestehender Bauten. Das Kompetenzzentrum Innenarchitektur, unter der Leitung von Heike C. Falkenberg, entwickelt und realisiert Konzepte für die Bereiche Raumbildender Ausbau, Ausstattung und Produktentwicklung.

The partnership of RKW Rhode Kellermann Wawrowsky was founded in 1971 and today employs some 280 people. The firm focuses on the construction of new retail, office and business premises as well as hotels and residential buildings. It also specializes in the renovation of existing buildings. Its department of interior decoration (direction: Heike Falkenberg) develops and implements design concepts in the areas of extensions furnishings and product development.

sauerbruch hutton architekten
Matthias Sauerbruch | Louisa Hutton

→ 104

Lehrter Straße 57
10557 Berlin
T +49.30.397821-0
F +49.30.397821-30
office@sauerbruchhutton.de
www.sauerbruchhutton.de

sauerbruch hutton architekten wurde 1989 von Louisa Hutton und Prof. Matthias Sauerbruch gegründet. Allen Bauten und Projekten des Büros ist ein ganzheitlicher Planungsansatz gemeinsam, der Funktionalität, architektonischen Anspruch und ökologische Nachhaltigkeit miteinander verbindet. Realisiert wurden bisher Büro- und Gewerbebauten, Labor- und Produktionsstätten, Hochschul- und Wohnungsbau, Sanierungen sowie städtebauliche Entwürfe.

sauerbruch hutton was established in 1989 by Louisa Hutton and Professor Matthias Sauerbruch. Comprehensive planning accompanies all constructions and projects the office carries out, combining functionality, high architectural standards and ecological sustainability. Completed projects include office and business premises, laboratories and production facilities, tertiary education and residential buildings, renovations and town planning designs.

Carola Schäfers Architekten BDA

→ 192, 354

Bundesallee 19
10717 Berlin
T +49.30.88677886
F +49.30.88677868
info@csa-berlin.de
www.csa-berlin.de

Das Architekturbüro, 1986 von Carola Schäfers (*1952) gegründet, realisiert seither öffentliche Bauvorhaben wie Kindertagesstätten und Schulen, Wohnungsbauten, Sanierungen und Umbauten und nimmt an zahlreichen Wettbewerben teil. Der Umbau für das Aveda Institut entstand in Zusammenarbeit mit dem Londoner Büro Jamie Fobert Architects (www.jamiefobertarchitects.com), das seit 1998 alle Shops für den Naturkosmetik-Hersteller in Großbritannien entwarf.

Founded in 1986 by Carola Schäfers (*1952), this firm has realised public building projects such as kindergartens, schools, residential buildings, renovations and reconstructions, and has participated in numerous competitions. It has been involved in the creation of premises for the Berlin base of the Aveda Institute, a project on which the office cooperated with London firm Jamie Fobert Architects, which has been designing the natural cosmetic maker's outlets in Britain since 1998.

Schmidhuber + Partner

→ 210, 328

Nederlingerstraße [illegible]
80638 Munich
T +49.89.15[illegible]
F +49.89.15[illegible]
SHP@schmidhuber.de
www.schmidhuber.de

Das 1984 in München gegründete Büro für Architektur und Innenarchitektur arbeitet an der Schnittstelle von Kommunikation und Raum und entwickelt Corporate-Design-Konzepte für internationale Unternehmen und Marken – Gestaltung wird zum Marketingfaktor. Zu den realisierten Projekten gehören Bürowelten, Showrooms und Ausstellungen; ein Schwerpunkt sind temporäre Bauten für internationale Messen und Großevent[illegible]

The office for architecture and interior architecture, founded in Munich in 1984, works on the interface between communication and space and develops corporate design concepts for international companies and brands – design becomes the marketing factor. Office worlds, showrooms and exhibitions count among projects that have been realised; one of their focal points is temporary structures for international exhibitions and large events.

Architekturbüro
Karl-Heinz Schommer BDA

→ 62, 72, 176

Wilhelm-Levison-Straße 39
53115 Bonn
T +49.228.20163-0
F +49.228.20163-99
sekretariat@schommer-bda.de
www.schommer-bda.de

Der 1953 geborene Architekt Karl-Heinz Schommer gründete sein Büro 1981 in Bonn und realisierte dort zahlreichen Bauten. Dabei reicht das Leistungsspektrum von Bürobau und Verwaltungsbau über Wohn- und Gewerbeanlager bis hin zu städtebaulichen Planungen. Seine jüngst in Berlin realisierten Projekte sind Beispiele für die Verknüpfung denkmalgeschützter Altbausubstanz mit neuen Gebäudestrukturen.

Architect Karl-Heinz Schommer, born in 1953, founded his firm in Bonn in 1981. He has completed many projects in that region. The spectrum of his activities ranges from office and administrative buildings to residential and trade premises as well as town planning projects. His most recent works in Berlin illustrate how heritage-listed historical buildings can be married to new structures.

Axel Schultes Architekten
Frank Schultes Witt

→ 66

Lützowplatz 7
10785 Berlin
T +49.30.230888-0
F +49.30.230888-88
asa@schultes-architekten.de
www.schultes-architekten.de

Das Büro wurde 1992 von Axel Schultes und seinen Partnern Charlotte Frank und Christoph Witt in Berlin gegründet. Zuvor bestand seit 1972 eine Partnerschaft mit D. Bangert, B. Jansen, St. Scholz (BJSS). In den vergangenen 20 Jahren wurden Kultur-, Sakral- und Regierungsbauten sowie Wohn- und Bürogebäude realisiert. Ein weiteres Arbeitsfeld von Axel Schultes Architekten ist die Teilnahme an zahlreichen nationalen und internationalen Wettbewerben.

With his partners Charlotte Frank and Christoph Witt, Axel Schultes founded this office in Berlin in 1992 after having worked in partnership with D. Bangert, B. Jansen, St. Scholz (BJSS) since 1972. Completed projects of the last 20 years include cultural, religious and government buildings as well as residential and office premises. Additionally, Axel Schultes Architekten participates in national and international architectural competitions.

Schulze & Assoziierte
Freie Architekten BDA

→ 116, 124

Rheinstraße 22
64283 Darmstadt
T +49.6151.9931-0
F +49.6151.151530
contact@schulze-assoziierte.de
www.schulze-assoziierte.de

Schulze & Assoziierte, 1992 gegründet von Ingolf Schulze (*1952), sind national und international mit assoziierten Partnerbüros tätig, in Deutschland, Europa und jetzt auch in Südamerika. Schwerpunkte sind, neben der klassischen Architektentätigkeit bis hin zu einer Gesamtverantwortung als Generalplaner, Standortberatung, innovative Konzeptentwicklung und Qualitätskontrolle. Bei der Teilnahme an Wettbewerben hat das Büro zahlreiche Preise und Auszeichnungen erzielt.

Schulze & Assoziierte, 1992 founded by Ingolf Schulze (*1952), have been active in national and international partnerships in Germany, Europe and now Latin America. Alongside services ranging from the traditional activities of architects to full responsibility for general planning, the company specialises in locationing, the development of innovative concepts and quality control. Schulze & Assoziierte have taken a number of prizes and awards in architectural competitions.

SEHW Architektur
Kontakt Xaver Egger

→ 218

Schumannstraße [illegible]
10117 Berlin
T +49.30.[illegible]
F +49.30.[illegible]
info.berlin@sehw.de
www.sehw.de

SEHW wurde 19[illegible]5 gegründet, ist an mehreren Standorten tätig und zählt zu seinen Projekten u. a. die Konzernzentrale der Universal Music Group in Berlin, das Goethe Institut in Madrid, das Ministerium des Innern in Potsdam, Projekte für Gesundheit und Soziales, Kultur und Freizeit, Bildung, Wohnen, Ausstellungs-, Shop- und Messearchitektur.

SEHW was founded in 19[illegible]5, is in operation at several locations and includes the corporate head office of the Universal Music Group in Berlin, the Goethe Institute in Madrid, the Ministry of the Interior in Potsdam, projects for the ministries of health and social care, culture and leisure, education, housing, as well as exhibition and shop architecture among its projects.

she_architekten

→ 150

Pilatuspool 7a
20355 Hamburg
T +49.40.35015306
F +49.40.35015307
office@she-architekten.com
www.she-architekten.com

„Es gibt a priori keine Form oder Konzeption – beides entsteht im Werden!" Mit dieser entwaffnenden Aussage entwickelt das 2000 von Stephan Schrick (*1968), Ulrich Hahnefeld (*1971) und Anna Nicolas-Espig (*1954) gegründete Büro in einer neuen und innovativen Formensprache, jenseits aller normativen Vorgaben, bauliche Unikate.

"There is a priori no form or conception – both emerge in progress!" With this disarming statement, the office, founded in 2000 by Stephan Schrick (*1968), Ulrich Hahnefeld (*1971) and Anna Nicolas-Espig (*1954), develops unique structural specimens in a new and innovative language of forms, spanning all normative guidelines.

Matteo Thun

→ 158

Via Appiani 9
I-20121 Milano
T +39.02.65 56 91-1
F +39.02.65 70 64-6
info@matteothun.com
www.matteothun.com

Matteo Thun (*1952) hat seit 1984 sein eigenes Studio und gehört zur „Mailänder Schule". Er vermeidet eine einheitliche Zeichensprache und sucht stattdessen für seine Kunden jeweils die passende Strategie, was sich in seinem Leitsatz „Echo – nicht Ego" widerspiegelt. Als Ergebnis seiner Arbeit strebt er „eine technische und ästhetische Dauerhaftigkeit von Produkten im kleinen wie im großen Maßstab" an.

Matteo Thun (*1952) has owned his own studio since 1984 and belongs to the "Milan school". He avoids a uniform sign language and searches instead for the fitting strategy for his customers, which reflects in his guiding principle "Echo – not Ego". He strives to ensure that the results of his work are "a technical and aesthetic endurance of products on both small and large scale".

Adam D. Tihany

→ 158

135 West 27th Street
New York, N. Y. 10001
T +1.212.366.5544
F +1.212.366.4302
mail@tihanydesign.com
www.tihanydesign.com

Adam D. Tihany (*1948) gehört zu den internationalen Meistern der Hotelgestaltung und innovativen Innenarchitektur. Seit 1978 betreibt er ein eigenes Studio in New York und kreierte Interieurs vor allem für Hotelketten und Nobelrestaurants in internationalen Großaufträgen.

Adam D. Tihany (*1948) is one of the international masters of hotel design and innovative interior architecture. Since 1978, he has managed his own studio in New York, mainly creating interiors for hotel chains and top-class restaurants in large-scale international contracts.

Trint + Kreuder, d.n.a. Architekten
Dynamic Network Architects

→ 88, 290

Auenweg 173
51063 Köln
T +49.221.9808251
F +49.221.9808209
trint_kreuder@t-online.de
www.dna-ex.com

Die Architekten Kay Trint (*1961) und Hanno Kreuder (*1959) gründeten 1996 eine Bürogemeinschaft und ein Jahr später den international ausgerichteten Büroverbund d.n.a. Köln/Paris. Die Bandbreite ihrer realisierten Bauten reicht von Neu- und Umbauten verschiedener Wohnhäuser über die Umnutzung einer Industriehalle bis hin zu Installationen und Ausstellungsarchitektur.

The architects Kay Trint (*1961) and Hanno Kreuder (*1959) founded their office in 1996. A year later they established the international organisation d.n.a. Köln/Paris. The spectrum of their completed designs goes from the construction or renovation of residential buildings to the conversion of a factory as well as installations and exhibition architecture.

Wagenknecht Architekten

→ 34

Barmbeker Straße 7a
22303 Hamburg
T +49.40.27881110
F +49.40.27881114
info@wagenknecht-architekten.com
www.wagenknecht-architekten.com

1997 gründete Tillmann Wagenknecht (*1966) in Hamburg das Büro, das neben Bedarfsanalysen und Projektberatung v. a. in den Bereichen Wohn- und Gewerbebauten, Innengestaltung, Messebau und Einrichtung von Bauten des Gesundheitswesens tätig ist.

In 1997, Tillmann Wagenknecht (*1966) founded the office in Hamburg, which works predominantly in the fields of residential and commercial buildings, interior design, exhibition construction and the organisation of health care buildings, as well as in demand analysis and project consultation.

weber + würschinger
Gesellschaft von Architekten mbH

→ 18

Urbanstraße 116
10967 Berlin
T +49.30.61286166
F +49.30.69001115
kw@weberwuerschinger.com
www.weberwuerschinger.com

In enger Abstimmung mit den Bauherren erarbeitet das 1997 von Michael Weber (*1968) und Klaus Würschinger (*1967) in Weiden gegründete Büro, das 1998 in Berlin einen zweiten Standort bekam, seine Projekte, wobei besonderer Wert auf die Berücksichtigung der örtlichen Situation und die Materialwahl gelegt wird. Das Büro erweiterte sein traditionelles Architekturspektrum um den Bereich „Corporate Architecture" – eine Symbiose aus Architektur, Innengestaltung und Design.

The office, founded in 1997 by Michael Weber (*1968) and Klaus Würschinger (*1967) in Weiden with a second location being opened in Berlin in 1998, prepares its projects in close cooperation with the property owners, laying particular value on the consideration of the local situation and material selection. The office expanded its traditional spectrum of architecture to include the field of "corporate architecture" – a symbiosis of architecture, interior design and styling.

Weinmiller Architekten BDA
Gesine Weinmiller | Michael Großmann

→ 266, 342

Fritschestraße 27/28
10585 Berlin
T +49.30.34702222
F +49.30.3415024
info@weinmiller.de
www.weinmiller.de

Das Architekturbüro wurde 1990 von Prof. Gesine Weinmiller (*1963) in Berlin gegründet und firmiert seit 1999 als Partnerschaft mit Michael Großmann (*1963). Die Bandbreite der realisierten Bauten von Weinmiller Architekten reicht von Verwaltungsgebäuden über Wohn- und Geschäftshäuser, Bauten für die Lehre, Industriebauten, städtebaulichen Planungen bis hin zu Umbauten und Innenraumgestaltungen repräsentativer Bauten.

This firm was founded in Berlin in 1990 by Professor Gesine Weinmiller (*1963); in 1999, Michael Grossmann (*1963) joined as a partner. Completed projects include administrative buildings, residential and business premises, educational facilities, industrial architecture, town planning, reconstruction and conversion as well as interior design for representative buildings.

Architekturbüro Zepp
Johannes Zepp | Engelbert Zepp

→ 302, 318

Frenzenstraße 43
50374 Erftstadt
T +49.2234.955310
F +49.2234.955313
architekturbüro.zepp@t-online.de

Das 1929 gegründete Architekturbüro besteht nun schon in der dritten Generation und wird heute von Johannes Zepp (*1925) und Engelbert Zepp (*1956) gemeinsam geführt. In seiner langjährigen Praxis befasste sich das Büro mit Bauaufgaben von der Stadtplanung über Wohnungs-, Büro- und Schulbau bis hin zur Planung individueller Einfamilienhäuser. Dabei diente auch die erfolgreiche Teilnahme an Wettbewerben der Akquisition neuer Aufträge.

Founded in 1929, this firm is today headed by the third generation of architects in the Zepp family, Johannes Zepp (*1925) and Engelbert Zepp (*1956). In its long years of experience, the firm has worked in town planning, but has also designed apartment houses, office blocks, schools and single-family dwellings. New projects were often the result of successful participation in competitions.